TUPO GAOYUAN
——GAOZHONG SHUXUE JIETI SIWEI TANJIU

突破高原
——高中数学解题思维探究

孙长卿 著

哈爾濱工業大學出版社
HARBIN INSTITUTE OF TECHNOLOGY PRESS

内 容 简 介

本书为作者从教多年来对高中数学教学的一些心得和经验总结，主要对高中数学教学的难点、错点和高考出题热点做了梳理和总结，对如何教学做了阐述，还对高三学生在学习过程中出现的“高原反应”做了分析，并且提出了解决这些心理问题的一些方法. 本书适合高中师生及数学爱好者参考阅读.

图书在版编目(CIP)数据

突破高原:高中数学解题思维探究/孙长卿著. —哈尔滨:哈尔滨工业大学出版社,2021.8

ISBN 978－7－5603－9585－2

Ⅰ.①突…　Ⅱ.①孙…　Ⅲ.①中学数学课－教学研究－高中　Ⅳ.①G633.602

中国版本图书馆 CIP 数据核字(2021)第 132291 号

策划编辑　刘培杰　张永芹
责任编辑　张永芹　邵长玲
出版发行　哈尔滨工业大学出版社
社　　址　哈尔滨市南岗区复华四道街 10 号　邮编 150006
传　　真　0451－86414749
网　　址　http://hitpress.hit.edu.cn
印　　刷　哈尔滨圣铂印刷有限公司
开　　本　787 mm×960 mm　1/16　印张 13　字数 211 千字
版　　次　2021 年 8 月第 1 版　2021 年 8 月第 1 次印刷
书　　号　ISBN 978－7－5603－9585－2
定　　价　48.00 元

◎写在前面的话

我教了二十几年的书，送走了一届又一届的高三学子，可是总感觉在他们离开校门的瞬间欠他们一点什么．回想过去，为迎战高考，我也曾带领他们做了很多题，总结了很多题型及解法，也做了许多练习册，而我总是和那些冰冷的练习册一样板着面孔，希望他们这样，又期望他们那样，好像学生们是无垠的沃土，可以通过浇灌开发变得肥沃无比，使得秋粮满仓，老师可以把终身所学倾囊相赠．可他们面对高考，面对来自各方面的压力，心情怎样、情绪如何、学习动机、兴趣取向、意志耐力等心理因素，我们关心的够吗？学生们在学习上或生活中遇到了困难和障碍需要帮助时，老师们注意到了吗？

教师作为学生成长过程中的引路人，不仅需要把他们领入知识的浩海之中，还应该培养他们搏击风浪的勇气和力量，教会他们穿越险滩的手段和方法．教师是爱学生的，爱他们就应该在他们遭遇挫折时指点迷津使其柳暗花明；教师是欣赏学生的，欣赏他们就应该在他们成长的关键期助以有力之臂！

学生们年青的脸庞在苦思冥想时眉头紧皱，在战胜困难后欢呼雀跃，无不让教师为之振奋，为之激情满怀．此生中的一段时光能够陪伴这样一群年轻人，看他们伏案苦读、成长进步，甚至被他们裹挟进年少轻狂之中而无怨无悔．爱他们、欣赏他们就应该让他们无邪的笑脸和雀跃的身影定格成美丽的风景．

同学们，高中阶段是人生学习经历中的一段黄金期.高中学习的知识总量、学习方法、思维深度、教师授课方式等方面都与小学、初中有着天壤之别.我们应该紧紧抓住这段关键时期，珍惜时光，积极储备知识、夯实基础、积蓄能量、增长才干，为将来厚积薄发而一飞冲天做好准备.高中阶段又是一段充满激情好奇，又充盈创造力的美好时光，年轻有为，前人为我们做出了榜样.白居易16岁写出《赋得古原草送别》的千古名篇，那句“野火烧不尽，春风吹又生”表达了生命中越挫越勇、坚忍不拔的顽强精神.于谦17岁写《石灰吟》，那句“千锤万凿出深山，烈火焚烧若等闲”表达了历经千锤百炼、烈火焚身的万般磨难，仍有闲庭信步看云卷云舒的气度.白居易、于谦都是少年时便才华横溢、志存高远，为他们后来成为伟大诗人，同时养成积极进取、一身正气、为民请命的优秀品质奠定基础.19世纪，法国数学家伽罗瓦20岁前就提出群的概念，解决了方程根式可解性问题，使近世代数的创立成为可能.周恩来总理14岁回答老师提问：“你们为什么读书?”他说：“为中华之崛起而读书!”周总理小小年纪便立下宏大志愿，为中华民族的伟大复兴而鞠躬尽瘁，所谓少年强则国强!“向上吧少年，别在最能吃苦的年纪选择安逸.总有一天你会感谢现在拼命的自己!”

时间过得很快，转眼就迎来了高中生活的关键期——高三!都说高三要扒一层皮，选择高三就选择了与苦为伴，无论学习上、生活上、心理上均要经历一番大考.

历经两年知识和技能的学习和训练，高三后学生们不仅要融会贯通，还要触类旁通；经过两年知识量的积累，高三后学生们要发生质变，要让自己跃升一个台阶；两年里学生们经历大大小小无数次考试，高三后要迎来人生的一次大考；有的人前两年里没怎么学习，高三后准备学它个天昏地暗，要把耽误的时间抢回来；更有甚者，前两年里就没怎么学习，到高三也准备一样昏天黑地地混日子.想过一个怎样的高三，在你的人生旅程中留下怎样的高三记忆，取决于你自己.“多少事，从来急；天地转，光阴迫.一万年太久，只争朝夕.”下定决心，只争朝夕地拼一把吧!不枉少年，不枉高三走一回.

学生们高三时来自各方面的压力突然变大，容易出现焦虑、紧张、急躁、迷茫、自信心下降等问题.而随着学习内容的深入，节奏加快、疲劳倦怠、考试失利、外界压力等因素，学生们容易在学习过程中出现这样一个阶段——不论怎样努力成绩总是停滞不前，甚至还会下降，这时其心理上也会产生焦躁不安、无所适从的状态，进而学习效率也会降低，这种现象在心理学上称为“高原现象”.本书就是针对学生学习过程中可能出现的这样一个特殊时期，分析其原因，更重要的是从知识方法、思维策略等方面帮助学生查缺补漏，改善学习方法,总结规律,进而带领同学们突破“高原现象”,冲得更高更远.

这是一本书,更希望它是一位你久违的老朋友.王国维在《人间词话》里谈到读书做学问的三重境界:“古今之成大事业、大学问者,必经过三种之境界:昨夜西风凋碧树,独上高楼,望尽天涯路,此第一境也;衣带渐宽终不悔,为伊消得人憔悴,此第二境也;众里寻他千百度,蓦然回首,那人却在,灯火阑珊处,此第三境也.”同学们,不经历风雨怎么见彩虹,不经历一番寒彻骨,怎得梅花扑鼻香!年青的朋友们美好的未来在前面等待着你们,中华民族的复兴大业在等待着你们去贡献智慧和力量,希望这本书能助你走出沼泽、跨越高原,以胜利者的姿态去拥抱黎明的曙光!

本书适合高三学生阅读,在挑灯苦读的备考日月里,让它如夏日的柔风为你送去一缕清凉,让它如冬日的暖阳伴你温暖前行,让它在你回顾茫然中为你点亮一盏桔灯.当然本书侧重点在于帮助你在数学学习遭遇障碍时,怎么能突破瓶颈、豁然开朗而使成绩逆袭.当然本书也适合其他年级的学生在学习之余读来小憩,也可有所裨益.若高中数学教师闲来之余阅读此书能有所启发,则幸甚至哉.

由于作者学识水平、思想认识等的限制,能否实现上述本书的初衷还有待于实践的检验.另外书中难免有疏漏不足之处,敬请各位同学、同行、教育专家批评指正.

孙长卿

2021 年 1 月 31 日

于黑龙江鸡西

◎作者简介

孙长卿,男,黑龙江省穆棱市人,生于1968年10月6日,鸡西市第十九中学高级教师,教育硕士,中共党员.其教龄近30年,他在教学中特别注重对学生数学思想、思维方法的启发和培养,曾获省级教学能手、市级数学学科带头人、市级优秀党员、市级模范教育工作者、市级名师等称号.多年来他不断撰写文章,在国家或省级刊物上共发表文章10余篇.

◎目录

第 1 章　高原现象

1.1　什么是高原现象

高原现象是教育心理学中的一个概念，指在学习或技能的形成过程中，出现的暂时停顿或者下降的现象.在学习曲线上表现为保持一定水平而不上升，或者有所下降，但在突破高原现象之后，又可以看到曲线继续上升.这种高原现象的例子在现实生活中也不胜枚举.

高原现象一词源于教育心理学中动作技能的学习曲线，如图 1.1.

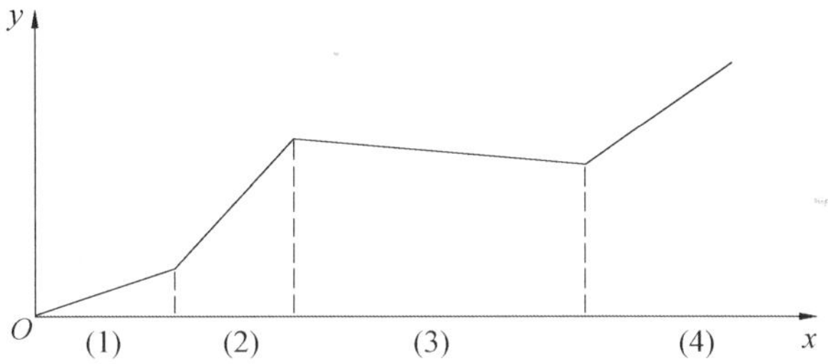

图 1.1

动作技能学习曲线显示：学习者开始时进步较快如图 1.1 中的区域(1)(2)，随后曲线中有一个明显的或长或短的进步停顿期如图 1.1 中的区域(3)，后期进步慢如图 1.1 中的区域(4).中间的停顿期叫高原期或高原现象.这一曲线也反映出学习者学习知识，或智力技能培养过程中的四个阶段：(1) 开始准备期；(2) 迅速提高期；(3) 学习高原期；(4) 克服高原进步期.进一步说明：

(1) 开始准备期：学习者要了解新事物、熟悉新规律，学习比较吃力，因此一开始速度提高较慢.

(2) 迅速提高期：学习者初步掌握了该知识和技能或找到了"窍门"后，学习成绩明显提高，并因此受到了鼓舞，提高了兴趣，树立了信心，因此进步很快.

(3) 学习高原期：在前两个时期基础上，学习者已经掌握了一定量的知识和技能.但是学无止境，总会有一些难点、盲区难以逾越，加之身体疲劳、心理压力等多种因素的影响使得学习者学习进步的速度突然放慢，似乎到了人们所说的疲劳期.尽管其每天仍然坚持用心学习和练习，但成绩进步幅度不明显，有时甚至下降，总体上处于一种停滞状态.

(4) 克服高原进步期：由于学习者采取了有效措施，克服了学习停滞现象，使成绩再次恢复上升状态.

高三学生基本每天都处于紧张的复习备考中，更易产生高原现象，且大约出现在高考前的两三个月，即三四月份，而且经常发生在成绩中上等的学生中.

1.2 高原现象的成因

产生高原现象的原因是什么呢?

一是知识结构中出现了盲点.到每年的三四月份，高三学生大多经历了两三次模拟考试，在考试中会有些题做得不好，这就暴露出知识点、技能、解题经验方法等方面中存在的盲点、漏点.特别是有的学生暴露的点稍多，导致这些学生大惊失色，发现自己原来还有那么多不会的东西，甚至是连最常用的公式、定理都不会用了.加之这些盲点在平时很少强化，使这些学生有些慌乱且不知所措，甚至丧失原有的自信.这些学生眼前必须做的是马上扫清这些障碍，但同时会延缓前进的速度.

二是思维策略与方法的不适应.高三时学生们面对的知识不再是孤立的知识点，而是点与点之间的“嫁接”，点与面、面与面的融会贯通，问题常出现在知识交汇处.这就要求学生灵活运用已有的知识储备，具备良好的思维品质、策略及分析问题、解决问题的能力才能顺利解决问题.一般来说，面对一个新问题，我们通常是通过观察弄清题意，抓住题目的特征进行广泛的联想，检索信息和回忆已储存的信息，即凭借已有知识和解题经验(称之为解题思维，见第3章3.3节)，做出直觉性的理解和判断，选择总体思路或入手的方向、原则.能否马上找到解题思路和入手方向，是需要基本功的，经过一定训练形成的良好思维方式、思维品质、解题策略是顺利解题的关键.

一些学生常陷于原有的思维定式，“穿新鞋走老路”，在原来的舒适区内徘徊不能自拔.思维定式，也称“惯性思维”，是由先前的活动而造成的一种对活动的特殊的心理准备状态，或活动的倾向性.在环境不变的条件下，定式使人能够应用已掌握的方法迅速解决问题.但是定式于解决问题有时有利，有时则起阻碍作用，即在情境发生变化时，仍沿用老套路、老方法，如套公式、套题型等，则会陷入误区.如常见的求参数范围问题：对 $\forall x \in D$，若 $a > h(x)$ 恒成立,则应求出 $h(x)$ 的最大值 $h(x)_{\max}$,使 $a > h(x)_{\max}$ 为所求. 而当问题变为 $\exists x \in D$ 使 $a > h(x)$ 成立,则应求出 $h(x)$ 的最小值 $h(x)_{\min}$,使 $a > h(x)_{\min}$ 为所求,否则仍求 $a > h(x)_{\max}$ 则必错. 消极的思维定式是阻碍事物发展的枷锁. 所以复习备考中,要针对新问题、新情境重新规划,调整方向,采用新方法才能所向披靡、无所不胜.

三是数学思想方法、活动经验和能力的欠缺. 依据国家最新课程标准,把数学课程培养目标从原来的"双基",发展到使学生获得进一步学习及未来发展所必需的基础知识、基本技能、基本思想、基本活动经验即"四基". 同时培养学生从数学角度发现和提出问题、分析和解决问题的能力即"四能". 为实现学生发展数学学科的核心素养担负着重要使命.

如果老师问高三学生学了这么多年数学,你能说出什么是数学吗? 数学都有哪些常用数学思想及数学方法? 恐怕没有多少学生能完整的答出来. 这说明很多学生在大脑中并没有形成化归转化、分类整合、数形结合、函数与方程、有限无限、构造换元、待定系数等数学观念及方法.

世上几乎所有失败都与经验不足有关,所以人们总结出失败是成功之母. 都说不能陷入题海战术,但必要的题量是要有的,只有通过一定题量的训练才能积累解题经验,只有尝遍无数次的失败,才能从失败中总结教训,避免再次失败. 很多学生到高三容易产生高原现象,与从高一、高二就浅尝辄止,不求甚解,解题量不够,不善于总结有直接关系.

四是身体和心理的疲劳所致. 高三备考阶段,学生们会经常"开夜车"导致睡眠量减少,饮食方面也可能会出现不规律等问题,加之室外活动少,导致身体上会出现吃不消的疲劳等状态. 心理方面因为学习任务繁重,加之遇到挫折也会出现焦虑、紧张、急躁、自信心下降等问题. 以上情况若不能及时调整,则会严重影响后续的学习及成绩的提高.

本书就是侧重以上问题,对高中数学知识、思想方法、思维策略等方面进行梳理汇总,重点阐述了解题过程中的思维特征、思维方式、思维本质等. 通过阅读此书,希望学生们的解题思路有所启发,思维品质有所提高,解题能力有所跃升.

1.3　突破高原现象的办法

突破高原现象的办法有哪些呢?

1. 正确认识,找出原因

其实,产生高原现象是一种正常现象,如同运动员在长跑中会出现极点一样，此时关键是坚持，比学习能力的同时更是良好心理素质的比拼. 应注意培养学生坚毅顽强的心理素质和耐挫能力，调整心态，认识到高原现象并不是学习的极限，走出高原期后学习效率和成绩还会提高. 要进行积极的心理暗示，相信自己能行，坚持住就是胜利.

2. 了解自己，找出弱点，增强补弱

分析成绩下降的原因，是知识层面、思想方法、思维能力层面出的问题，还是心理因素层面等出的问题. 相信本书在这些方面会给你一定的帮助，本书集作者多年来的教学经验，围绕学习中容易忽略的盲点和弱项(而这些点往往又是重点，通过总结规律找出方法教会大家怎样突破解题、突破高原. 相信读过此书会让你豁然开朗，进一步提高学习成绩.

3. 注意休息，张弛有度，劳逸结合，合理安排时间

经常做深呼吸，抽时间做一定量的有氧运动.

4. 家长、老师要为学生创设宽松的心理空间

不要一味地催促批评、只挑毛病不看进步. 甚至有的家长和老师比学生还急，这样只会适得其反. 相反，要多鼓励孩子，抽出适当时间与学生沟通，缓解学生的压力和紧张的情绪，这样才能有助于学生平稳地走出高原期.

第 2 章　储备知识

学习是一个长期不断积累的过程，不能奢望一蹴而就，学习的效果也是逐渐显现出来的，当你奋发图强潜心学习一段时间后，会突然开窍来了灵感，好像什么都会了. 其实遇到这样的好事，不是天上掉馅饼，而是你一直辛苦努力换来的. 灵感是 99% 的汗水加上 1% 的时机换来的.

急躁是于事无补的，只能更快地扰乱自己的情绪，使自己处于盲目无助之中，应该静下心来以平常心态面对眼前的困难. 把克服眼前的障碍当成是对自己人生奋斗中抗挫能力的一种历练. 就像面对失眠，干着急是没有用的，反而越着急越睡不着，于是不妨静下心来，在心里开始默默地数数，1，2，3，…

要想顺利突破高原现象，我们先来扫清知识欠缺的障碍. 本章所列知识，都是书中各基础知识（概念、公式、定理、法则、图表、性质、位置关系等）的引申和扩展. 我们不但要掌握基础知识，还要掌握更深、更广的知识，不断扩大自己的知识储备量，让基础知识加上拓展知识再加上熟练应用技能合成“知识组块”，进而建构完备的知识架构. 很多学生解题能力差的一个重要原因就是大脑中知识储备的严重不足，所以提高解题能力的一个重要前提就是大脑中得有“货”，解题时才能做到“兵来将挡，水来土掩”，从而我们要清楚地知道自己到底在哪方面存在欠缺.

本章除了补充拓展知识外，还介绍了一些中外数学家、数学史资料，帮助读者了解数学知识产生的时代背景，以体会数学发展历程的艰辛曲折及数学科学对社会发展所做出的巨大贡献. 数学是人类文化的重要组成部分，是人类社会进步的产物，也是推动社会发展的强大动力. 它的内容、思想、方法和语言已经成为人类文明的重要组成部分. 通过本章对数学家、数学史知识的介绍，希望读者感受数学文化的魅力，并通过了解中国古代数学家的伟大成就，体验作为中华民族的自豪和骄傲. 通过“延伸阅读” 列举一些生活实践中数学应用的案例或小故事，让我们体会数学在现实生活中的应用价值.

2.1 集合与逻辑

现代数学分为基础数学、应用数学、计算数学、随机数学和系统数学，而集合与逻辑则为数学基础. 虽为数学基础，集合的理论却产生于20世纪，研究集合的数学理论被称为集合论. 集合论在数学中占据着一个极其独特的地位，其基本概念几乎渗透到数学的所有领域. 如果把现代数学比作一座无比辉煌的大厦，那么集合论正是构成这座大厦的基石.

集合论的创立者为德国数学家康托(Cantor，1845—1918)，康托也以其集合论的成就被誉为对20世纪数学发展影响最深的学者之一. 1874年康托在《数学杂志》上发表了关于无穷集合的论文《全体代数数的集合的一个性质》，这篇论文的发表标志着集合论的诞生. 康托把"集合"称为一些确立的、不同的东西的总体.

然而，任何一种新生事物的诞生都不是一帆风顺的. 由于集合论的诞生颠覆了许多前人的想法，并引发了数学发展史上的第三次数学危机，即在1902年数学家罗素提出的"罗素悖论"(即"理发师悖论"). 因此，康托遭到了许多人激烈的嘲讽、反对和打击，有人干脆把康托称为疯子. 在身体极度劳累和世人的讽刺和打击下，1884年康托患上了精神分裂症被送进医院，但他仍然在精神病发作的间歇阶段，顽强地坚持集合论的研究，许多出色的成果都是在这个时期获得的. 由于健康状况逐渐恶化，1918年他在精神病院去世，一代数学大师陨落了.

然而，真理是不可战胜的，康托最终获得了世界的承认，他的功绩将被永远载入史册. 德国数学家希尔伯特(Hilbert，1862—1943)评价康托时说"没有人能把我们从康托为我们创造的乐园(集合论)中开除出去". 数学家、哲学家罗素(Russell，1872—1970)把康托的工作描述为"可能是这个时代所能夸耀的最伟大的工作".

从康托的故事中我们能看到，科学的发展之路有时是充满艰辛的，为捍卫真理，科学家们甚至要付出生命的代价，发现"$\sqrt{2}$"的古希腊毕达哥拉斯学派的成员希帕斯(Hippasus，约前5世纪)被投入了大海，人类第一位女数学家希帕蒂娅(Hypatia，390? —415?)遭遇火刑迫害而死，而科学和真理终将会被人们所承认.

集合和逻辑方面拓展知识有：

(1) 集合$\{a_1,a_2,\cdots,a_n\}$的所有子集个数为2^n个；

(2) 满足$\{a_1,a_2,\cdots,a_n\}\subseteq M\subseteq\{a_1,a_2,\cdots,a_n,b_1,b_2,\cdots,b_m\}$的集合$M$的

个数为 2^m 个；

(3) $A\subseteq B \Leftrightarrow A\cap B=A \Leftrightarrow A\cup B=B$；

(4) 差集 $A-B=\{x \mid x\in A$ 且 $x\notin B\}$；

(5) 集合与充要条件间的关系，如表 2.1：

表 2.1

集合 M,N 间关系	命题 p,q 间推出关系	P 是 q 的什么条件	原命题若 p 则 q 的真假	逆命题若 q 则 p 的真假
$M\subsetneqq N$	$p\Rightarrow q$ 但 $q\nRightarrow p$	充分非必要	真命题	假命题
$N\subsetneqq M$	$p\nRightarrow q$ 但 $q\Rightarrow p$	必要非充分	假命题	真命题
$M=N$	$p\Leftrightarrow q$	充要	真命题	真命题
M,N 不满足以上三种情形	$p\nRightarrow q$ 且 $q\nRightarrow p$	既非充分也非必要	假命题	假命题

2.2　二次函数、方程与不等式

关于解方程，中外数学家都做出过卓越贡献. 9 世纪，阿拉伯数学家花拉子米(Al-Khwarzmi，约 780— 约 850) 给出一元二次方程的一般解法. 17 世纪法国数学家韦达(Vieta，1540—1603) 对代数方程解法及因式分解的研究有着重要的贡献，如发现了我们熟悉的反映根与系数关系的韦达定理. 中国古代数学曾经辉煌一时，在数学发展的历史长河中绝对占有一席之地. 宋元时期我国数学成就达到最高峰，其中数学家李冶、朱世杰发明了“天元术”与“四元术”用来表示未知数而解一元二次方程或多元高次方程. 中国古代数学是强调算法和应用的管理数学，勾股定理、圆周率、球体积公式、贾宪三角、正负开方术、大衍求一术等成就为世界数学做出了卓越贡献，其中大衍求一术被欧洲数学家称为“中国剩余定理”.

(1) 一元二次方程 $ax^2+bx+c=0(a\neq 0)$ 中根与系数关系

$$x_1+x_2=-\frac{b}{a}, x_1\cdot x_2=\frac{c}{a}, \mid x_1-x_2\mid=\sqrt{(x_1+x_2)^2-4x_1x_2}$$

(2) 一元二次函数与一元二次方程、一元二次不等式有着密不可分的关系，其对应关系如表 2.2：

表 2.2

$\Delta = b^2 - 4ac$	$\Delta > 0$	$\Delta = 0$	$\Delta < 0$
$y = ax^2 + bx + c$ $(a > 0)$ 的图像	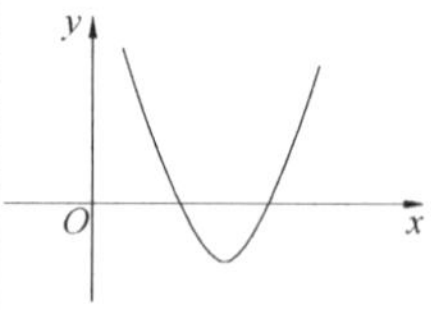	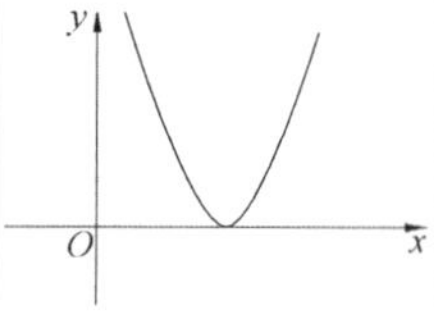	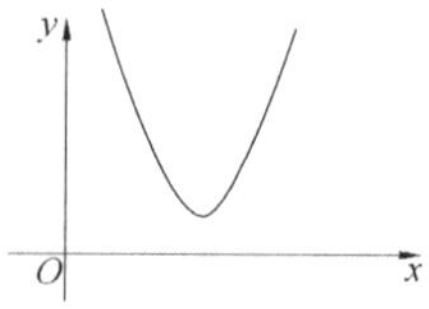
$ax^2 + bx + c = 0$ $(a > 0)$ 的根	两个不等实根 $x_1, x_2 (x_1 < x_2)$	两个相等实根 $x_1 = x_2$	无实根
$ax^2 + bx + c > 0$ $(a > 0)$ 的解集	$\{x \mid x > x_2$ 或 $x < x_1\}$	$\left\{x \mid x \neq -\dfrac{b}{2a}\right\}$	**R**
$ax^2 + bx + c < 0$ $(a > 0)$ 的解集	$\{x \mid x_1 < x < x_2\}$	$\varnothing$	$\varnothing$
$ax^2 + bx + c \geqslant 0$ $(a > 0)$ 的解集	$\{x \mid x \geqslant x_2$ 或 $x \leqslant x_1\}$	**R**	**R**
$ax^2 + bx + c \leqslant 0$ $(a > 0)$ 的解集	$\{x \mid x_1 \leqslant x \leqslant x_2\}$	$\left\{-\dfrac{b}{2a}\right\}$	$\varnothing$

(3) 同号的两个数,大数的倒数反而小:

若 $a > b > 0, ab > 0$,则 $\dfrac{1}{a} < \dfrac{1}{b}$.

(4) 基本不等式:若 $a > 0, b > 0$,则 $\sqrt{\dfrac{a^2 + b^2}{2}} \geqslant \dfrac{a+b}{2} \geqslant \sqrt{ab} \geqslant \dfrac{2}{\dfrac{1}{a} + \dfrac{1}{b}} = \dfrac{2ab}{a+b}$.并可推广到 n 个正数时:若

$$a_i > 0 \quad (i = 1, 2, 3, \cdots, n)$$

则

$$\sqrt{\frac{a_1^2 + a_2^2 + \cdots + a_n^2}{n}} \geqslant \frac{a_1 + a_2 + \cdots + a_n}{n} \geqslant \sqrt[n]{a_1 a_2 \cdots a_n} \geqslant \frac{n}{\dfrac{1}{a_1} + \dfrac{1}{a_2} + \cdots + \dfrac{1}{a_n}}$$

(5) 柯西不等式:若 a, b, c, d 都是实数,则

$$(a^2 + b^2)(c^2 + d^2) \geqslant (ac + bd)^2$$

变形:若 a, b, c, d 都是正数,则 $(a+b)(c+d) \geqslant (\sqrt{ac} + \sqrt{bd})^2$.

2.3　函　　数

数学发展的历史证明，重要数学概念的产生和发展，对数学发展起着不可估量的作用，有些重要的数学概念对数学分支的产生起着奠定性的作用，函数就是这样的重要概念. 在法国数学家笛卡儿(Descartes，1596—1650) 引入变量以后，变量和函数等概念日益渗透到科学技术的各个领域. 纵览宇宙、天体运算、探索热传导、揭示电磁秘密等，这些都和函数概念息息相关，正是在这些实践过程中，人们对函数的概念不断深化.

最早提出函数概念的是 17 世纪德国数学家莱布尼茨(Leibniz，1646—1716). 伯努利家族(Bornoulli Family)、欧拉(Euler，1707—1783)、柯西(Cauchy，1789—1857) 等数学家都对函数概念的确立和发展做出过贡献. 从康托创立集合论后才有了今天对应观点的函数定义. 中学数学书上使用的“函数”一词是转译词，由我国清代数学家李善兰在翻译《代数学》(1895 年) 一书时，把“function” 译成“函数” 的. 中国古代“函” 字与“含” 字通用，都有着“包含” 的意思. 李善兰给出的定义是：“凡式中含天，为天之函数.” 中国古代用天、地、人、物四个字来表示四个不同的未知数或变量. 这个定义的含义是：凡是公式中含有变量 x，则该式子叫作 x 的函数. 所以“函数” 是指公式里含有变量的意思.

在可预见的未来，关于函数的争论、研究、发展、拓广将不会完结，也正是这些影响着数学及其相邻学科的发展. 奇偶性、对称性和周期性是函数的重要性质，下面总结关于它们的一些重要结论及运用它们解决抽象型函数的有关习题.

1. 对称性

(1) 自身对称：$f(x)=f(2a-x)$ 或 $f(a+x)=f(a-x) \Leftrightarrow y=f(x)$ 的图像关于直线 $x=a$ 对称.

$f(x)=2b-f(2a-x) \Leftrightarrow y=f(x)$ 的图像关于点(a,b) 对称.

例 1(2016 年高考全国 2 卷文科第 12 题)　已知函数 $f(x)(x\in \mathbf{R})$ 满足 $f(x)=f(2-x)$，若函数 $y=|x^2-2x-3|$ 与 $y=f(x)$ 图像的交点为(x_1, y_1)，(x_2,y_2)，…，(x_m,y_m)，则 $\sum\limits_{i=1}^{m} x_i=$　　(B)

A. 0　　B. m　　C. $2m$　　D. $4m$

例 2(2016 年高考全国 2 卷理科第 12 题)　已知函数 $f(x)(x\in \mathbf{R})$ 满足 $f(-x)=2-f(x)$，若函数 $y=\dfrac{x+1}{x}$ 与 $y=f(x)$ 图像的交点为(x_1,y_1)，

$(x_2,y_2),\cdots,(x_m,y_m)$,则 $\sum_{i=1}^{m}(x_i+y_i)=$ （ B ）

A. 0　　B. m　　C. $2m$　　D. $4m$

(2) 两个函数图像间的对称：

函数 $y=f(x)$ 图像关于 x 轴对称得到 $y=-f(x)$ 图像；

$y=f(x)$ 关于 y 轴对称得到 $y=f(-x)$；

$y=f(x)$ 关于原点 $(0,0)$ 对称得到 $y=-f(-x)$；

$y=f(a+x)$ 关于直线 $x=a$ 对称得到 $y=f(a-x)$ 或 $y=f(x)$ 关于直线 $x=a$ 对称得到 $y=f(2a-x)$.

2. 周期性

(1) 若函数 $f(x)$ 在定义域内满足 $f(x+a)=-f(x)$ 或 $f(x+a)=\frac{1}{f(x)}$ 或 $f(x+a)=-\frac{1}{f(x)}\Leftrightarrow y=f(x)$ 的周期为 $T=2|a|$.

(2) 若函数 $f(x)$ 在定义域内满足 $f(x+a)=f(x+b)$,则 $y=f(x)$ 的周期为 $T=|a-b|$. 同理若 $f(x-a)=f(x+a)$,则 $y=f(x)$ 的周期为 $T=2|a|$.

(3) 对称与周期关系

$y=f(x)$ 有两条对称轴 $x=a$ 和 $x=b(a<b)$

$\Leftrightarrow y=f(x)$ 周期 $T=2(b-a)$

$y=f(x)$ 有两个对称中心 $(a,0)$ 和 $(b,0)$

$\Leftrightarrow y=f(x)$ 周期 $T=2(b-a)$

$y=f(x)$ 有一条对称轴 $x=a$ 和一个对称中心 $(b,0)$

$\Leftrightarrow y=f(x)$ 周期 $T=4(b-a)$

3. 奇偶性

函数 $f(x)$ 定义域关于原点对称,则

(1) 若 $f(x)$ 为奇函数,则 $y=\begin{cases}f(x)(x>0)\\-f(-x)(x<0)\end{cases}$;

(2) 若 $f(x)$ 为 $\mathbf{R}$ 上的奇函数,则 $y=\begin{cases}f(x)(x>0)\\0(x=0)\\-f(-x)(x<0)\end{cases}$;

(3) 若 $f(x)$ 为偶函数,则 $y=\begin{cases}f(x)(x>0)\\f(-x)(x<0)\end{cases}$.

2.4　指数与对数函数

关于幂的概念，公元 3 世纪我国魏晋数学家刘徽，在《九章算术注》的“方田”章求矩形面积法则中写道：“此积谓田幂，凡广从相乘谓之幂（长和宽相乘的积叫作幂）.”这是第一次在数学文献上出现“幂”字. 1607 年，利玛窦（Ricci Matteo，1552—1610）和徐光启合译欧几里得的《几何原本》，在译本中徐光启重新使用了幂字，并有注解：“自乘之数曰幂.”这是第一次给幂这个概念下定义.

16～17 世纪时期，随着天文、航海、工程、贸易以及军事的发展，推动了数字计算方法的改进. 苏格兰数学纳皮尔（Napier，1550—1617）正是在研究天文学的过程中发明了对数. 对数的发明、解析几何的创始和微积分的建立被恩格斯（Engels，1820—1895）并称为 17 世纪数学的三大成就. 对数的发明及其计算是数学史上的重大事件，天文学界更是以近乎狂喜的心情来迎接这一发明. 伽利略（Galileo，1564—1642）说：“给我空间、时间和对数，我就可以创造一个宇宙.”

指数概念的发现要比对数晚二十年，至 17 世纪，法国数学家笛卡儿在 1637 年以较小的阿拉伯数字放于右上角来表示指数，至此具有“现代”意义的指数符号才出现. 直到 18 世纪，才由瑞士数学家欧拉发现了指数与对数的互逆关系.

1. 指数与对数不同底大小比较如表 2.3：

表 2.3

<table>
<tr><td></td><td colspan="2">指数函数</td><td colspan="2">对数函数</td></tr>
<tr><td>图像</td>
<td>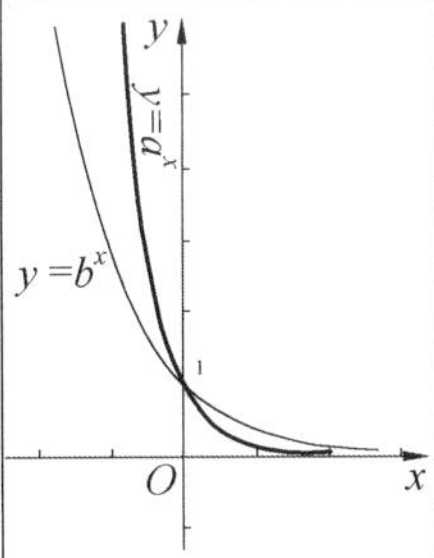
</td>
<td>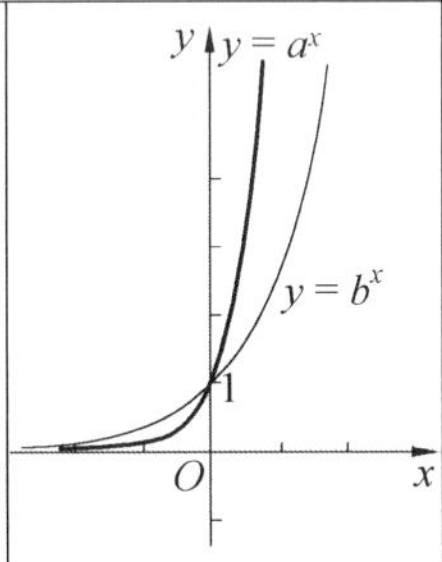
</td>
<td>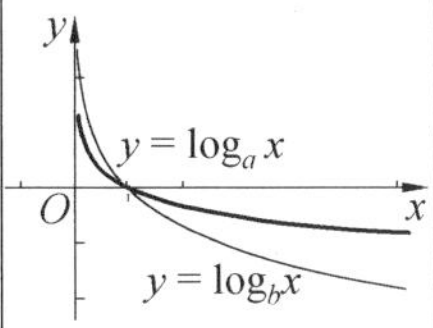
</td>
<td>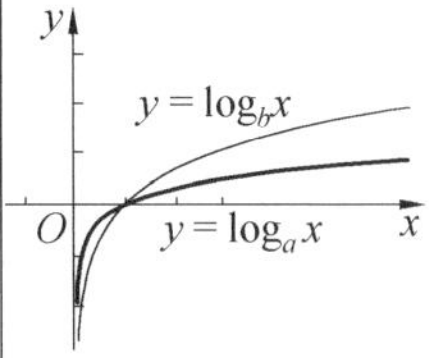
</td></tr>
<tr><td>结论</td>
<td>当 $0<a<b<1$ 时
(1) $x>0$，$0<a^x<b^x<1$
(2) $x<0$，$a^x>b^x>1$</td>
<td>当 $a>b>1$ 时
(1) $x>0$，$1<b^x<a^x$
(2) $x<0$，$0<a^x<b^x<1$</td>
<td>当 $0<a<b<1$ 时
(1) $x>1$，$0>\log_a x>\log_b x$
(2) $0<x<1$，$0<\log_a x<\log_b x$</td>
<td>当 $a>b>1$ 时
(1) $x>1$，$0<\log_a x<\log_b x$
(2) $0<x<1$，$0>\log_a x>\log_b x$</td></tr>
</table>

2. 重要恒等式：$a^{\log_a N}=N$；$\log_a a^b=b$；$\log_a b=\dfrac{\log_c b}{\log_c a}$；$\log_{a^n} N^m=\dfrac{m}{n}\log_a N$.

2.5 三角函数

三角学的起源、发展与天文学密不可分，最初是天文学研究的一个计算工具. 早期对于三角学的研究可以追溯到古希腊，古希腊三角学的奠基人是公元前2世纪的希帕恰斯（Hipparchus，约前190— 约前125），他给出了最早的三角函数数值表，托勒密（Ptolemy，约90—168）则推导出了和角公式和半角公式. 公元5世纪三角学传入印度，印度数学家阿耶波多（Aryabhata，476—550）给出了正弦和余弦的定义. 公元14世纪，通过阿拉伯人的努力三角学才从天文学中分离出来成为数学科学的一门重要分支. 大数学家欧拉最初使用sin，cos，tan，cot作为三角函数的记号.

1. 平方关系

$$1+\tan^2\alpha=\frac{1}{\cos^2\alpha}$$

2. 万能公式

$$\sin 2\alpha=\frac{2\tan\alpha}{1+\tan^2\alpha},\quad \cos 2\alpha=\frac{1-\tan^2\alpha}{1+\tan^2\alpha},\quad \tan 2\alpha=\frac{2\tan\alpha}{1-\tan^2\alpha}$$

3. 两角和正切变形公式

$$\tan\alpha+\tan\beta=\tan(\alpha+\beta)(1-\tan\alpha\tan\beta)$$

4. 升幂公式

$$1+\cos\alpha=2\cos^2\frac{\alpha}{2},1-\cos\alpha=2\sin^2\frac{\alpha}{2}$$

$$1\pm\sin\alpha=\left(\sin\frac{\alpha}{2}\pm\cos\frac{\alpha}{2}\right)^2,\sin\alpha=2\sin\frac{\alpha}{2}\cos\frac{\alpha}{2}$$

5. 三倍角公式

(1) $\sin 3\alpha=3\sin\alpha-4\sin^3\alpha$；

(2) $\cos 3\alpha=4\cos^3\alpha-3\cos\alpha$.

例 求 $\sin 18°$ 的值.

因为 $\sin 36°=\cos 54°$，则 $2\sin 18°\cos 18°=4\cos^3 18°-3\cos 18°$，所以 $4\sin^2 18°+2\sin 18°-1=0$，解方程得 $\sin 18°=\dfrac{-1+\sqrt{5}}{4}$，恰为黄金分割数的一半.

6. 常用特殊角的三角函数值

$$\sin 15^\circ=\cos 75^\circ=\frac{\sqrt{6}-\sqrt{2}}{4},\sin 75^\circ=\cos 15^\circ=\frac{\sqrt{6}+\sqrt{2}}{4}$$

$$\tan 15^\circ=2-\sqrt{3},\ \tan 75^\circ=2+\sqrt{3}$$

2.6　平面向量

向量最初应用于物理学，被称为矢量，如力、速度、位移等都是向量. 向量一词来自于力学、解析几何中的有向线段，是牛顿(Newton，1643—1727) 最先用有向线段表示向量的. 1827 年，麦比乌斯(Möbius，1790—1868) 用$\overrightarrow{AB}$表示向量，1912 年兰格文用 $\boldsymbol{a}$ 表示向量. 因为 16 世纪复数的出现，向量才进入数学并得到发展.

1. 如图 2.1，O 为平面内任一点，三点 A,B,C 共线$\Leftrightarrow$存在实数 λ 和 μ 使得 $\overrightarrow{OB}=\lambda\overrightarrow{OA}+\mu\overrightarrow{OC}$ 且 $\lambda+\mu=1$.

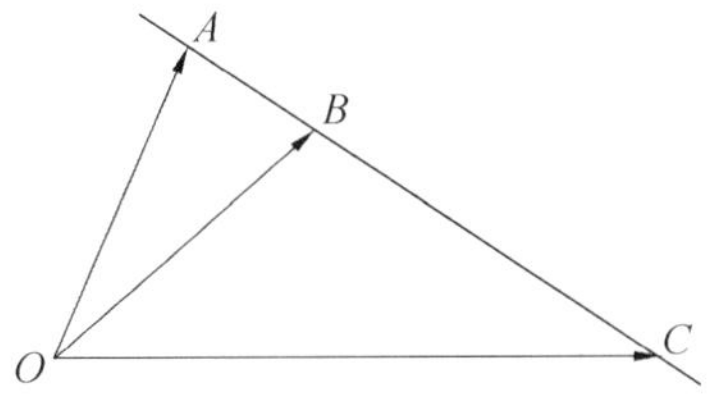

图 2.1

2. 在 $\triangle ABC$ 中，若 D 为 BC 边中点，则$\overrightarrow{AD}=\frac{1}{2}(\overrightarrow{AB}+\overrightarrow{AC})$；若重心 G 在中线 AD 上，则$\overrightarrow{AG}=\frac{1}{3}(\overrightarrow{AB}+\overrightarrow{AC})$；

如图 2.2，若 D 分 BC 长度比为 $m:n$，则$\overrightarrow{AD}=\frac{1}{m+n}(n\overrightarrow{AB}+m\overrightarrow{AC})$.

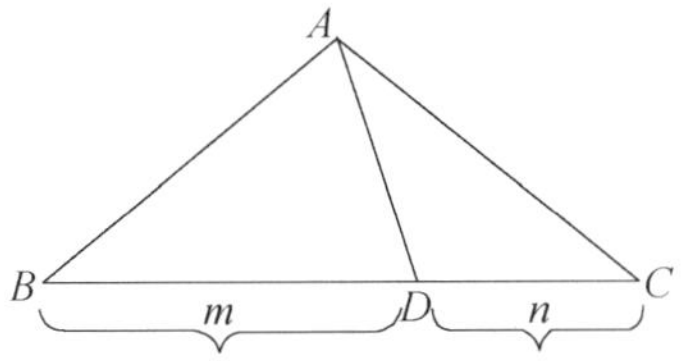

图 2.2

例(2020年东三省三校高三一模第6题)　已知在边长为3的等边$\triangle ABC$中，$\overrightarrow{BD}=\frac{1}{2}\overrightarrow{DC}$，则$\overrightarrow{AD}\cdot\overrightarrow{AC}=$　　(A)

A. 6　　B. 9　　C. 12　　D. -6

提示　利用上述公式得$\overrightarrow{AD}=\dfrac{1}{3}(2\overrightarrow{AB}+\overrightarrow{AC})$.

3.定比分点坐标公式

已知点$P_1(x_1,y_1)$,$P_2(x_2,y_2)$是直线l上两点,点$P(x,y)$在l上且不同于P_1,P_2,若存在一实数λ,使$\overrightarrow{P_1P}=\lambda\overrightarrow{PP_2}$,则$\lambda$叫作$P$分有向线段$\overrightarrow{P_1P_2}$所成的比($\lambda>0$,$P$在线段$P_1P_2$内;$\lambda<0$,$P$在线段$P_1P_2$外),且

$$\begin{cases}x=\dfrac{x_1+\lambda x_2}{1+\lambda}\\ y=\dfrac{y_1+\lambda y_2}{1+\lambda}\end{cases}$$

若P为P_1P_2中点

$$\begin{cases}x=\dfrac{x_1+x_2}{2}\\ y=\dfrac{y_1+y_2}{2}\end{cases}$$

并可以推广到空间向量.

4.三角形重心公式

在$\triangle ABC$中,若$A(x_1,y_1)$,$B(x_2,y_2)$,$C(x_3,y_3)$,则重心坐标为$G\left(\dfrac{x_1+x_2+x_3}{3},\dfrac{y_1+y_2+y_3}{3}\right)$.

5.三角形"四心"的向量表示:

(1)$\overrightarrow{GA}+\overrightarrow{GB}+\overrightarrow{GC}=\mathbf{0}\Leftrightarrow G$为$\triangle ABC$的重心;

(2)$\overrightarrow{PA}\cdot\overrightarrow{PB}=\overrightarrow{PB}\cdot\overrightarrow{PC}=\overrightarrow{PC}\cdot\overrightarrow{PA}\Leftrightarrow P$为$\triangle ABC$的垂心;

(3)$a\overrightarrow{IA}+b\overrightarrow{IB}+c\overrightarrow{IC}=\mathbf{0}\Leftrightarrow I$是$\triangle ABC$的内心($a,b,c$为$\triangle ABC$三边长的值).

在$\triangle ABC$中,若点P满足$\overrightarrow{AP}=\lambda\left(\dfrac{\overrightarrow{AB}}{|\overrightarrow{AB}|}+\dfrac{\overrightarrow{AC}}{|\overrightarrow{AC}|}\right)(\lambda>0)$,则点$P$必在$\angle A$的角平分线上;当$\lambda$取某一值时,点$P$为$\triangle ABC$内心.

例　已知O是平面上一定点,A,B,C是平面上不共线的三个点,动点P满足$\overrightarrow{OP}=\overrightarrow{OA}+\lambda\left(\dfrac{\overrightarrow{AB}}{|\overrightarrow{AB}|}+\dfrac{\overrightarrow{AC}}{|\overrightarrow{AC}|}\right)$,$\lambda\in(0,+\infty)$,则动点$P$的轨迹一定通过$\triangle ABC$的　　　　(B)

A.外心　　　B.内心　　　C.重心　　　D.垂心

(4)若$\overrightarrow{OA}^2=\overrightarrow{OB}^2=\overrightarrow{OC}^2$即$|\overrightarrow{OA}|^2=|\overrightarrow{OB}|^2=|\overrightarrow{OC}|^2\Leftrightarrow O$是$\triangle ABC$的外心.

6. 与 $\boldsymbol{a}$ 共线的单位向量是 $\pm\frac{\boldsymbol{a}}{|\boldsymbol{a}|}$

7. 极化恒等式

极化恒等式源于高等数学中的泛函分析. 它表示数量积(也称内积) 可以由它导出的范数来表示,是联系内积与范数的一个重要等式. 把极化恒等式降维至二维平面,即得 $\boldsymbol{a}\cdot\boldsymbol{b}=\frac{1}{4}[(\boldsymbol{a}+\boldsymbol{b})^2-(\boldsymbol{a}-\boldsymbol{b})^2]$,它表明向量的数量积运算也可以转化为向量模的线性运算. 此恒等式的精妙之处在于建立了向量和几何长度(数量) 之间的关联,实现了向量与几何、代数的巧妙结合. 而运用极化恒等式来解一些向量问题的方法则会成为一种美妙解法.

(1) 公式推导

如图 2.3,设 $\overrightarrow{AB}=\boldsymbol{a}$,$\overrightarrow{AD}=\boldsymbol{b}$,则

$$\overrightarrow{AC}=\boldsymbol{a}+\boldsymbol{b},\overrightarrow{DB}=\boldsymbol{a}-\boldsymbol{b}$$

$$\overrightarrow{AC}^2=(\boldsymbol{a}+\boldsymbol{b})^2=\boldsymbol{a}^2+2\boldsymbol{a}\cdot\boldsymbol{b}+\boldsymbol{b}^2 \quad ①$$

$$\overrightarrow{DB}^2=(\boldsymbol{a}-\boldsymbol{b})^2=\boldsymbol{a}^2-2\boldsymbol{a}\cdot\boldsymbol{b}+\boldsymbol{b}^2 \quad ②$$

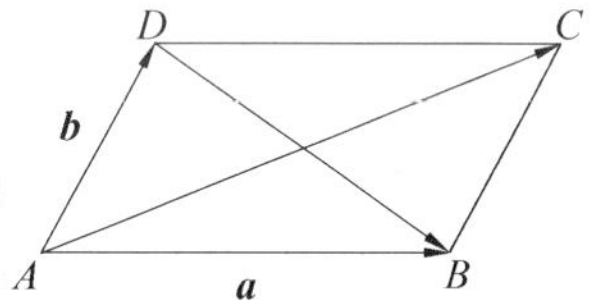

图 2.3

将式 ①② 相减得 $\boldsymbol{a}\cdot\boldsymbol{b}=\frac{1}{4}[(\boldsymbol{a}+\boldsymbol{b})^2-(\boldsymbol{a}-\boldsymbol{b})^2]$,称为极化恒等式.

几何意义　向量的数量积表示为以这组向量为邻边的平行四边形的"和对角线"与"差对角线"平方差的 $\frac{1}{4}$. 即

$$\overrightarrow{AB}\cdot\overrightarrow{AD}=\frac{1}{4}(\overrightarrow{AC}^2-\overrightarrow{DB}^2)$$

三角形中的极化恒等式:

如图 2.4,在 $\triangle ABC$ 中,M 为边 BC 的中点,则据极化恒等式得

$$\overrightarrow{AB}\cdot\overrightarrow{AC}=\frac{1}{4}[(\overrightarrow{AB}+\overrightarrow{AC})^2-(\overrightarrow{AB}-\overrightarrow{AC})^2]$$

$$=\frac{1}{4}[(2\overrightarrow{AM})^2-\overrightarrow{CB}^2]$$

$$=\overrightarrow{AM}^2-\frac{1}{4}\overrightarrow{CB}^2$$

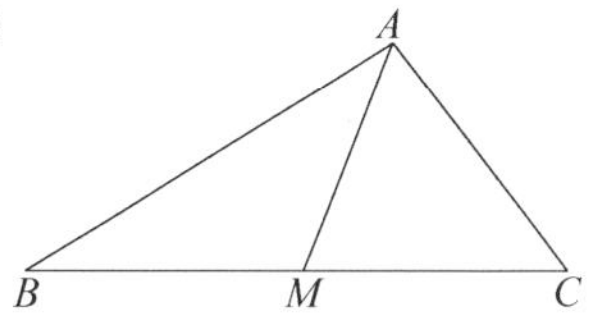

图 2.4

即三角形中的极化恒等式为

$$\overrightarrow{AB}\cdot\overrightarrow{AC}=\overrightarrow{AM}^2-\frac{1}{4}\overrightarrow{CB}^2$$

(2) 应用举例

例(2017年高考全国2卷理科第12题) 已知$\triangle ABC$是边长为2的等边三角形,P为平面ABC内一点,则$\overrightarrow{PA}\cdot(\overrightarrow{PB}+\overrightarrow{PC})$的最小值是 ( )

A. -2　　B. $-\frac{3}{2}$　　C. $-\frac{4}{3}$　　D. -1

分析 如图2.5,要先解决$\overrightarrow{PB}+\overrightarrow{PC}$,于是取$BC$中点$D$,则$\overrightarrow{PB}+\overrightarrow{PC}=2\overrightarrow{PD}$,$\overrightarrow{PA}\cdot(\overrightarrow{PB}+\overrightarrow{PC})=2\overrightarrow{PA}\cdot\overrightarrow{PD}$,再取$AD$中点$N$,则$2\overrightarrow{PA}\cdot\overrightarrow{PD}=2(\overrightarrow{PN}^2-\frac{1}{4}\overrightarrow{DA}^2)\geqslant 2[0-\frac{1}{4}(\sqrt{3})^2]=-\frac{3}{2}$(此时$P$,$N$重合),所以选B.

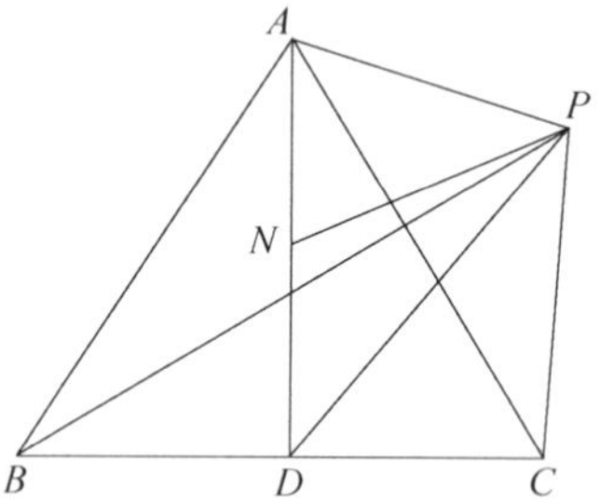

图2.5

(3) 解题小结

用于有共起点或共终点向量数量积的求值、取值范围或最值等问题.解题关键是找到或构造三角形、中线及第三边,把数量积向长度转化而解题.

2.7 复　数

16世纪意大利米兰学者卡丹(Cardano,1501—1576)在1545年出版的《重要的艺术》一书中,公布了一元三次方程的一般解法公式,第一次把负数的平方根写到公式中,被后人称之为"卡丹公式".法国数学家笛卡儿把负数平方根这种虚无缥缈的数称为"虚数",于是数系中发现了一颗新星——虚数,并再次引起了数学界的一片困惑,很多大数学家都不承认虚数.1702年,德国数学家莱布尼茨说:"虚数是神灵遁迹的精微而奇异的隐避所,它大概是存在和虚妄两界中的两栖物".甚至大数学家欧拉也不认可虚数,说:"一切形如$\sqrt{-1}$,$\sqrt{-2}$的数学式,都是不可能有的想象的数,因为它们所表示的是负数的平方根.对于这类数,我们只能断言,它们既不是什么都不是,也不比什么都不是多些什么,更不比什么都不是少些什么,它们纯属虚幻."

当然,真理性的东西一定可以经得住时间和空间的考验而后占有自己的一席之地.最终复数不但对于数学本身有着极其重要的意义,且在流体力学、电磁学、热力学、理论物理、弹性力学、天体力学等领域有着十分广泛、深刻的应用,而大放异彩.

1.任何n次方程$x^n=a(a\in\mathbf{R})$都有n个根,如方程$x^3=1$有3个根,解方程如下:$x^3-1=0$,分解因式为$(x-1)(x^2+x+1)=0$,由$x-1=0$,得

$x_1=1$,由 $x^2+x+1=0$ 得 $x_2=-\frac{1}{2}+\frac{\sqrt{3}}{2}\mathrm{i}$,$x_3=-\frac{1}{2}-\frac{\sqrt{3}}{2}\mathrm{i}$,记 $\omega=-\frac{1}{2}+\frac{\sqrt{3}}{2}\mathrm{i}$,叫作 1 的三次原根,而 $\bar{\omega}=-\frac{1}{2}-\frac{\sqrt{3}}{2}\mathrm{i}$,易证 $\omega^2=\bar{\omega}$,$\bar{\omega}^2=\omega$,$\omega^2+\omega+1=0$,$\bar{\omega}^2+\bar{\omega}+1=0$.

2. 一元二次方程 $x^2=-a(a>0)$ 的解为 $x=\pm\sqrt{a}\mathrm{i}$,如 $x^2=-1$,则 $x=\pm\mathrm{i}$;一元二次方程 $ax^2+bx+c=0(a\neq 0)$,当 $\Delta<0$ 时,解为 $x_{1,2}=\frac{-b\pm\sqrt{4ac-b^2}\mathrm{i}}{2a}$,如 $x^2+x+1=0$,则 $x_{1,2}=-\frac{1}{2}\pm\frac{\sqrt{3}}{2}\mathrm{i}$.

3. 复数的三角形式为 $z=r(\cos\theta+\mathrm{i}\sin\theta)$,复数的指数形式为 $z=r\mathrm{e}^{\mathrm{i}\theta}$,其中 r 是复数的模,θ 为复数的幅角. 则有 $r(\cos\theta+\mathrm{i}\sin\theta)=r\mathrm{e}^{\mathrm{i}\theta}$,即 $\mathrm{e}^{\mathrm{i}\theta}=\cos\theta+\mathrm{i}\sin\theta$,称为欧拉公式.

例　欧拉公式 $\mathrm{e}^{\mathrm{i}\theta}=\cos\theta+\mathrm{i}\sin\theta(\theta\in\mathbf{R}$,e 为自然对数的底,i 为虚数单位)是瑞士著名数学家欧拉发明的. 根据欧拉公式可知,复数 $\mathrm{e}^{-\frac{\pi}{6}\mathrm{i}}$ 的虚部为（ C ）

A. $-\frac{1}{2}\mathrm{i}$　　B. $\frac{1}{2}\mathrm{i}$　　C. $-\frac{1}{2}$　　D. $\frac{1}{2}$

延伸阅读

用复数知识寻宝

从前,有一个富于冒险精神的年轻人,在他曾祖父的遗物中发现了一张羊皮纸,上面记载了一处宝藏,它是这样写着的:

乘船至北纬××,西经××,即可找到一座荒岛. 岛的北岸有一大片草地,草地上有一株橡树和一株松树,还有一座绞架,那是我们过去用来吊死叛变者的. 从绞架走到橡树,并记住走了多少步;到了橡树,向右拐个直角再走这么多步,在这里打个桩. 然后回到绞架那里,朝松树走去,同时记住所走的步数;到了松树向左拐个直角再走这么多步,在这里也打个桩. 在两个桩的正中挖掘,就可找到宝藏.

这道指示很清楚,所以这位年轻人就租了一条船开往目的地. 他找到了这座岛,也找到了橡树和松树,但失望的是绞架不见了,天长日久的风雨侵蚀,绞架早已烂成泥土,毫无痕迹. 于是这位年轻的冒险家陷入了绝境. 在荒乱中,他在地上乱挖起来. 但是,地方太大了,一切都是白费力气. 他只好乘兴而来,败兴而归,而宝藏还在地里安然无恙!

这是一个令人伤心的故事，然而更令人伤心的是：如果这个小伙子懂点数学，特别是复数，他本来是有可能找到这些宝藏的. 现在我们来为他找找看，尽管为时已晚，于他无补了！

我们把这个岛看成一个复数平面，过两棵树干画一直线作为实轴，过两树的中点与实轴垂直作虚轴（如图 2.6），并以两树距离的一半作为长度单位. 这样，橡树用 -1 来表示，松树则用 1 来表示. 我们不知道绞架在何处，不妨用 M 来表示. M 应当是一个复数，设 $M=a+b\mathrm{i}$. 如图 2.6，在 $\mathrm{Rt}\triangle MNQ$ 与 $\mathrm{Rt}\triangle HGQ$ 中，因为 $MQ=HQ$，$\angle MNQ=\angle QGH$，$\angle 1=\angle 2$，所以 $\mathrm{Rt}\triangle MNQ\cong\mathrm{Rt}\triangle QGH$.

所以 $GQ=MN$，$QN=GH$.

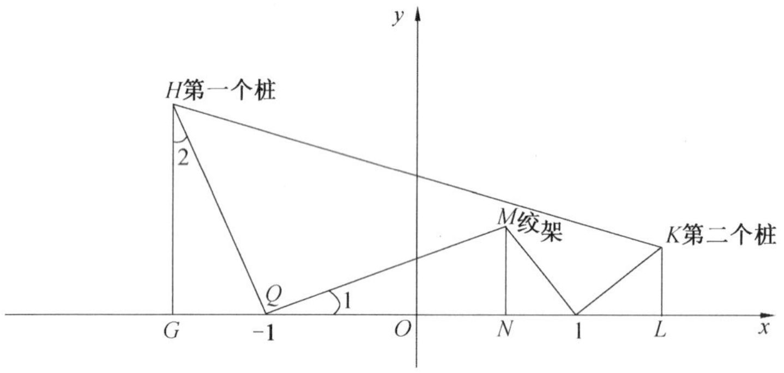

图 2.6

设 $H=x+y\mathrm{i}$. 第一个桩点 H：$x=GO=-1-b$，$y=GH=1+a$，所以 $x+y\mathrm{i}=-1+b\mathrm{i}^2+(1+a)\mathrm{i}=-1+(1+a+b\mathrm{i})\mathrm{i}=-1+(1+M)\mathrm{i}$. 同理，第二个桩点 K：$1+(1-M)\mathrm{i}$.

因为宝藏在两根桩的正中间，所以我们由复数的中点公式可知，应当可求上述两个复数之和的一半，即 $\frac{1}{2}[-1+(1+M)\mathrm{i}+1+(1-M)\mathrm{i}]=\mathrm{i}$.

现在可以看出，M 所表示的绞架的未知位置已在运算过程中消失了. 不管这个绞架在何处，宝藏总在虚轴 i 这个点上，所以说，如果这个小伙子能够做这么一点点数学运算，那么他就不必在整个岛上盲目乱挖，从而可以轻易地找到他的宝藏，绝不会入宝山而空返了.

2.8 立体几何

几何学是研究空间结构及性质的一门数学分支. 它是数学中最基本的内

容之一，与分析、代数等具有同样重要的地位，并且关系极为密切. 几何学的发展历史悠久、内容丰富，几何思想是数学中最重要的一类思想. 我们初中学习过平面几何，高中将学习立体几何，立体几何是研究空间几何体概念、性质、位置关系及计算的一门几何学分支. 平面几何和立体几何知识都来源于古希腊重要的数学著作《几何原本》.《几何原本》是由古希腊数学家欧几里得(Euclid，约前 330— 约前 275) 著，在公元前 300 年左右完成. 欧几里得的《几何原本》是一部划时代的著作，其伟大的历史意义在于它在人类数学史中第一次给出了公理化方法. 数学公理化方法，就是从尽可能少的原始概念和尽可能少的一组不加证明的原始命题(如公理、公设) 出发，应用严格的逻辑推理推导出其余的命题，使某一数学分支成为演绎系统的一种方法.

我们学习的画空间几何体的三视图和直观图属于画法几何. 画法几何就是在平面上绘制空间图形，并在平面图上表达出空间原物体各部分的大小、位置及相互关系的一门学科. 画法几何起源于欧洲文艺复兴时期的绘画和建筑技术，它的创立者为法国数学家蒙日(Monge，1746—1818).

文艺复兴时期，达 • 芬奇(Leonardo da Vinci，1452—1519) 在他的绘画作品中已经广泛地运用了透视原理，之后在透视学、画法几何基础上发展成一门独立的几何分支学科即射影几何学. 法国数学家笛沙格(Desargues，1591—1661)、帕斯卡(Pascal，1623—1662) 及蒙日的学生彭赛列(Poncelet，1788—1867) 等人对射影几何学的创立做出过重要贡献. 在射影几何中，两条平行直线是有交点的，两个平行平面是有交线的. 在射影几何中把无穷远点看作是“理想点”，通常的直线再加上一个无穷远点就是无穷远直线，如果一个平面内两条直线平行，那么这两条直线就交于这两条直线共有的无穷远点. 通过同一无穷远点的所有直线平行，而平行平面交于一条无穷远直线. 这与欧氏几何是截然不同的.

我国古代数学家除了在平面几何方面有着重大贡献(圆周率、勾股定理等) 之外，在立体几何方面也有着重要贡献. 如祖暅原理、球体积公式、锥体体积公式的推导等. 对于这些成就的取得，魏晋南北朝时期的数学家刘徽和祖冲之之子祖暅功不可没. 先是刘徽在正方体内创造了一个特殊几何体“牟合方盖”(见延伸阅读)，并证明正方体的内切球体积与牟合方盖体积之比为 $\frac{\pi}{4}$，但最终刘徽没能推导出球体积公式. 之后才由祖暅在发明祖暅原理的基础上导出了球体积公式. 祖暅原理：“幂势既同，则积不容异”，意思是两个同高的几何体，如果在等高处的截面积都相等，那么这两个几何体的体积相等. 由此有“等底等高的两个几何体体积相等”. 如图 2.7，一棱柱分成三个等体积的三棱锥，

所以有 $V_{三棱锥}=\frac{1}{3}Sh$.

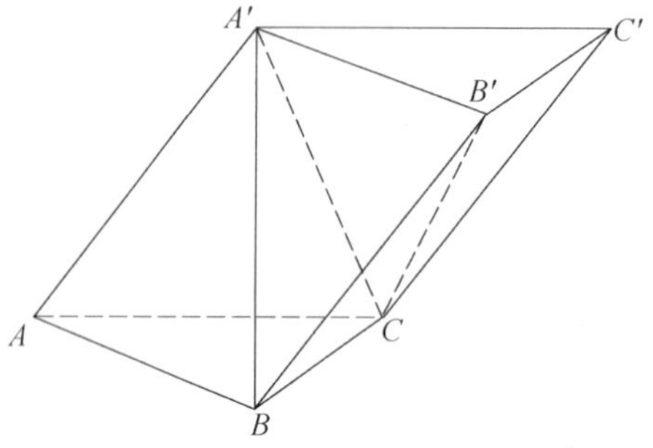

图 2.7

祖暅原理在西方文献中称为"卡瓦列里原理",1635 年由意大利数学家卡瓦列里(Cavalieri,1598—1647)独立提出,但已比我国晚了一千多年.球体积公式导出过程中也体现出了我国古代数学中论证推理的倾向,并达到相当高的高度.

关于四棱锥体积公式的推导,刘徽利用了极限方法与不可分量方法,证明了四棱锥体积为 $V=\frac{1}{3}abc$(其中 a,b,c 为长方体三棱长的值).如图 2.8,方法是先把长方体分为两个相同直三棱柱,再把其中一直三棱柱分为一个底面为正方形的四棱锥即称为阳马,则另一个为三棱锥即称为鳖臑,刘徽证明了 $V_{阳马}:V_{鳖臑}=2:1$,从而 $V_{阳马}=\frac{2}{3}\times\frac{1}{2}abc=\frac{1}{3}abc$,即四棱锥体积公式.

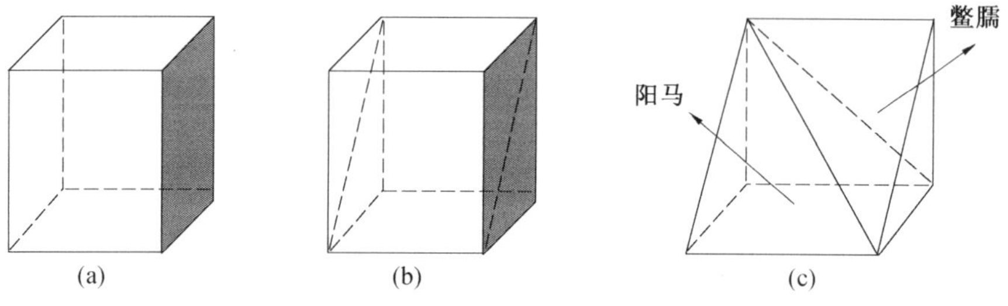

图 2.8

立体几何有两大类问题:一是位置关系证明;一是角、距离、面积及体积的计算.本节重点总结位置关系中平行与垂直的判定方法,计算问题总结见第 4 章 4.3 节.

1. 线线平行,线面平行,面面平行及线线垂直,线面垂直,面面垂直方法总结：

(1) 线线平行的判定方法

① 定义；

② 平面几何中的方法如中位线、平行四边形性质；

③ 公理 4；

④ 线面平行的性质定理：$\left.\begin{matrix} a \parallel \alpha \\ a \subset \beta \\ \alpha \cap \beta = b \end{matrix}\right\} \Rightarrow a \parallel b$；

⑤ 线面垂直的性质定理：$\left.\begin{matrix} a \perp \alpha \\ b \perp \alpha \end{matrix}\right\} \Rightarrow a \parallel b$；

⑥ 面面平行的性质定理：$\left.\begin{matrix} \alpha \parallel \beta \\ \alpha \cap \gamma = a, \beta \cap \gamma = b \end{matrix}\right\} \Rightarrow a \parallel b$.

重要且常用的是 ②③④.

(2) 线面平行

① 定义；

② 线面平行的判定定理：$\left.\begin{matrix} a \not\subset \alpha \\ a \parallel b \\ b \subset \alpha \end{matrix}\right\} \Rightarrow a \parallel \alpha$；

③ 面面平行的性质：$\left.\begin{matrix} a \subset \alpha \\ \alpha \parallel \beta \end{matrix}\right\} \Rightarrow a \parallel \beta$；

④$\left.\begin{matrix} \alpha \perp \beta \\ a \perp \beta \\ a \not\subset \alpha \end{matrix}\right\} \Rightarrow a \parallel \alpha$；

⑤$\left.\begin{matrix} b \perp \alpha \\ a \perp b \\ a \not\subset \alpha \end{matrix}\right\} \Rightarrow a \parallel \alpha$；

⑥$\left.\begin{matrix} \alpha \parallel \beta \\ a \parallel \beta \\ a \not\subset \alpha \end{matrix}\right\} \Rightarrow a \parallel \alpha$；

⑦$\left.\begin{matrix} a \parallel b \\ b \parallel \alpha \\ a \not\subset \alpha \end{matrix}\right\} \Rightarrow a \parallel \alpha$.

重要且常用的是 ②③.

(3) 面面平行

① 定义；

② 面面平行判定定理：$\left.\begin{matrix} a \subset \alpha, b \subset \alpha \\ a \cap b = P \\ a \parallel \beta \\ b \parallel \beta \end{matrix}\right\} \Rightarrow \alpha \parallel \beta$；

③$\left.\begin{matrix} a\subset\alpha, b\subset\alpha \\ a\cap b=P \\ a'\subset\beta, b'\subset\beta \\ a'\cap b'=P' \\ a\parallel a', b\parallel b' \end{matrix}\right\}\Rightarrow\alpha\parallel\beta$；

④$\left.\begin{matrix} a\perp\alpha \\ a\perp\beta \end{matrix}\right\}\Rightarrow\alpha\parallel\beta$；

⑤$\left.\begin{matrix} \alpha\parallel\gamma \\ \beta\parallel\gamma \end{matrix}\right\}\Rightarrow\alpha\parallel\beta$.

重要且常用的是②③.

(4) 线线垂直

① 定义(共面垂直与异面垂直)；

② 平面几何中的方法如勾股定理、菱形对角线垂直等；

③$\left.\begin{matrix} a\parallel b \\ l\perp b \end{matrix}\right\}\Rightarrow l\perp a$；

④$\left.\begin{matrix} l\perp\alpha \\ a\subset\alpha \end{matrix}\right\}\Rightarrow l\perp a$；

⑤$\left.\begin{matrix} l\perp\alpha \\ a\parallel\alpha \end{matrix}\right\}\Rightarrow l\perp a$.

重要且常用的是②③④.

(5) 线面垂直

① 定义；

② 线面垂直判定定理：$\left.\begin{matrix} l\perp a, l\perp b \\ a\subset\alpha, b\subset\alpha \\ a\cap b=P \end{matrix}\right\}\Rightarrow l\perp\alpha$；

③ 面面垂直的性质定理：$\left.\begin{matrix} \alpha\perp\beta \\ \alpha\cap\beta=b \\ a\subset\alpha, a\perp b \end{matrix}\right\}\Rightarrow a\perp\beta$；

④$\left.\begin{matrix} a\parallel b \\ b\perp\alpha \end{matrix}\right\}\Rightarrow a\perp\alpha$；

⑤$\left.\begin{matrix} \alpha\parallel\beta \\ l\perp\beta \end{matrix}\right\}\Rightarrow l\perp\alpha$.

重要且常用的是②③④.

(6) 面面垂直

① 定义；

② 面面垂直判定定理：$\left.\begin{matrix} a\perp\beta \\ a\subset\alpha \end{matrix}\right\}\Rightarrow\alpha\perp\beta$；

③$\left.\begin{matrix} a\perp\beta \\ a\parallel\alpha \end{matrix}\right\}\Rightarrow\alpha\perp\beta$；

④$\left.\begin{matrix} \alpha\perp\beta \\ \beta\parallel\gamma \end{matrix}\right\}\Rightarrow\alpha\perp\gamma$；

⑤$\left.\begin{matrix} a \perp \alpha, b \perp \beta \\ a \perp b \end{matrix}\right\} \Rightarrow \alpha \perp \beta$；　　⑥$\left.\begin{matrix} \alpha \parallel \gamma, \beta \parallel \delta \\ \gamma \perp \delta \end{matrix}\right\} \Rightarrow \alpha \perp \beta$.

重要且常用的是 ①②.

2. 位置关系唯一性、多样性、无限性：

(1) 经过直线外一点有且只有一条直线与已知直线平行；

(2) 经过一点有且只有一条直线与已知平面垂直；

(3) 经过一点有且只有一个平面与已知直线垂直；

(4) 垂直于同一条直线的两条直线位置关系有三种(平行、相交和异面)；

(5) 平行于同一个平面的两条直线位置关系有三种(平行、相交和异面)；

(6) 垂直于同一个平面的两个平面平行或相交；

(7) 分别在两个平行平面内的两条直线不相交；

(8) 过平面外一点有无数条直线与这个平面平行；

(9) 过直线外一点有无数个平面与此直线平行；

(10) 过已知平面的一条垂线有无数个平面与此平面垂直.

3. 以下结论均是错的

(1)$\left.\begin{matrix} \text{直线 } a \text{ 与 } b \text{ 异面} \\ \text{直线 } a \text{ 与 } c \text{ 异面} \end{matrix}\right\} \Rightarrow \text{直线 } b \text{ 与 } c \text{ 异面}$；

(2)$\left.\begin{matrix} \text{直线 } a \text{ 与平面 } \alpha \text{ 成角相等} \\ \text{直线 } b \text{ 与平面 } \alpha \text{ 成角相等} \end{matrix}\right\} \Rightarrow a \parallel b$；

(3)$\left.\begin{matrix} m \subset \alpha \\ n \subset \beta \end{matrix}\right\} \Rightarrow m, n \text{ 异面}$；　　(4)$\left.\begin{matrix} a \perp b \\ a \perp c \end{matrix}\right\} \Rightarrow b \parallel c$；

(5)$\left.\begin{matrix} a \parallel \alpha \\ b \parallel \alpha \end{matrix}\right\} \Rightarrow a \parallel b$；　　(6)$\left.\begin{matrix} a \parallel b \\ b \parallel \alpha \end{matrix}\right\} \Rightarrow a \parallel \alpha$；

(7)$\left.\begin{matrix} a \perp b \\ b \parallel \alpha \end{matrix}\right\} \Rightarrow a \perp \alpha$；　　(8)$\left.\begin{matrix} a \perp \alpha \\ \beta \perp \alpha \end{matrix}\right\} \Rightarrow a \parallel \beta$；

(9)$\left.\begin{matrix} \alpha \perp \gamma \\ \beta \perp \gamma \end{matrix}\right\} \Rightarrow \alpha \parallel \beta$；　　(10)$\left.\begin{matrix} \alpha \parallel a \\ \beta \parallel a \end{matrix}\right\} \Rightarrow \alpha \parallel \beta$；

(11)$\left.\begin{matrix} \alpha \perp \beta \\ \beta \perp \lambda \end{matrix}\right\} \Rightarrow \alpha \perp \gamma$；　　(12)$\left.\begin{matrix} a \parallel \beta \\ \alpha \parallel \beta \end{matrix}\right\} \Rightarrow a \parallel \alpha$；

(13)$\left.\begin{matrix} a \parallel b \\ b \subset \alpha \end{matrix}\right\} \Rightarrow a \parallel \alpha$；　　(14)$\left.\begin{matrix} a \subset \alpha, b \subset \alpha \\ a \parallel \beta, b \parallel \beta \end{matrix}\right\} \Rightarrow \alpha \parallel \beta$；

(15)$\left.\begin{matrix} a \subset \alpha, b \subset \alpha \\ l \perp a, l \perp b \end{matrix}\right\} \Rightarrow l \perp \alpha$；　　(16)$\left.\begin{matrix} a \subset \alpha \\ \alpha \perp \beta \end{matrix}\right\} \Rightarrow a \perp \beta$；

(17) $\left.\begin{array}{l} a \parallel \alpha \\ b \subset \alpha \end{array}\right\} \Rightarrow a \parallel b$;　　(18) $\left.\begin{array}{l} l \parallel \alpha \\ \alpha \cap \beta = a \end{array}\right\} \Rightarrow l \parallel a$;

(19) $\left.\begin{array}{l} \alpha \cap \beta = l \\ \alpha \perp \gamma \end{array}\right\} \Rightarrow l \perp \gamma$;　　(20) $\left.\begin{array}{l} \alpha \parallel \beta \\ a \subset \alpha, b \subset \beta \end{array}\right\} \Rightarrow a \parallel b$;

(21) $\left.\begin{array}{l} \alpha \perp \beta \\ a \subset \alpha, b \subset \beta \end{array}\right\} \Rightarrow a \perp b$;　　(22) $\left.\begin{array}{l} a \perp \beta \\ a \parallel \alpha \end{array}\right\} \Rightarrow \alpha \perp \beta$.

延伸阅读

球体积的推导之牟合方盖

如图 2.9，在正方体内作两个互相垂直的内切圆柱，这两个圆柱相交的部分就称为牟合方盖，如图 2.10.

牟合方盖恰好把正方体的内切球包含在内并且同它相切. 若用一个水平平面去截它们，就得到一个圆（球的截面），和它的外切正方形（牟合方盖的截面）（如图 2.11），则易得截面圆与其外切正方形面积之比为 π∶4，则据祖暅原理得内切球与牟合方盖的体积之比也是 π∶4，即 $V_{球}:V_{牟合方盖}=\pi:4$. 唐代数学家李淳风在《九章算术》"开立圆术"注中，将球体积的正确解法称为"祖暅开立圆术". 根据李淳风的注，祖暅球体积公式的推导继承了刘徽的路线，即从计算牟合方盖体积来突破. 祖暅通过割补的方法，导出了八分之一牟合方盖的体积为 $\frac{2}{3}R^3$，从而整个牟合方盖体积为 $8\times\frac{2}{3}R^3=\frac{16}{3}R^3$. 据前面球与牟合方盖体积比 $\frac{\pi}{4}$，最终导出球的体积公式为

$$V_{球}=\frac{\pi}{4}V_{牟合方盖}=\frac{4}{3}\pi R^3$$

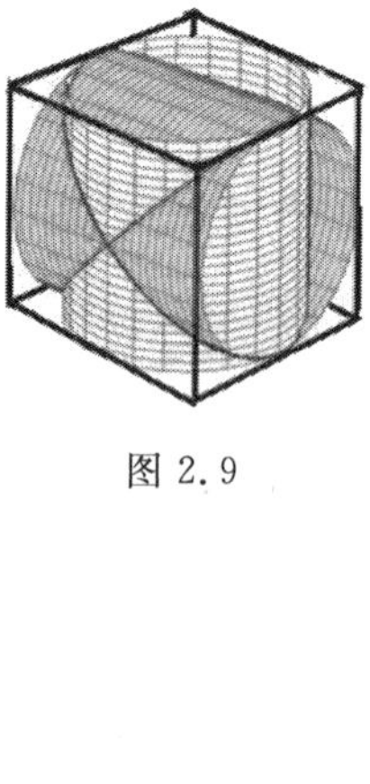

图 2.9

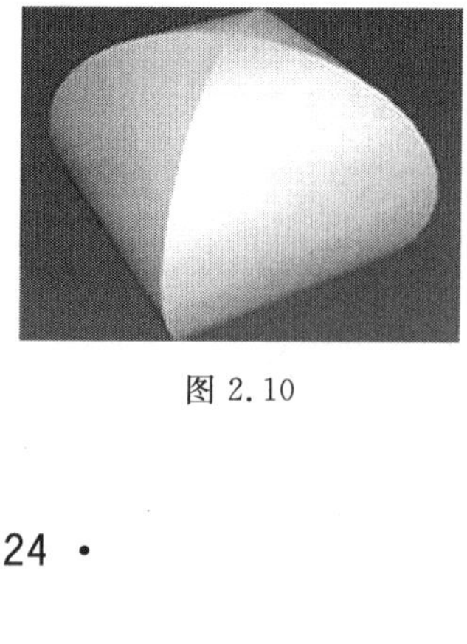

图 2.10

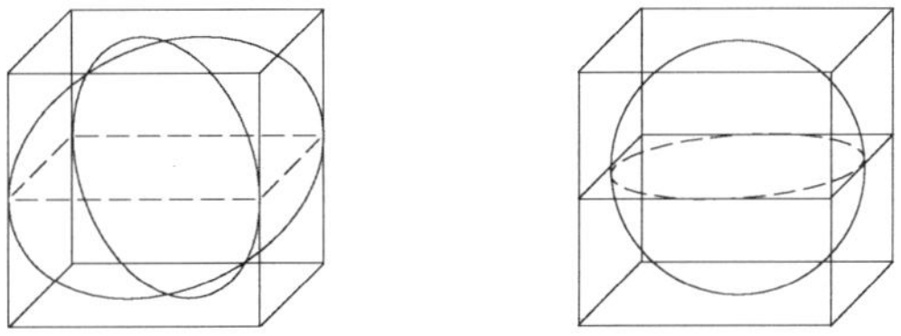
(a)　　(b)

图 2.11

2.9　解析几何

解析几何产生于 17 世纪,法国数学家笛卡儿是解析几何的创始人之一. 解析几何是用代数方法研究几何对象之间的关系和性质的一门几何学分支. 解析几何的中心思想是使代数与几何结合起来,用代数的方法去研究几何问题. 在解析几何创立以前,几何与代数是彼此独立的两个分支,解析几何的建立第一次真正实现了几何方法与代数方法的结合,使形与数统一起来,这是数学发展史上的一次重大突破.

解析几何的创立在数学发展史上具有划时代的意义,是数学发展史上的一个里程碑. 它促进了微积分的创立,从此数学进入了变量数学时期. 正如恩格斯在《自然辩证法》一书中所指出的:"数学中的转折点是笛卡儿的变数,有了变数,运动进入了数学,有了变数,辩证法进入了数学,有了变数,微分和积分也就立刻成为必要的了." 德国大数学家克莱因(Klein,1849—1925) 评价笛卡儿说:"笛卡儿是第一位杰出的近代哲学家,是近代生物学的奠基人,是第一流的物理学家,但只偶然是个数学家. 不过,像他那样富于智慧的人,即使只花一部分时间在一个科目上,其工作也必定是有重要意义的". 这部分拓展的知识点有:

1. 关于对称

(1) 点关于点对称:点 $P(x,y)$ 关于点 $M(a,b)$ 对称点 Q 的坐标是 $Q(2a-x,2b-y)$.

(2) 直线关于点对称:直线 $l:Ax+By+C=0$ 关于点 $P(a,b)$ 对称的直线 l_1 的方程是:$A(2a-x)+B(2b-y)+C=0$,即 $Ax+By-2aA-2bB-C=0$.

(3) 曲线关于点对称:曲线 $f(x,y)=0$ 关于点 $P(a,b)$ 对称的曲线方程是 $f(2a-x,2b-y)=0$.

(4) 点关于直线对称:充分利用对称的两个几何条件:① 对称的两点连线垂直对称轴;② 对称两点的连线段中点在对称轴上,将 ①,② 两点坐标化求出对称点.

(5) 直线关于直线对称.

①$Ax+By+C=0$ 关于 x 轴对称的直线的直线方程是:$Ax-By+C=0$.

②$Ax+By+C=0$ 关于 y 轴对称的直线的直线方程是:$Ax-By-C=0$.

③$Ax+By+C=0$ 关于原点对称的直线的直线方程是:$Ax+By-C=0$.

④$Ax+By+C=0$ 关于直线 $y=x$ 对称的直线的直线方程是:$Bx+Ay+C=0$.

⑤$Ax+By+C=0$ 关于直线 $y=-x$ 对称的直线的直线方程是:$Bx+Ay-C=0$.

2. 圆的切线方程

(1) 过圆 $x^2+y^2=R^2$ 上一点 $P(x_0,y_0)$ 处的切线方程为 $x_0x+y_0y=R^2$.

(2) 过圆 $(x-a)^2+(y-b)^2=R^2$ 上一点 $P(x_0,y_0)$ 处的切线方程为

$$(x_0-a)(x-a)+(y_0-b)(y-b)=R^2$$

3. 若已知 $A(x_1,y_1)$,$B(x_2,y_2)$,以 AB 为直径的圆方程为

$$(x-x_1)(x-x_2)+(y-y_1)(y-y_2)=0$$

4. 弦长公式

$$\begin{aligned}|P_1P_2|&=\sqrt{(x_1-x_2)^2+(y_1-y_2)^2}\\&=\sqrt{(1+k)^2[(x_1+x_2)^2-4x_1x_2]}\\&=\sqrt{1+k^2}\,|x_1-x_2|\\&=\sqrt{\left(1+\frac{1}{k^2}\right)[(y_1+y_2)^2-4y_1y_2]}\end{aligned}$$

其中 k 为直线的斜率.

5. 点差法求圆锥曲线弦所在直线的斜率

一直线交圆锥曲线于 A,B 两点,线段 AB 中点为 $M(x_0,y_0)$,则直线 AB 的斜率分别为:

焦点在 x 轴上的椭圆:$k=\dfrac{y_1-y_2}{x_1-x_2}=-\dfrac{b^2x_0}{a^2y_0}$(其中 x_0,y_0 为弦的中点坐标以下同);

焦点在 x 轴上的双曲线:$k=\dfrac{y_1-y_2}{x_1-x_2}=\dfrac{b^2x_0}{a^2y_0}$;

抛物线 $y^2=2px(p>0)$:$k=\dfrac{y_1-y_2}{x_1-x_2}=\dfrac{p}{y_0}$.

变式:一直线交椭圆于 A,B 两点,线段 AB 中点为 M,则直线 AB 与直线

OM 的斜率积为定值 $-\dfrac{b^2}{a^2}$.

例（2015 年高考全国 2 卷文科第 20 题）　已知椭圆 $C:\dfrac{x^2}{a^2}+\dfrac{y^2}{b^2}=1(a>b>0)$ 的离心率为 $\dfrac{\sqrt{2}}{2}$，点 $(2,\sqrt{2})$ 在 C 上.

（Ⅰ）求 C 的方程；

（Ⅱ）直线 l 不经过原点 O，且不平行于坐标轴，l 与 C 有两个交点 A,B，线段 AB 中点为 M，证明：直线 OM 的斜率与直线 l 的斜率乘积为定值.

解略.

6. 若点 P 是椭圆或双曲线上任一点，F_1,F_2 分别为左、右焦点，设 $\angle F_1PF_2=\theta$，则椭圆中焦点三角形的面积 $S_{\triangle F_1PF_2}=b^2\tan\dfrac{\theta}{2}$，双曲线中 $S_{\triangle F_1PF_2}=\dfrac{b^2}{\tan\dfrac{\theta}{2}}$.

椭圆、双曲线中过焦点且垂直于对称轴的弦叫作通径，通径长公式均为：$\dfrac{2b^2}{a}$，抛物线中通径长公式：$2p$.

7. 共渐近线的双曲线系方程：$\dfrac{x^2}{a^2}-\dfrac{y^2}{b^2}=\lambda(\lambda\neq 0)\Leftrightarrow$ 渐近线方程为 $\dfrac{x}{a}\pm\dfrac{y}{b}=0$.

8. 抛物线 $y^2=2px(p>0)$ 中一些结论如：若 F 为焦点，过焦点的弦 AB 交抛物线于 $A(x_1,y_1),B(x_2,y_2)$，直线 AB 的倾斜角为 α，则有：

(1) $x_1\cdot x_2=\dfrac{p^2}{4}$；(2) $y_1\cdot y_2=-p^2$；(3) 弦长 $|AB|=x_1+x_2+p=\dfrac{2p}{\sin^2\alpha}$；

(4) $S_{\triangle AOB}=\dfrac{p^2}{2\sin\alpha}$；(5) $\dfrac{1}{|AF|}+\dfrac{1}{|BF|}=\dfrac{2}{p}$.

例（2020 年高考山东卷第 13 题）　斜率为 $\sqrt{3}$ 的直线过抛物线 $C:y^2=4x$ 的焦点，且与 C 交于 A,B 两点，则 $AB=$________.

解　$\dfrac{16}{3}$. 用公式：$|AB|=\dfrac{2p}{\sin^2\alpha}$.

9. 定点定值问题

近年来定点定值问题成为考试热点，若能掌握一些基本结论，则对解题会有很大启发和帮助.

(1) 若点 P 为椭圆上任意一点（不在 x 轴上），过原点 O 作直线 AB 交椭圆

于点 A,B,且直线 PA,PB 的斜率 k_1,k_2 都存在,则 $k_1\cdot k_2$ 为定值 $-\dfrac{b^2}{a^2}$.

特例 当 A,B 两点为长轴的两个端点时,结论仍成立.

若为双曲线则定值为$\dfrac{b^2}{a^2}$.

(2) 双曲线焦点到渐近线距离为定值 b,双曲线上任一点到两渐近线距离的乘积为定值$\dfrac{a^2b^2}{c^2}$.

(3) 过抛物线 $y^2=2px\,(p>0)$ 焦点 F 作一条直线交抛物线于 $A(x_1,y_1)$,$B(x_2,y_2)$ 两点,则 $x_1x_2=\dfrac{p^2}{4}$,$y_1y_2=-p^2$,$\dfrac{1}{|AF|}+\dfrac{1}{|BF|}=\dfrac{2}{p}$. 现举例 $y_1y_2=-p^2$ 的证明.

证明 1 (1) 当直线 l 的斜率不存在时,即直线 l 与 x 轴垂直,于是得 A,B 两点坐标分别为 $A(\dfrac{p}{2},p)$,$B(\dfrac{p}{2},-p)$,于是有 $y_1\cdot y_2=-p^2$.

(2) 当直线 l 的斜率存在时,设直线 l 的方程为 $y=k\left(x-\dfrac{p}{2}\right)(k\neq 0)$,由方程组

$$\begin{cases} y=k\left(x-\dfrac{p}{2}\right) & ① \\ y^2=2px & ② \end{cases}$$

由式 ① 得 $x=\dfrac{y}{k}+\dfrac{p}{2}(k\neq 0)$ 代入 ② 得

$$y^2-\frac{2p}{k}y-p^2=0$$

由韦达定理得 $y_1\cdot y_2=-p^2$,证毕.

证明 2 设直线 l 的方程为 $x=\lambda y+\dfrac{p}{2}(\lambda\in\mathbf{R})$,由方程组

$$\begin{cases} x=\lambda y+\dfrac{p}{2} & ① \\ y^2=2px & ② \end{cases}$$

由式 ① 代入式 ② 得 $y^2-2p\lambda y-p^2=0$ 由韦达定理得 $y_1\cdot y_2=-p^2$,证毕.

(4) 若直线 l 与抛物线 $y^2=2px\,(p>0)$ 交于 $A(x_1,y_1)$ 和 $B(x_2,y_2)$ 两点,且 $x_1\cdot x_2=\dfrac{p^2}{4}$(或 $y_1\cdot y_2=-p^2$),则直线 l 必过定点即焦点.

推广 1 已知直线过点 $M(m,0)(m>0)$ 且与抛物线 $y^2=2px\,(p>0)$ 交

于 $A(x_1,y_1)$ 和 $B(x_2,y_2)$ 两点,则 $x_1\cdot x_2=m^2$,$y_1\cdot y_2=-2pm$.

推广 2　设抛物线 $y^2=2px(p\neq 0)$ 上两个动点分别为 $A(x_1,y_1)$ 和 $B(x_2,y_2)$ 且满足 $y_1\cdot y_2=n$(n 为常数),则直线 AB 恒过定点 $\left(-\dfrac{n}{2p},0\right)$.

(5) 点 A,B 是椭圆 C 上的两个动点,P 是椭圆上的一个定点,如果直线 PA 的斜率与 PB 的斜率互为相反数,则直线 AB 的斜率为定值(图 2.12).

解　设 $P(x_0,y_0)$,$A(x_1,y_1)$,$B(x_2,y_2)$,直线 PA 方程为 $y-y_0=k(x-x_0)$ $(k\neq 0)$,与椭圆方程联立 $\begin{cases}y-y_0=k(x-x_0)\\ \dfrac{x^2}{a^2}+\dfrac{y^2}{b^2}=1\end{cases}$ 得

$$(b^2+a^2k^2)x^2+2(a^2ky_0-a^2k^2x_0)x+a^2k^2x_0^2+a^2y_0^2-2a^2kx_0y_0-a^2b^2=0$$

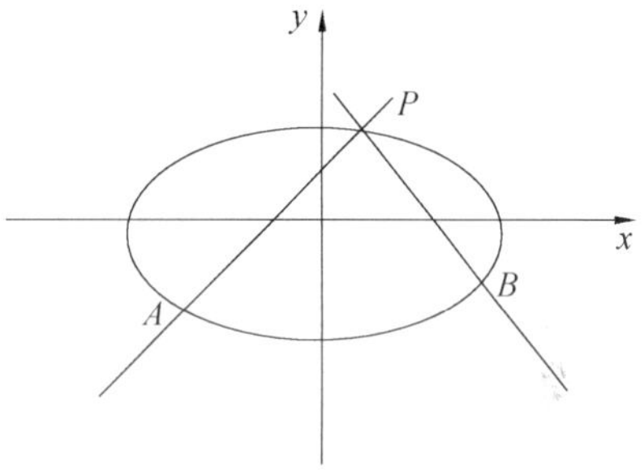

图 2.12

其中,$b^2+a^2k^2\neq 0$,$\Delta>0$,由韦达定理得

$$x_1x_0=\frac{a^2k^2x_0^2+a^2y_0^2-2a^2kx_0y_0-a^2b^2}{b^2+a^2k^2}$$

所以

$$x_1=\frac{a^2k^2x_0^2+a^2y_0^2-2a^2kx_0y_0-a^2b^2}{(b^2+a^2k^2)x_0}$$

代入直线方程得

$$y_1=\frac{b^2y_0-2b^2kx_0-a^2k^2y_0}{b^2+a^2k^2}$$

所以得点 $A\left(\dfrac{a^2k^2x_0^2+a^2y_0^2-2a^2kx_0y_0-a^2b^2}{(b^2+a^2k^2)x_0},\dfrac{b^2y_0-2b^2kx_0-a^2k^2y_0}{b^2+a^2k^2}\right)$,同理在点 A 坐标中用 $-k$ 代换 k 得 B 坐标为

$$\left(\frac{a^2k^2x_0^2+a^2y_0^2+2a^2kx_0y_0-a^2b^2}{(b^2+a^2k^2)x_0},\frac{b^2y_0+2b^2kx_0-a^2k^2y_0}{b^2+a^2k^2}\right)$$

所以

$$k_{AB}=\frac{\dfrac{b^2y_0+2b^2kx_0-a^2k^2y_0}{b^2+a^2k^2}-\dfrac{b^2y_0-2b^2kx_0-a^2k^2y_0}{b^2+a^2k^2}}{\dfrac{a^2k^2x_0^2+a^2y_0^2+2a^2kx_0y_0-a^2b^2}{(b^2+a^2k^2)x_0}-\dfrac{a^2k^2x_0^2+a^2y_0^2-2a^2kx_0y_0-a^2b^2}{(b^2+a^2k^2)x_0}}$$

$$=\frac{b^2x_0}{a^2y_0}$$

例　已知椭圆 C:$\dfrac{x^2}{4}+\dfrac{y^2}{3}=1$,$A$,$B$ 是椭圆 C 上的两个动点,点

$P\left(1,\dfrac{3}{2}\right)$是椭圆上的一个定点.如果直线 PA,PB 的斜率互为相反数,证明直线 AB 的斜率为定值,并求出这个定值.

解　过程略,$k_{AB}=\dfrac{3\times1}{4\times\dfrac{3}{2}}=\dfrac{1}{2}$.

(6) 如图 2.13,抛物线 $y^2=2px\ (p>0)$ 上一定点 $P(x_0,y_0)(y_0>0)$,作两条直线分别交抛物线于 $A(x_1,y_1)$,$B(x_2,y_2)$,求证:直线 PA 与 PB 的斜率存在且倾斜角互补时,直线 AB 的斜率为定值 $-\dfrac{p}{y_0}$.

解　设直线 PA 的斜率为 k_{PA},直线 PB 的斜率为 k_{PB},由上述点差法得

$$k_{PA}=\frac{y_1-y_0}{x_1-x_0}=\frac{2p}{y_1+y_0}\quad(x_1\neq x_0)$$

同理

$$k_{PB}=\frac{y_2-y_0}{x_2-x_0}=\frac{2p}{y_2+y_0}\quad(x_2\neq x_0)$$

由 PA,PB 倾斜角互补知:$k_{PA}=-k_{PB}$,所以

$$\frac{2p}{y_1+y_0}=-\frac{2p}{y_2+y_0}$$

所以 $y_1+y_2=-2y_0$.

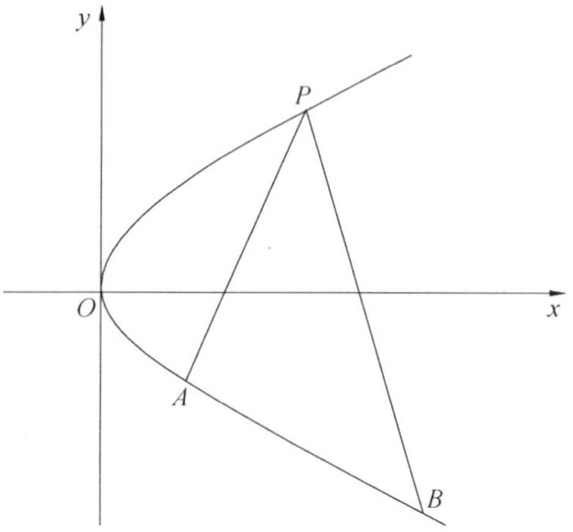

图 2.13

由 $y_2^2=2px_2$,$y_1^2=2px_1$ 相减得

$(y_2-y_1)(y_2+y_1)=2p(x_2-x_1)$,所以

$$k_{AB}=\frac{y_2-y_1}{x_2-x_1}=\frac{2p}{y_1+y_2}=\frac{2p}{-2y_0}=\frac{p}{-y_0}$$

(7) 已知定点 $M(x_0,y_0)$ 在抛物线 $C:y^2=2px\ (p>0)$ 上,动点 A,B 在抛物线 C 上,且 $\overrightarrow{MA}\cdot\overrightarrow{MB}=0$.则弦 AB 所在直线必过定点 $(x_0+2p,-y_0)$.

解　如图 2.14,设 $A(x_1,y_1)$,$B(x_2,y_2)$,弦 AB 所在直线方程为:$x=my+n(m\in\mathbf{R})$,与抛物线方程 $y^2=2px$ 联立,消去 x 得 $y^2-2pmy-2pn=0$.则

$$y_1+y_2=2pm \qquad ①$$

$$y_1y_2=-2pn \qquad ②$$

由已知 $\overrightarrow{MA}\cdot\overrightarrow{MB}=0$ 得,$k_{MA}\cdot k_{MB}=-1$.由点差法得

$$k_{MA}=\frac{2p}{y_0+y_1}$$

同理

$$k_{MB}=\frac{2p}{y_0+y_2}$$

即

$$\frac{2p}{y_0+y_1}\cdot\frac{2p}{y_0+y_2}=-1$$

所以 $4p^2=-[y_1y_2+y_0(y_1+y_2)+y_0^2]$. 将①②代入得，$n=2p+my_0+x_0$.

直线 AB 方程化为：$x=my+2p+x_0+my_0=m(y+y_0)+x_0+2p$.

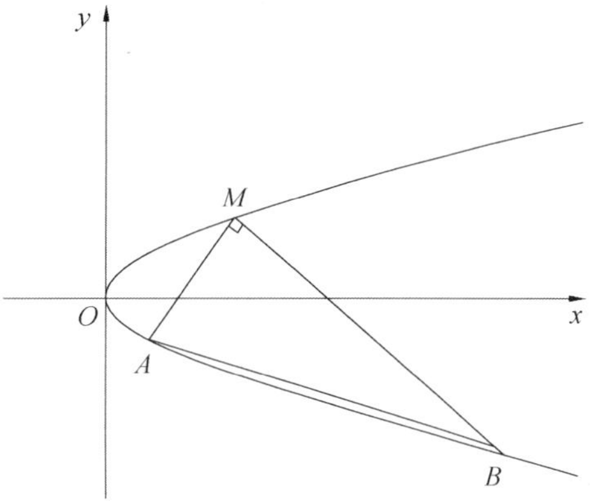

图 2.14

所以直线 AB 恒过定点 $(x_0+2p,-y_0)$.

特例　点 A，B 是抛物线 $y^2=2px\ (p>0)$ 上两点，且 $OA\perp OB$，则直线 AB 过定点 $(2p,0)$.

(8) 已知 A，B 是抛物线 C：$y^2=2px\ (p>0)$ 上两点，过点 A，B 的两条切线的交点恰在 C 的准线上，则直线 AB 过定点即焦点 F. 反之，若直线 AB 过焦点 F，则以点 A，B 为切点的两条切线的交点必在 C 的准线上.

例（2019 年高考全国 3 卷第 21 题）　已知曲线 C：$y=\frac{x^2}{2}$，D 为直线 $y=-\frac{1}{2}$ 上的动点，过 D 作 C 的两条切线，切点分别为 A，B.

(1) 证明：直线 AB 过定点；

(2) 若以 $E\left(0,\frac{5}{2}\right)$ 为圆心的圆与直线 AB 相切，且切点为线段 AB 的中点，求四边形 $ADBE$ 的面积.

解　(1)：直线 $y=-\frac{1}{2}$ 恰为抛物线 $x^2=2y$ 的准线，设点 $D\left(t,-\frac{1}{2}\right)$，$A(x_1,y_1)$（$t\in\mathbf{R}$，$A$ 为切点），则 $x_1^2=2y_1$.

由于 $y'=x$，所以切线 DA 的斜率为 x_1，故切线方程为 $y-y_1=x_1(x-x_1)$，代入点 D 坐标整理得 $2tx_1-2y_1+1=0$. 设切点 $B(x_2,y_2)$，同理可得 $2tx_2-2y_2+1=0$.

故直线 AB 的方程为 $2tx-2y+1=0$，即 $y-\frac{1}{2}=tx$，所以直线 AB 过定

点$\left(0,\dfrac{1}{2}\right)$即抛物线焦点.

(2)3 或 $4\sqrt{2}$.

10. 圆锥曲线统一方程

椭圆、双曲线、抛物线可以统一定义为：与一个定点(焦点)的距离和一条定直线(准线)的距离的比等于常数 e($0<e<1$ 时为椭圆、$e=1$ 时为抛物线、$e>1$ 时为双曲线)的点的轨迹，所以它们统称为圆锥曲线.

如图 2.15，设定点为 F，定直线为 l，过定点 F 作定直线 l 的垂线，垂足为 K，以 F 为极点，FK 的反向延长线 Fx 为极轴，建立极坐标系. 过点 M 分别作 MA，MB 垂直 l 和 x 轴. 设定点 F 到直线 l 的距离 $|FK|=p$，$M(\rho,\theta)$ 为曲线上任意一点，$|MF|=\rho$，$\angle MFB=\theta$，$|FB|=|FM|\cos\theta$，$|MA|=|FK|+|FB|=p+\rho\cos\theta$，$\dfrac{|MF|}{|MA|}=e$，即 $\dfrac{\rho}{p+\rho\cos\theta}=e$.

所以，曲线的极坐标方程为 $\rho=\dfrac{ep}{1-e\cos\theta}$.

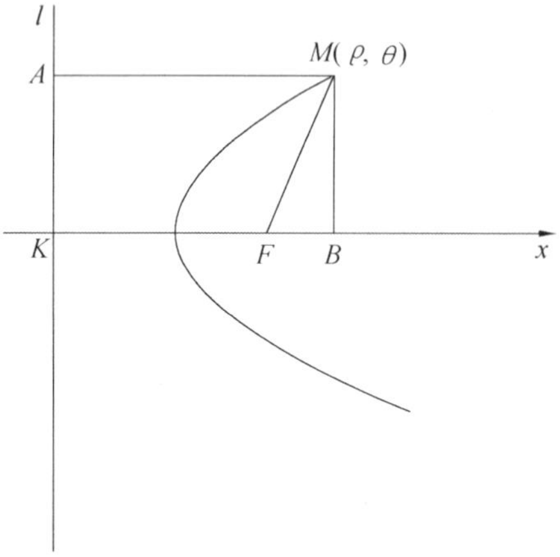

图 2.15

① 当 $0<e<1$ 时，方程表示椭圆；

② 当 $e=1$ 时，方程表示开口向右的抛物线；

③ 当 $e>1$ 时，方程只表示双曲线的右支，定点是它的右焦点.

结论 1 如图 2.16，直线 l 过抛物线 $C: y^2=2px\ (p>0)$ 焦点 F，交抛物线于 $A(x_1,y_1)$，$B(x_2,y_2)$ 两点，交准线于点 D，直线 l 的倾斜角为 α，则有焦半径长 $|AF|=x_1+\dfrac{p}{2}$，$|BF|=x_2+\dfrac{p}{2}$.

而依据极坐标方程得 $|AF|=\dfrac{p}{1-\cos\alpha}$，$|BF|=\dfrac{p}{1+\cos\alpha}$.

若 $\overrightarrow{AF}=\lambda\overrightarrow{FB}$，即 $\dfrac{p}{1-\cos\alpha}=\dfrac{\lambda p}{1+\cos\alpha}$，所以 $\lambda=\dfrac{1+\cos\alpha}{1-\cos\alpha}$，$\cos\alpha=\dfrac{\lambda-1}{\lambda+1}$.

若 $\overrightarrow{FB}=\mu\overrightarrow{BD}$，则 $\mu=\cos\alpha$.

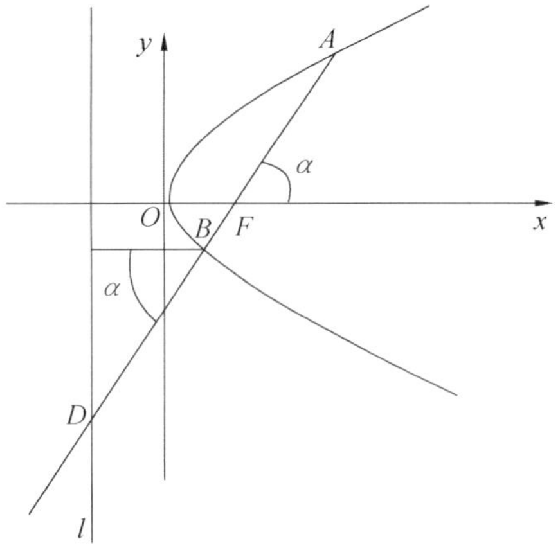

图 2.16

例　直线 l 过抛物线 $C:y^2=6x$ 的焦点 F，与抛物线交于 A,B 两点，O 为坐标原点，若 $\overrightarrow{AF}=2\overrightarrow{FB}$，则 $S_{\triangle OAB}=$________.

解　因为 $\overrightarrow{AF}=2\overrightarrow{FB}$，即 $\dfrac{p}{1-\cos\alpha}=\dfrac{2p}{1+\cos\alpha}$，所以 $2=\dfrac{1+\cos\alpha}{1-\cos\alpha}$，则得

$$\cos\alpha=\frac{2-1}{2+1}=\frac{1}{3}\text{，所以 }\sin\alpha=\frac{2\sqrt{2}}{3}\text{，所以 }S_{\triangle OAB}=\frac{p^2}{2\sin\alpha}=\frac{9}{\frac{4\sqrt{2}}{3}}=\frac{27\sqrt{2}}{8}.$$

结论 2　如图 2.17，F 为椭圆的右焦点，直线 l 为椭圆的准线，准线 l 方程为 $x=\dfrac{a^2}{c}$，α 为焦点弦 AB 所在直线的倾斜角（$|BF|<|AF|$），则 $\dfrac{|BF|}{|BC|}=e$，即 $\dfrac{|BF|}{p-|BF|\cos\alpha}=e$，同理 $\dfrac{|AF|}{|AD|}=e$，即 $\dfrac{|AF|}{p+|AF|\cos\alpha}=e$，所以 $|BF|=\dfrac{ep}{1+e\cos\alpha}$，$|AF|=\dfrac{ep}{1-e\cos\alpha}$，其中焦准距 $p=\dfrac{a^2}{c}-c$，点 B 在 x 轴上方对应 $1+e\cos\alpha$，A 在 x 轴下方对应 $1-e\cos\alpha$，且当准线为右准线时. 对应左准线时相反，双曲线情形同理.

推广　若 $\dfrac{|BF|}{|AF|}=\lambda$，即 $\dfrac{ep}{1+e\cos\alpha}=\dfrac{\lambda ep}{1-e\cos\alpha}$，所以 $\lambda=\dfrac{1-e\cos\alpha}{1+e\cos\alpha}$.

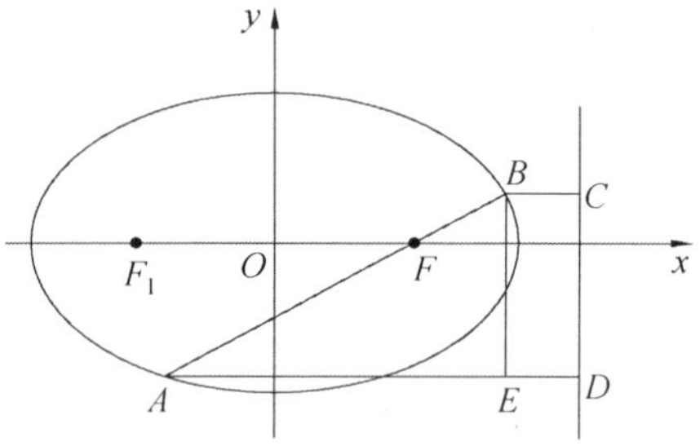

图 2.17

例 1 已知椭圆 C：$\dfrac{x^2}{a^2}+\dfrac{y^2}{b^2}=1(a>b>0)$ 的离心率为$\dfrac{\sqrt{3}}{2}$，过右焦点 F 且斜率为 $k(k>0)$ 的直线 l 与椭圆 C 相交于 A，B 两点，若$\overrightarrow{AF}=3\overrightarrow{FB}$，则 $k=$________.

解 据公式，分别有 $|AF|=\dfrac{ep}{1-e\cos\theta}$，$|BF|=\dfrac{ep}{1+e\cos\theta}$.

根据题意有

$$\frac{ep}{1-e\cos\theta}=\frac{3ep}{1+e\cos\theta}$$

所以

$$\cos\theta=\frac{\sqrt{3}}{3},\tan\theta=\sqrt{2},k=\sqrt{2}$$

例 2 已知双曲线 C：$\dfrac{x^2}{a^2}-\dfrac{y^2}{b^2}=1(a>0,b>0)$ 的左、右焦点分别为 F_1，F_2，过 F_2 的直线 l 与 C 交于 A，B(其中点 A 在 x 轴上方) 两点，且满足$\overrightarrow{AF_2}=\lambda\overrightarrow{F_2B}$. 若 C 的离心率为$\dfrac{3}{2}$，直线 l 的倾斜角为 $120°$，则实数 λ 的值是________.

解 由$\overrightarrow{AF_2}=\lambda\overrightarrow{F_2B}$ 即 $|AF_2|=\lambda|BF_2|$，所以

$$\lambda=\frac{|AF_2|}{|BF_2|}$$

又

$$|AF_2|=\frac{ep}{1-e\cos\alpha}=\frac{\frac{3}{2}p}{1-\frac{3}{2}\cos 120°}$$

$$|BF_2|=\frac{ep}{1+e\cos\alpha}=\frac{\frac{3}{2}p}{1+\frac{3}{2}\cos 120°}$$

所以

$$\lambda=\frac{|AF_2|}{|BF_2|}=\frac{1+\frac{3}{2}\cos 120^\circ}{1-\frac{3}{2}\cos 120^\circ}=\frac{1}{7}$$

11. 圆锥曲线中的最值问题(以椭圆中最值为例)

结论 1　设点 $M(x,y)$ 是椭圆 $\frac{x^2}{a^2}+\frac{y^2}{b^2}=1(a>b>0)$ 上一点，F_1，F_2 是椭圆的左、右焦点，求证：$a-c\leqslant|MF_2|\leqslant a+c$.

证法 1　(利用椭圆的定义及平面几何知识) 因为

$$|MF_1|+|MF_2|=2a$$

所以

$$|MF_1|=2a-|MF_2| \qquad ①$$

又因为

$$||MF_1|-|MF_2||\leqslant 2c$$

所以

$$-2c\leqslant|MF_2|-|MF_1|\leqslant 2c \qquad ②$$

由式 ① 与 ② 可得

$$2a-2c\leqslant 2|MF_2|\leqslant 2c+2a$$

所以

$$a-c\leqslant|MF_2|\leqslant a+c$$

当点 M 在左端点 A_1 时，$|A_1F_2|=a+c$ 是最大值，即点 M 相对于 F_2 为最远点；

当点 M 在右端点 A_2 时，$|A_2F_2|=a-c$ 是最小值，即点 M 相对于 F_2 为最近点.

证法 2　(利用参数方程) 设点 $M(x,y)$ 是椭圆上任一点，$F_2(c,0)$ 为右焦点，则有

$$\begin{cases}x=a\cos\theta\\ y=b\sin\theta\end{cases}$$

$$|MF_2|=\sqrt{(a\cos\theta-c)^2+(b\sin\theta-0)^2}=\sqrt{(a-c\cos\theta)^2}=a-c\cos\theta$$

当 $\cos\theta=-1$ 时，点 M 在左端点 A_1 处，即 $|MF_2|=|A_1F_2|=a+c$ 是最大值，即点 M 相对于 F_2 为最远点；

当 $\cos\theta=1$ 时，点 M 在右端点 A_2 处，即 $|MF_2|=|A_2F_2|=a-c$ 是最小值，即点 M 相对于 F_2 为最近点.

引申　这里的最远点或最近点是就左、右焦点而言，左焦点的最远点是长轴的右端点，最近点是长轴的左端点；右焦点的最远点是长轴的左端点，最近点是长轴的右端点. 在天文学方面，如地球绕太阳运动的轨道就有最远点、

最近点即远日点和近日点.

结论 2 设点 $M(x,y)$ 是椭圆 $\frac{x^2}{a^2}+\frac{y^2}{b^2}=1(a>b>0)$ 上一点，O 是椭圆的中心，求证：$b\leqslant|OM|\leqslant a$.

证明(利用参数方程) 设点 $M(x,y)$ 是椭圆上任一点，$O(0,0)$ 为椭圆的中心，则有

$$\begin{cases}x=a\cos\theta\\y=b\sin\theta\end{cases}$$

$$\begin{aligned}|OM|&=\sqrt{(a\cos\theta-0)^2+(b\sin\theta-0)^2}\\&=\sqrt{a^2\cos^2\theta+b^2\sin^2\theta}\\&=\sqrt{(a^2-b^2)\cos^2\theta+b^2}\end{aligned}$$

当 $\cos^2\theta=1$ 时，点 M 在左右端点处时，即 $|OM|=a$ 是最大值；

当 $\cos^2\theta=0$ 时，点 M 在上下端点处时，即 $|OM|=b$ 是最小值.

结论 3 椭圆过焦点的弦长最大值为 $2a$，最小值为 $\frac{2b^2}{a}$，取最小值时焦点弦变为通径，$\frac{2b^2}{a}$ 即为通径长.

结论 4 已知椭圆 $\frac{x^2}{a^2}+\frac{y^2}{b^2}=1(a>b>0)$，$F_1$，$F_2$ 为其两焦点. P 为椭圆上任一点.

如图 2.18(a)，当点 P 落在短轴的两个端点处时，$\angle F_1PF_2$ 达到最大值(证明见结论 5(3))，且 $\triangle PF_1F_2$ 的面积达到最大，$(S_{\triangle PF_1F_2})_{\max}=bc$.

同理，如图 2.18(b) 过原点弦的两个端点与焦点形成的三角形中，当 A，B 点落在短轴的两个端点处时，$\triangle ABF$ 面积达到最大，且 $(S_{\triangle ABF})_{\max}=bc$.

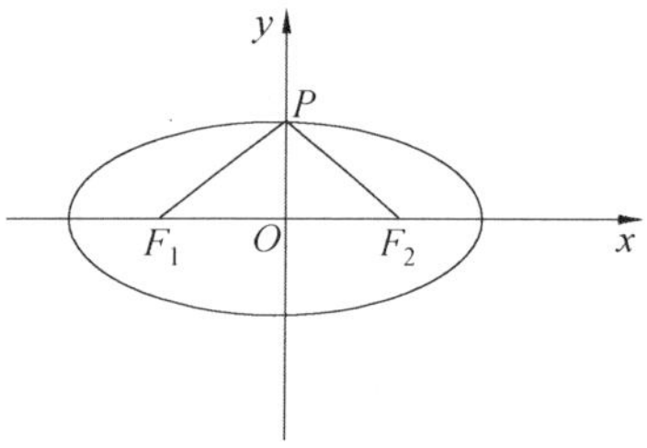

(a)

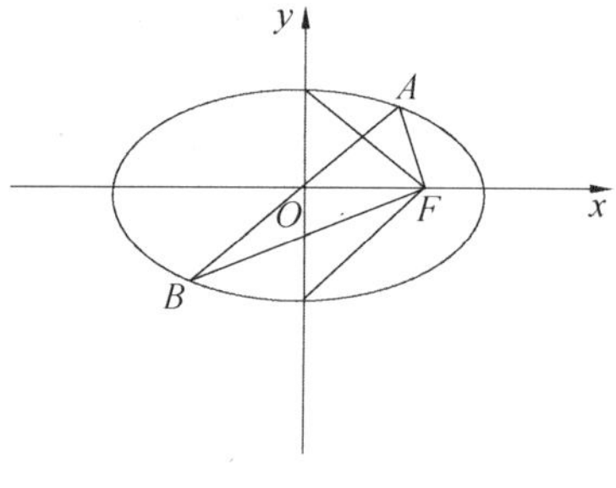

(b)

图 2.18

结论 5 已知椭圆 $\frac{x^2}{a^2}+\frac{y^2}{b^2}=1(a>b>0)$，$F_1$，$F_2$ 为其两焦点，P 为椭圆

上任一点.求：

(1) $|PF_1||PF_2|$ 的最大值；

(2) $|PF_1|^2+|PF_2|^2$ 的最小值；

(3) $\angle F_1PF_2$ 的最大值.

解　设 $|PF_1|=m$，$|PF_2|=n$，则 $m+n=2a$.

(1) $|PF_1||PF_2|=mn\leqslant\left(\frac{m+n}{2}\right)^2=a^2$（当且仅当 $|PF_1|=|PF_2|$ 即点 P 落在短轴的两个端点处时等号成立），即 $(|PF_1||PF_2|)_{\max}=a^2$.

(2) $|PF_1|^2+|PF_2|^2=(|PF_1|+|PF_2|)^2-2|PF_1||PF_2|\geqslant 4a^2-2a^2=2a^2$（当且仅当 $|PF_1|=|PF_2|$，即点 P 落在短轴的一个端点处时等号成立），即 $(|PF_1|^2+|PF_2|^2)_{\min}=2a^2$.

(3)
$$\begin{aligned}\cos\angle F_1PF_2&=\frac{|PF_1|^2+|PF_2|^2-|F_1F_2|^2}{2|PF_1||PF_2|}\\&=\frac{(|PF_1|+|PF_2|)^2-2|PF_1||PF_2|-|F_1F_2|^2}{2|PF_1||PF_2|}\\&=\frac{(2a)^2-(2c)^2}{2|PF_1||PF_2|}-1\\&\geqslant\frac{(2a)^2-(2c)^2}{2a^2}-1\\&=1-2e^2\end{aligned}$$

（当且仅当 $|PF_1|=|PF_2|$，即点 P 落在短轴的一个端点处时等号成立，此时 $\angle F_1PF_2$ 得到最大值）. 即 $(\cos\angle F_1PF_2)_{\min}=1-2e^2$ 时，$\angle F_1PF_2$ 达到最大值.

结论 6　如图 2.19，已知椭圆的方程为 $\frac{x^2}{a^2}+\frac{y^2}{b^2}=1(a>b>0)$，$F_1$，$F_2$ 是椭圆的左、右焦点，点 $M(x_1,y_1)$ 是椭圆内的点，而点 P 为椭圆上的动点，求 $|PM|+|PF_1|$ 的最值.

解　由椭圆第一定义知 $|PF_1|+|PF_2|=2a$，在 $\triangle PMF_2$ 中，$|PM|\leqslant|PF_2|+|MF_2|$，则 $|PM|+|PF_1|\leqslant 2a+|MF_2|$，当且仅当点 F_2 在线段 PM 上时取等号.

同理，$|PM|\geqslant|PF_2|-|MF_2|$，则 $|PM|+|PF_1|\geqslant 2a-|MF_2|$，当且仅当点 M 在线段 PF_2 上时取等号.

例　P 是椭圆 $\frac{x^2}{4}+\frac{y^2}{3}=1$ 上一动点，点 $A(1,1)$，$B(-1,0)$，则 $|PA|+|PB|$ 的最大值为　　　（A）

A. 5　　B. 4　　C. 3　　D. 2

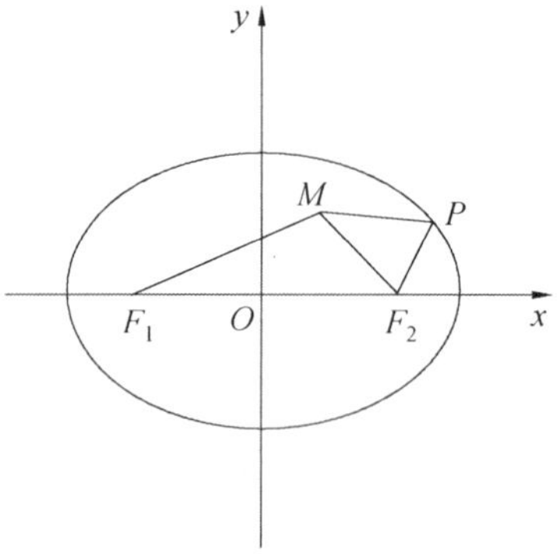

图 2.19

解 点 B 恰为椭圆左焦点，则 $|PA|+|PB|\leqslant 2a+|AF_2|=4+1=5$.

12. 过圆锥曲线上一点的切线方程

如图 2.20，已知圆：$x^2+y^2=R^2$ 或 $x^2+y^2+Dx+Ey+F=0$，椭圆：$\frac{x^2}{a^2}+\frac{y^2}{b^2}=1\ (a>b>0)$，双曲线：$\frac{x^2}{a^2}-\frac{y^2}{b^2}=1(a>0,b>0)$，抛物线：$y^2=2px\ (p>0)$ 上一点 $P(x_0,y_0)$，则过点 P 的切线方程分别为 $x_0x+y_0y=R^2$ 或 $x_0x+y_0y+D\frac{x_0+x}{2}+E\frac{y_0+y}{2}+F=0$，$\frac{x_0x}{a^2}+\frac{y_0y}{b^2}=1$，$\frac{x_0x}{a^2}-\frac{y_0y}{b^2}=1$，$y_0y=p(x_0+x)$.

以过椭圆 $\frac{x^2}{a^2}+\frac{y^2}{b^2}=1(a>b>0)$ 上点 $P(x_0,y_0)$ 的切线方程为 $\frac{x_0x}{a^2}+\frac{y_0y}{b^2}=1$ 为例证明.

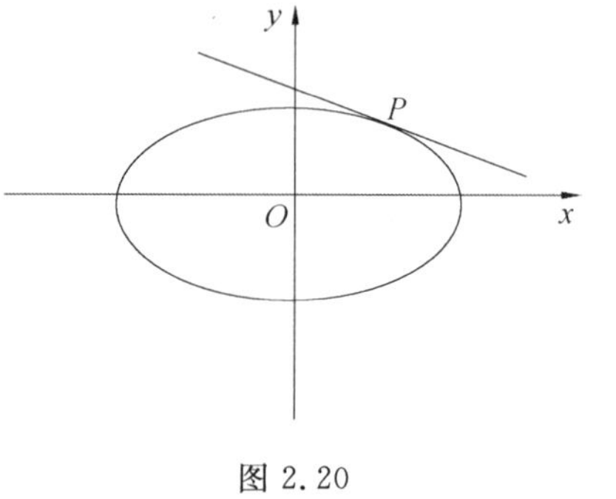

图 2.20

证明 由椭圆方程得 $y^2=b^2\left(1-\frac{x^2}{a^2}\right)$，所以 $y=\frac{b}{a}\sqrt{a^2-x^2}$（不妨设 $y>0,x\neq\pm a$），求导得 $f'(x)=-\frac{bx}{a\sqrt{a^2-x^2}}$，所以切线斜率为 $-\frac{bx_0}{a\sqrt{a^2-x_0^2}}$，代入点斜式方程得切线方程为

$$y-y_0=-\frac{bx_0}{a\sqrt{a^2-x_0^2}}(x-x_0)$$

所以

$$y-y_0=-\frac{bx_0\sqrt{a^2-x_0^2}}{a(a^2-x_0^2)}(x-x_0)$$

又由$\frac{x_0^2}{a^2}+\frac{y_0^2}{b^2}=1$,得

$$y_0=\frac{b}{a}\sqrt{a^2-x_0^2}\text{(不妨设 }y_0>0,x_0\neq\pm a\text{)}$$

代入得

$$y-y_0=-\frac{x_0y_0}{a^2-x_0^2}(x-x_0)$$

两边都乘 y_0 得

$$y_0y-y_0^2=-\frac{x_0y_0^2}{a^2-x_0^2}(x-x_0)$$

代入

$$y_0^2=\frac{b^2}{a^2}(a^2-x_0^2)$$

得

$$y_0y-y_0^2=-\frac{b^2x_0}{a^2}(x-x_0)=-\frac{b^2x_0x}{a^2}+\frac{b^2x_0^2}{a^2}$$

两边同除以 b^2 得

$$\frac{y_0y}{b^2}-\frac{y_0^2}{b^2}=-\frac{x_0x}{a^2}+\frac{x_0^2}{a^2}$$

于是得

$$\frac{x_0x}{a^2}+\frac{y_0y}{b^2}=1$$

当 $x_0=\pm a$ 时,切线方程仍成立.

例　过椭圆上$\frac{x^2}{4}+\frac{y^2}{2}=1$一点 $P(\sqrt{2},-1)$ 的切线方程为$\frac{\sqrt{2}x}{4}-\frac{y}{2}=1$,即$\sqrt{2}x-2y-4=0$.

延伸阅读

圆锥曲线的光学性质

椭圆、双曲线、抛物线这些圆锥曲线都有焦点,焦点顾名思义,就是光线的聚集点,这说明圆锥曲线与光有紧密的联系,圆锥曲线具有丰富的光学性质.

我们知道,当一束光线照到镜面时,光线会遵循一定的规律反射,即入射

角等于反射角(图 2.21).当光照射到曲面时,特别是由圆锥曲线绕其对称轴旋转而成的曲面时,会有什么现象呢?

我们看生活中的一个实例:一只很小的灯泡发出的光,会分散地射向各方,但把它装在圆柱形手电筒里,经过适当调节,就能射出一束比较强的平行光线,这是为什么呢?原来手电筒内,在小灯泡后面有一个反光镜,镜面的形状是一个由抛物线绕它的对称轴旋转所得到的曲面(图 2.22),这种曲面叫作抛物面.人们已经证明(可用导数方法证明),抛物线有一条重要性质:从焦点发出的光线,经过抛物线上的一点反射后,反射光线平行于抛物线的轴.探照灯(图 2.23)也是利用这个原理设计的.

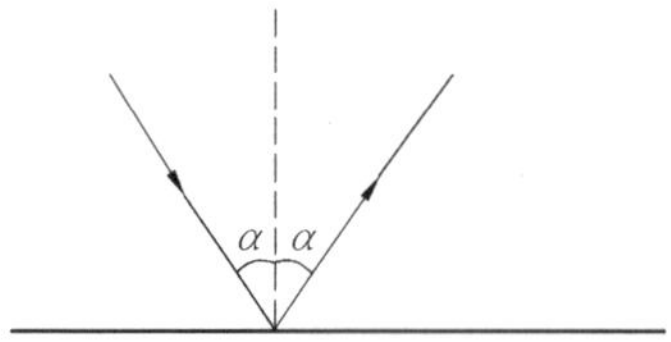

图 2.21

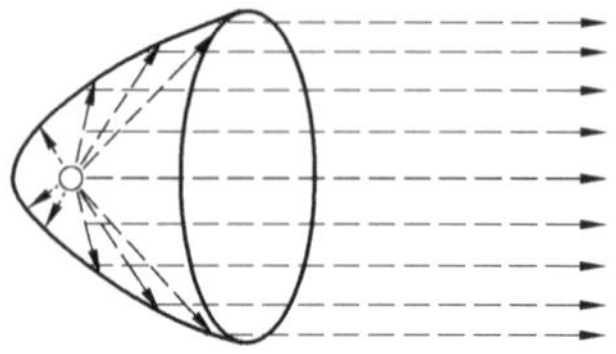
图 2.22

图 2.23

应用抛物线的这个性质,也可以使一束平行于抛物线的轴的光线,经过抛物面的反射集中于它的焦点.人们应用这个原理,设计了一种加热水和食物的太阳灶(图 2.24).在这种太阳灶上装有一个旋转抛物面形的反光镜,当它的轴与太阳光线平行时,太阳光线经过反射后集中于焦点处,这一点处温度就会提高.雷达、贵州天眼(反射式天文望远镜,图 2.25)也都是利用这个原理.

椭圆和双曲线的光学性质与抛物线不同,从椭圆的一个焦点发出的光线,经过椭圆反射后,反射光线交于椭圆的另一个焦点上(图 2.26);从双曲线的一个焦点发出的光线,经过双曲线反射后,反射光线的反向延长线经过另一个焦点(图 2.27).椭圆、双曲线的光学性质也被人们广泛地应用于各种设计中.

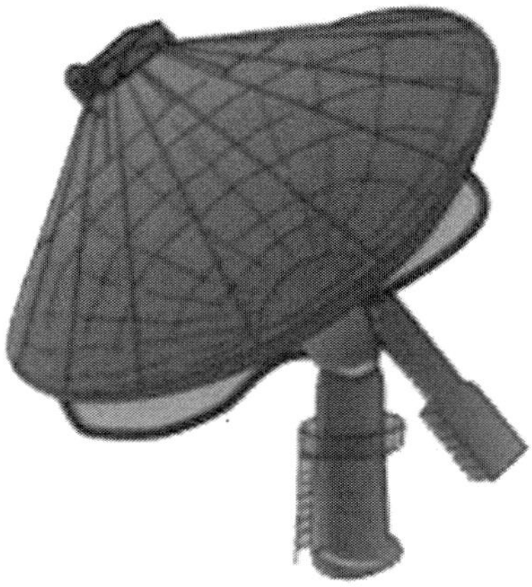

图 2.24

图 2.25

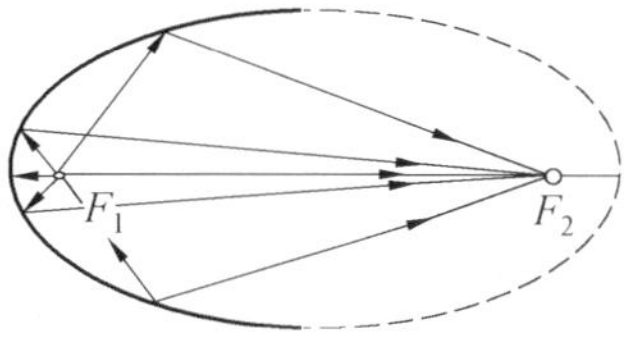

图 2.26

电影放映机的聚光灯有一个反向镜，它的形状是旋转椭圆面. 为了使片门（电影胶片通过的地方）处获得最强的光线，灯丝 F_2 与片门 F_1 应位于椭圆的两个焦点处，这就是利用椭圆光学性质的一个实例(图 2.28).

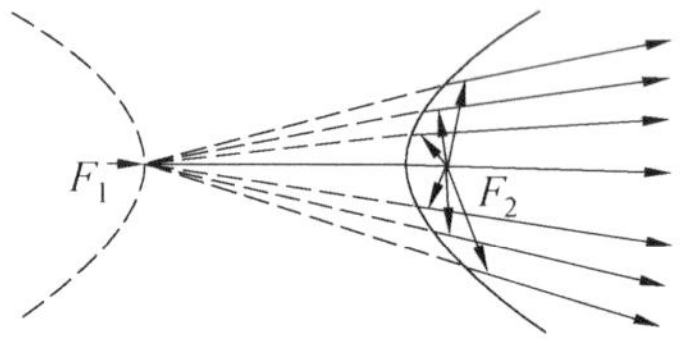

图 2.27

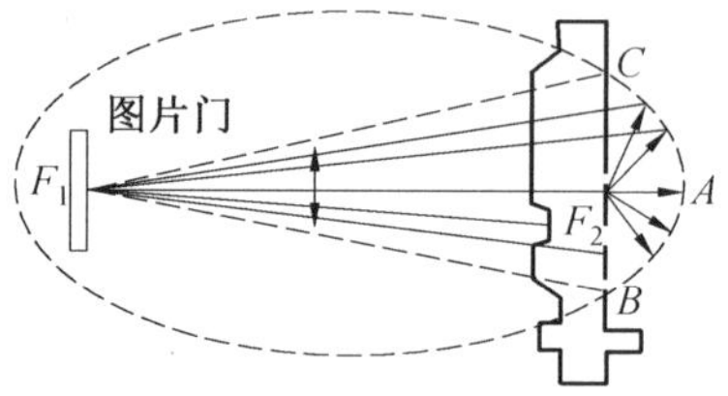

图 2.28

小结椭圆、双曲线和抛物线的光学性质：

椭圆：从椭圆一个焦点发出的光，经过椭圆反射后，反射光线都汇聚到椭圆的另一个焦点上.

双曲线：从双曲线一个焦点发出的光，经过双曲线反射后，反射光线的反向延长线都汇聚到双曲线的另一个焦点上.

抛物线：从抛物线的焦点发出的光，经过抛物线反射后，反射光线都平行于抛物线的对称轴. 反之，平行于抛物线轴的光线，经抛物线反射后，反射光线汇聚在抛物线的焦点上.

例 如图 2.29，已知点 $P(x_0,y_0)$ 是椭圆 $E:\frac{x^2}{2}+y^2=1$ 上任意一点 $x_0y_0\neq 1$，直线 l 的方程为 $\frac{x_0x}{2}+y_0y=1$.

(1) 判断直线 l 与椭圆 E 交点的个数；

(2) 直线 l_0 过点 P 与直线 l 垂直，点 $M(-1,0)$ 关于直线 l_0 的对称点为 N，直线 PN 恒过一定点 G，求点 G 的坐标.

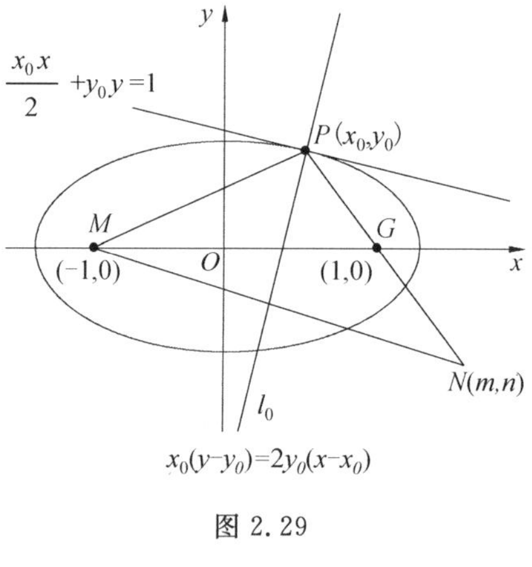

图 2.29

解　(1) 由 $\begin{cases}\dfrac{x^2}{2}+y^2=1\\ \dfrac{x_0x}{2}+y_0y=1\end{cases}\Rightarrow\dfrac{x_0^2+2y_0^2}{4}x^2-x_0x+1-y_0^2=0\Rightarrow\Delta=0\Rightarrow$ 直线 l 与椭圆 E 只有一个交点.

(2) 直线 l_0 的方程为 $x_0(y-y_0)=2y_0(x-x_0)\Rightarrow 2y_0x-x_0y-x_0y_0=0$.

设 $M(-1,0)$ 关于直线 l_0 的对称点 N 的坐标为

$$N(m,n)\Rightarrow\begin{cases}\dfrac{n}{m+1}=-\dfrac{x_0}{2y_0}\\ 2y_0\cdot\dfrac{m-1}{2}-\dfrac{x_0n}{2}-x_0y_0=0\end{cases}\Rightarrow\begin{cases}m=\dfrac{2x_0^3+3x_0^2-4x_0-4}{x_0^2-4}\\ n=\dfrac{2x_0^4+4x_0^3-4x_0^2-8x_0}{2y_0(4-x_0^2)}\end{cases}$$

$$\Rightarrow \text{直线 } PN \text{ 的斜率 } k=\frac{n-y_0}{m-x_0}=\frac{x_0^4+4x_0^3+2x_0^2-8x_0-8}{2y_0(-x_0^3-3x_0^2+4)}$$

故直线 PN 的方程为

$$y-y_0=\frac{x_0^4+4x_0^3+2x_0^2-8x_0-8}{2y_0(-x_0^3-3x_0^2+4)}(x-x_0)$$

即

$$x=\frac{2y_0(-x_0^3-3x_0^2+4)}{x_0^4+4x_0^3+2x_0^2-8x_0-8}y+1$$

故直线 PN 恒过定点 $G(1,0)$ 即为椭圆另一焦点. 其中直线 l_0 即为法线，直线 PM 即为入射光线，直线 PN 为反射光线.

2.10　数　　列

数列也是一个古老的数学问题，我国古代数学家很早就有对等差和等比数列的论述.《周髀算经》是中国最早的一部数学著作，成书年代据考应不晚于公元前 2 世纪的西汉时期，勾股定理的论述即出自此书. 书中提到将日行轨道按季节不同分成七个同心圆，称为“七衡图”，进而提出等差数列的概念. 在约公元 4 世纪的《孙子算经》中有一个有趣的题目“出门望九堤”：“今有出门望九堤，堤有九木，木有九枝，枝有九巢，巢有九禽，禽有九雏，雏有九毛，毛有九色，问各几何？”即是一个首项和公比均为 9 的等比数列. 而在《庄子 · 天下篇》中，提出了一个无穷递缩等比数列即“一尺之捶，日取其半，万世不竭.”即是无穷数列 $\frac{1}{2},\frac{1}{4},\frac{1}{8},\cdots$.《易传 · 系辞上》：“是故易有太极，是生两仪，两仪生四象，四象生八卦，……”据说这是世界数学史上有关等比数列最早的文字记载. 数列作为一类特殊函数，在自然界和日常生活中比较常见并有着广泛的应用. 数列补充知识点有：

1. 数列$\{a_n\}$为等差数列$\Leftrightarrow S_n=an^2+bn(a,b\in \mathbf{R})\Leftrightarrow a_n=2an+b-a$；

2. 等差数列$\{a_n\}$中

$$a_n=m,a_m=n,\text{则 } a_{m+n}=0$$

$$S_n=m,S_m=n,\text{则 } S_{m+n}=-(m+n)$$

3. 若$\{a_n\}$是公差为d的等差数列，则$S_n,S_{2n}-S_n,S_{3n}-S_{2n},\cdots$也成等差数列且公差为$n^2d$.

例 1(2020 年高考全国 2 卷理科第 4 题)　北京天坛的圜丘坛为古代祭天的场所，分上、中、下三层，上层中心有一块圆形石板(称为天心石)，环绕天心石砌 9 块扇面形石板构成第一环(图 2.30)，向外每环依次增加 9 块，下一层的第一环比上一层的最后一环多 9 块，向外每环依次也增加 9 块，已知每层环数相同，且下层比中层多 729 块，则三层共有扇面形石板(不含天心石)　(　　)

图 2.30

A. 3 699 块　　B. 3 474 块　　C. 3 402 块　　D. 3 339 块

分析　由题意可知三层从内到外每环的扇面形石板数构成等差数列，且$a_1=9$，公差$d=9$，据题意我们得求出每层的环数，进而求出三层总环数即等差数列的项数，进而代求和公式求和.

解　设每一层有n环共$3n$环，由题意可知从内到外每环石板数之间构成等差数列，且$a_1=9$，公差$d=9$，由等差数列的性质可得$S_n,S_{2n}-S_n,S_{3n}-S_{2n}$成等差数列，又知最下层比中层多 729 块，即$(S_{3n}-S_{2n})-(S_{2n}-S_n)=n^2d$，则$n^2d=729$，则$n=9$，则三层共有扇面形石板总数$S_{3n}=S_{27}=27\times 9+\dfrac{27\times 26}{2}\times 9=3\ 402$块，故选 C.

同理，若$\{a_n\}$是公式为q的等比数列，当$S_n,S_{2n}-S_n,S_{3n}-S_{2n},\cdots$均不为零时，$S_n,S_{2n}-S_n,S_{3n}-S_{2n},\cdots$也成等比数列且公比为$q^2$.

4. 等差数列$\{a_n\}$，$\{b_n\}$的前 n 项和分别为 A_n，B_n，且$\frac{A_n}{B_n}=f(n)$，则$\frac{a_n}{b_n}=\frac{A_n}{B_n}=f(2n-1)$.

5. 等差数列$\{a_n\}$中，若共有 $2n+1$ 项，则 $S_{奇}-S_{偶}=a_{n+1}$，$\frac{S_{奇}}{S_{偶}}=\frac{n+1}{n}$；若共有 $2n$ 项，则 $S_{偶}-S_{奇}=nd$，$\frac{S_{偶}}{S_{奇}}=\frac{a_{n+1}}{a_n}$.

6. 等差数列$\{a_n\}$中，前 n 项和为 S_n，$a_n=dn+q$，数列$\{|a_n|\}$前 n 项和为 T_n，则

(1) 若 $d<0$，$a_i\geqslant 0$，$(i=1,2,\cdots,m)$，则 $T_n=|a_1|+|a_2|+\cdots+|a_n|=\begin{cases}S_n(n\leqslant m)\\2S_m-S_n(n>m)\end{cases}$，此时 $a_1>0$，$d<0$，S_n 有最大值，n 满足 $a_n\geqslant 0$，$a_{n+1}\leqslant 0$.

(2) 若 $d>0$，$a_i\leqslant 0$，$(i=1,2,\cdots,m)$，则 $T_n=|a_1|+|a_2|+\cdots+|a_n|=\begin{cases}-S_n(n\leqslant m)\\S_n-2S_m(n>m)\end{cases}$，此时 $a_1<0$，$d>0$，S_n 有最小值，n 满足 $a_n\leqslant 0$，$a_{n+1}\geqslant 0$.

7. 除常见的等差等比数列外，还较常见差后等差及差后等比数列：

(1) 差后等差数列的通项公式：$a_n=a_1+(n-1)(a_2-a_1)+\frac{(n-1)(n-2)}{2}d$，如数列：1,3,6,10,15,21,…

(2) 差后等比数列的通项公式：$a_n=a_1+\frac{(a_2-a_1)(1-q^{n-1})}{1-q}$，如数列 1,3,7,15,31,63,…

8. 如果$\{a_n\}$是各项均为正数的等比数列，则数列$\{\log_a a_n\}$是等差数列.

9. 若数列的递推公式形如 $a_n=ca_{n-1}+d(c\neq 1,d\neq 0)(n\geqslant 2)$ 或 $a_n=ca_{n-1}+f(n)(n\geqslant 2)$ 型，则其通项公式可用“特征方程法”来推导，如 $a_n=ca_{n-1}+d(c\neq 1,d\neq 0)(n\geqslant 2)$ 型，当 $n\geqslant 2$ 时，设 $a_n+x=c(a_{n-1}+x)$，则有 $a_n=ca_{n-1}+(c-1)x$，令$(c-1)x=d$，$x=\frac{d}{c-1}$，于是数列$\left\{a_n+\frac{d}{c-1}\right\}$是以 $a_1+\frac{d}{c-1}$ 为首项、c 为公比的等比数列，进而数列$\{a_n\}$的通项公式可求.

10. 无穷递缩等比数列各项和公式：$S=\frac{a_1}{1-q}$.

一般地，我们把数列各项和(即所有项和)记为 S，即 $S=a_1+a_2+\cdots+a_n+\cdots$，则 $S=\lim\limits_{n\to\infty}S_n$.

无穷递缩等比数列是指公比 q 满足 $|q|<1$ 的无穷等比数列. 记其各项和

为 S，由极限知识得 $S=\lim\limits_{n\to\infty}S_n=\lim\limits_{n\to\infty}\dfrac{a_1(1-q^n)}{1-q}=\dfrac{a_1}{1-q}$.

例 2 数列 $\left\{\dfrac{1}{2^n}\right\}$，则 $S_n=1-\dfrac{1}{2^n}$，而 $S=1$，即 $S=\lim\limits_{n\to\infty}S_n=\lim\limits_{n\to\infty}1-\dfrac{1}{2^n}=\dfrac{\frac{1}{2}}{1-\frac{1}{2}}=1$.

延伸阅读

斐波那契数列通项公式的推导

斐波那契数列的递推公式为 $a_1=1,a_2=1,a_{n+1}=a_n+a_{n-1}(n\geqslant 2,n\in\mathbf{N}^*)$.

通项公式为 $a_n=\dfrac{1}{\sqrt{5}}\left[\left(\dfrac{1+\sqrt{5}}{2}\right)^n-\left(\dfrac{1-\sqrt{5}}{2}\right)^n\right]$.

用特征方程法推导如下：

首先构造等比数列，设 $a_{n+1}+\beta a_n=\alpha(a_n+\beta a_{n-1})(n\geqslant 2)$，所以 $a_{n+1}=(\alpha-\beta)a_n+\alpha\beta a_{n-1}$，令 $\alpha-\beta=1,\alpha\beta=1$ 得

$$\begin{cases}\alpha=\dfrac{\sqrt{5}+1}{2}\\ \beta=\dfrac{\sqrt{5}-1}{2}\end{cases}\text{或}\begin{cases}\alpha=\dfrac{1-\sqrt{5}}{2}\\ \beta=\dfrac{-1-\sqrt{5}}{2}\end{cases}$$

取第一组解则有 $a_{n+1}+\dfrac{\sqrt{5}-1}{2}a_n=\dfrac{\sqrt{5}+1}{2}\left(a_n+\dfrac{\sqrt{5}-1}{2}a_{n-1}\right)(n\geqslant 2)$.

令 $b_n=a_{n+1}+\dfrac{\sqrt{5}-1}{2}a_n$，则有 $b_n=\dfrac{\sqrt{5}+1}{2}b_{n-1}(n\geqslant 2)$，且 $b_1=a_2+\dfrac{\sqrt{5}-1}{2}a_1=\dfrac{\sqrt{5}+1}{2}$，

所以数列 $\{b_n\}$ 是以 $b_1=\dfrac{\sqrt{5}+1}{2}$ 为首项，$q=\dfrac{\sqrt{5}+1}{2}$ 为公比的等比数列.

所以

$$b_n=\left(\frac{\sqrt{5}+1}{2}\right)^n$$

即

$$a_{n+1}+\frac{\sqrt{5}-1}{2}a_n=\left(\frac{\sqrt{5}+1}{2}\right)^n$$

即

$$a_{n+1}-\frac{1-\sqrt{5}}{2}a_n=\left(\frac{\sqrt{5}+1}{2}\right)^n \qquad (*)$$

把式(*)两边同除以$\left(\frac{1-\sqrt{5}}{2}\right)^{n+1}$得

$$\frac{a_{n+1}}{\left(\frac{1-\sqrt{5}}{2}\right)^{n+1}}-\frac{a_n}{\left(\frac{1-\sqrt{5}}{2}\right)^n}=\frac{\left(\frac{\sqrt{5}+1}{2}\right)^n}{\left(\frac{1-\sqrt{5}}{2}\right)^{n+1}}$$

又令

$$c_n=\frac{a_n}{\left(\frac{1-\sqrt{5}}{2}\right)^n},c_1=\frac{1}{\frac{1-\sqrt{5}}{2}}$$

则

$$c_{n+1}-c_n=\frac{\left(\frac{\sqrt{5}+1}{2}\right)^n}{\left(\frac{1-\sqrt{5}}{2}\right)^{n+1}}=\frac{1}{\frac{1-\sqrt{5}}{2}}\left(\frac{1+\sqrt{5}}{1-\sqrt{5}}\right)^n$$

取 $n=1,2,\cdots$ 累加得

$$\begin{aligned}c_n&=c_1+\frac{1}{\frac{1-\sqrt{5}}{2}}\cdot\frac{\frac{1+\sqrt{5}}{1-\sqrt{5}}\left[1-\left(\frac{1+\sqrt{5}}{1-\sqrt{5}}\right)^{n-1}\right]}{1-\frac{1+\sqrt{5}}{1-\sqrt{5}}}\\&=c_1-\frac{\frac{1+\sqrt{5}}{1-\sqrt{5}}-\left(\frac{1+\sqrt{5}}{1-\sqrt{5}}\right)^n}{\sqrt{5}}\\&=\frac{1}{\frac{1-\sqrt{5}}{2}}-\frac{\frac{1+\sqrt{5}}{1-\sqrt{5}}-\left(\frac{1+\sqrt{5}}{1-\sqrt{5}}\right)^n}{\sqrt{5}}\\&=\frac{1}{\sqrt{5}}\left[\frac{2\sqrt{5}}{1-\sqrt{5}}-\frac{1+\sqrt{5}}{1-\sqrt{5}}+\left(\frac{1+\sqrt{5}}{1-\sqrt{5}}\right)^n\right]\end{aligned}$$

$$=\frac{1}{\sqrt{5}}\left[\frac{\sqrt{5}-1}{1-\sqrt{5}}+\left(\frac{1+\sqrt{5}}{1-\sqrt{5}}\right)^n\right]$$

$$=\frac{1}{\sqrt{5}}\left[\left(\frac{1+\sqrt{5}}{1-\sqrt{5}}\right)^n-1\right]$$

所以

$$\frac{a_n}{\left(\frac{1-\sqrt{5}}{2}\right)^n}=\frac{1}{\sqrt{5}}\left[\left(\frac{1+\sqrt{5}}{1-\sqrt{5}}\right)^n-1\right]$$

所以

$$a_n=\frac{1}{\sqrt{5}}\left[\left(\frac{1+\sqrt{5}}{2}\right)^n-\left(\frac{1-\sqrt{5}}{2}\right)^n\right]$$

斐波那契数列有许多神奇的性质，如自然界中一些花的花瓣数、树木枝杈数等均为数列中的某一项；随着项数的增加，前一项与后一项比越来越接近黄金分割数$\frac{-1+\sqrt{5}}{2}$，而其比值的极限正是黄金分割数，这些正是大自然和谐的体现！所以有人说大自然是懂数学的．大千世界有着无穷的奥秘，我们何不怀有一份好奇心和求知欲去探索和发现呢？

在杨辉三角中也隐藏着斐波那契数列如(图 2.31)：

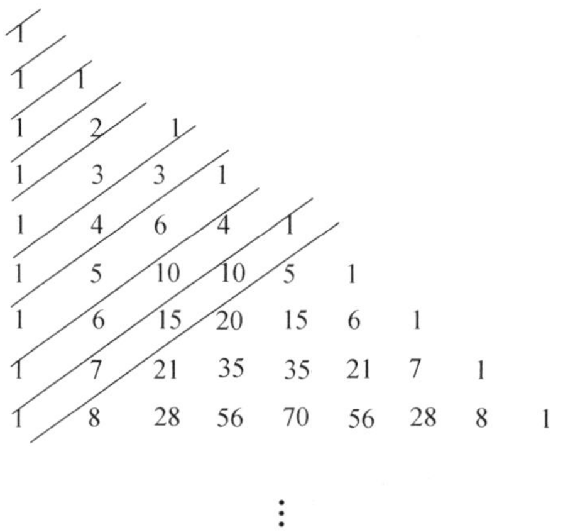

图 2.31

过第一行的“1”向左下方做 45 度斜线，之后做直线的平行线，将每条直线所过的数加起来，即得一数列 1，1，2，3，5，8，13，…

2.11　导　　数

随着解析几何的创立，它将变量引入数学，数学王国里便出现了微积分，它是数学发展史上继欧氏几何、解析几何后的又一个具有划时代意义的伟大创造，被誉为数学史上的里程碑. 微积分的思想萌芽可以追溯到古代，古代中国、古希腊和古印度的一些数学家可称为微积分创立的先驱. 如我国数学家刘徽的“割圆术”、阳马体积公式的证明、球体积公式的推导等，都包含着分割、逼近、取极限的微积分思想.

微积分产生于 17 世纪中叶，创立者是牛顿和莱布尼茨，他们分别一个在物理学领域一个在纯数学领域各自独立创立了这门学科. 牛顿在 1687 年出版的《自然哲学的数学原理》，莱布尼茨在 1684 年出版的《一种求极大与极小值和求切线的新方法》书中分别阐述了微积分的基本理论.

微积分的出现，使数学的发展进入了近代数学时期，同时也为创立许多新的学科提供了源泉，它给出一整套的科学方法，开创了科学的新纪元，并因此加强与加深了数学的作用. 微积分的产生不仅具有伟大的科学意义，而且具有深远的社会影响. 有了微积分，就有了工业革命，有了大工业生产，也就有了现代化的社会. 在微积分的帮助下，万有引力定律被发现了，微积分学强有力地证明了宇宙的数学设计，摧毁了笼罩在天体上的神秘主义、迷信和神学，开启了人类探索宇宙的大门. 这一切都表明微积分学的产生是人类认识史上的一次空前的飞跃，是人类头脑最伟大的创造之一，是人类理性思维的结晶.

1. 常用超越不等式

$e^x \geqslant x+1(x\in \mathbf{R})$，对上式两边取自然对数得 $x\geqslant \ln(x+1)\ (x>-1)$，对上式用 $x-1$ 换 x 得 $x-1\geqslant \ln x\ (x>0)$；

对 $e^x > x+1(x\neq 0)$，两边取自然对数得 $x>\ln(x+1)\ (x>-1$ 且 $x\neq 0)$，用 $x-1$ 换 x 得 $x-1>\ln x(x>0$ 且 $x\neq 1)$.

这些不等式在有关导数问题中有着重要应用，在本书后续内容中大家会看到它们极其活跃的身影.

2. 数列与函数的极限

数列 $\{a_n\}$ 和 $\{b_n\}$ 均存在极限，则它们和差积商的极限等于极限的和差积商.

函数和差积商的极限等于极限的和差积商，如：

若 $\lim\limits_{x\to a} f(x)=A$，$\lim\limits_{x\to a} g(x)=B$，则

$$\lim_{x\to a}[f(x)\pm g(x)]=A\pm B$$

$$\lim_{x\to a}[f(x)g(x)]=A\cdot B,\lim_{x\to a}\frac{f(x)}{g(x)}=\frac{A}{B}\quad(B\neq 0)$$

重要极限：$\lim\limits_{x\to 0}\dfrac{\sin x}{x}=1,\lim\limits_{x\to 0}(1+x)^{\frac{1}{x}}=\mathrm{e}$.

例　求证 $0.\dot{9}=1$.

证明　数列 $0.9,0.09,0.009,\cdots$ 的通项为 $a_n=\dfrac{9}{10^n}$，则 $S_n=$

$$\frac{\frac{9}{10}\left[1-\left(\frac{1}{10}\right)^n\right]}{1-\frac{1}{10}}=1-\frac{1}{10^n}.$$

设 $S=0.\dot{9}=0.9+0.09+0.009+\cdots$，因为

$$S=\lim_{n\to\infty}S_n=\lim_{n\to\infty}\left(1-\frac{1}{10^n}\right)=1$$

所以 $0.\dot{9}=1$.

3. 函数的凸凹性

定义　设函数 $f(x)$ 在 $[a,b]$ 上连续，如果对 $[a,b]$ 上的任意两点 x_1,x_2，恒有 $f\left(\dfrac{x_1+x_2}{2}\right)\geqslant\dfrac{f(x_1)+f(x_2)}{2}$，那么称 $f(x)$ 在 $[a,b]$ 上是向上凸的，简称上凸；如果恒有 $f\left(\dfrac{x_1+x_2}{2}\right)\leqslant\dfrac{f(x_1)+f(x_2)}{2}$，那么称 $f(x)$ 在 $[a,b]$ 上是向下凸的，简称下凸.

用导数判定凸凹性结论：

二阶导数定义：若函数 $f(x)$ 的导数 $f'(x)$ 存在导数，则称为 $f(x)$ 的二阶导数记为 $f''(x)$. 设函数 $f(x)$ 在 (a,b) 内存在二阶导数 $f''(x)$，如果：

(1) 在 (a,b) 内 $f''(x)<0$，那么 $f(x)$ 在 (a,b) 内上凸；

(2) 在 (a,b) 内 $f''(x)>0$，那么 $f(x)$ 在 (a,b) 内下凸.

4. 不定积分公式

(1) $\int 0\mathrm{d}x=C$；

(2) $\int a\mathrm{d}x=ax+C$；

(3) 对任何一常数 $\alpha\neq 1$，$\int x^{\alpha}\mathrm{d}x=\dfrac{x^{\alpha+1}}{\alpha+1}+C$；

(4) 当 $x>0$ 时，$\int\dfrac{1}{x}\mathrm{d}x=\ln x+C$；

(5) $\int e^x dx = e^x + C$；

(6) $\int a^x dx = \frac{a^x}{\ln a} + C(a > 0, a \neq 1)$.

5. 微积分学定理

(1) 费马定理：设函数 $f(x)$ 在区间 $[a,b]$ 上有定义，且在这区间内部某点 c 取得最大(小)值. 若函数 $f(x)$ 在点 c 存在导数 $f'(c)$，则必有 $f'(c)=0$.

(2) 拉格朗日中值定理：设函数 $f(x)$ 满足条件：① 在闭区间 $[a,b]$ 上连续；② 在开区间 (a,b) 内可导，且在 (a,b) 内至少存在一点，使得 $f(b)-f(a)=f'(c)(b-a)$.

延伸阅读

从嫦娥一号到五号回顾中国探月之旅

2007 年 10 月 24 日 18 时 5 分嫦娥一号顺利发射升空. 它带着中国人2 000 多年来对月球的美好梦想和我们自豪的心情飞奔长空. 嫦娥一号的主要探测目标是获取月球表面的三维立体影像；分析月球表面有用元素的含量和物质类型的分布特点；探测月壤厚度和地球至月球的空间环境.

2010 年 10 月 1 日 18 时 59 分 57 秒嫦娥二号点火发射. 2011 年 8 月 25 日，嫦娥二号经过 77 天飞行，受控准确进入距离地球约 150 万千米远的日地 L2 点的环绕轨道. 这是中国第一次开展拉格朗日点转移轨道和使命轨道的设计和控制，并实现 150 万千米远距离测控通信. 此举也使中国成为世界上第三个造访日地 L2 点的国家，也是世界上第一个实现从月球轨道出发抵达该点的国家.

2013 年 12 月 2 日 1 时 30 分 0 秒由着陆器和巡视器(玉兔号月球车)组成的嫦娥三号点火发射. 12 月 14 日，嫦娥三号着陆月面. 嫦娥三号首次突破了中国地外天体软着陆、月面巡视探测、月面生存等关键技术，实现了首次中国对地外天体的直接探测，是中国航天领域技术最复杂、实施难度最大的空间活动之一. 嫦娥三号的发射成功，使中国成为继美国、苏联之后第三个“登月”的国家.

2018 年 12 月 8 日 2 时 23 分 34 秒嫦娥四号发射成功. 2019 年 1 月 3 日，嫦娥四号探测器首次在月球背面最古老、最大、最深的南极艾特肯盆地内 185 公里的冯·卡门陨石坑实现软着陆，从而实现了人类探测器首次月背软着陆、首次月背与地球中继通信的壮举.

2020 年 11 月 24 日 4 时 30 分嫦娥五号发射成功，开启了我国首次地外天体采样返回之旅.12月3日23时10分,嫦娥五号上升器点火起飞,携带月壤进入预定环月轨道,实现我国首次地外天体起飞.12月17日凌晨,嫦娥五号返回器携带月球样品成功着陆返回,使我国成为世界上第二个月球无人自主采样返回的国家.

强哉壮哉,中国科技!中国科技人!

2.12　排列与组合、二项式定理

排列与组合是组合数学最基本的概念,与概率论密切相关.组合数学是一门研究离散对象的科学.随着计算机科学的日益发展,组合数学的重要性也日渐凸显.组合数学从数千年前开始萌芽,经历了我国古代著名的幻方问题和杨辉三角,直到17世纪德国数学家莱布尼茨为它起名“组合学”,并预言了这一数学分支的诞生.

中国古代的《易经》中用十个天干和十二个地支组合以六十为周期来记载月和年,以及在“洛书河图”中关于幻方的记载,是人们至今所了解的最早发现的组合问题.1977年美国旅行者1号、2号宇宙飞船就带上了幻方以作为人类智慧的信号.

洛书,是中华民族远古文明的产物,是一种关于天地空间变化的脉络图案.它是以黑点与白点为基本要素,以一定方式构成若干不同组合,并整体上排列成矩阵的图式.洛书1至9数是天地变化数,万物有气即有形,有形即有质,有质即有数,有数即有象,“气、形、质、数、象”五要素用河图洛书等图式来模拟表达,它们之间巧妙组合,融于一体,以此建构一个宇宙时空合一,万物生成演化的运行模式(图2.32).

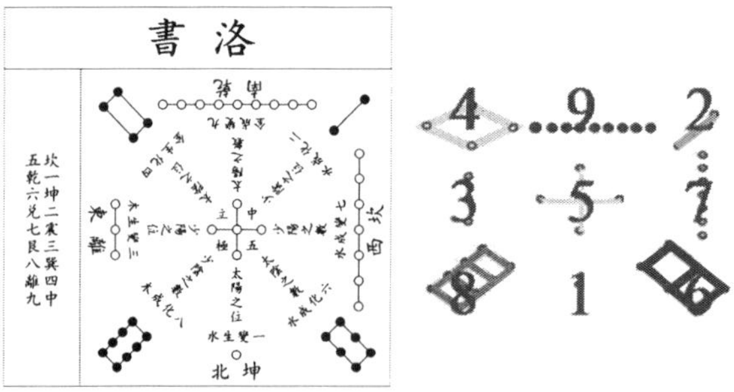

洛书与三阶幻方即九宫图

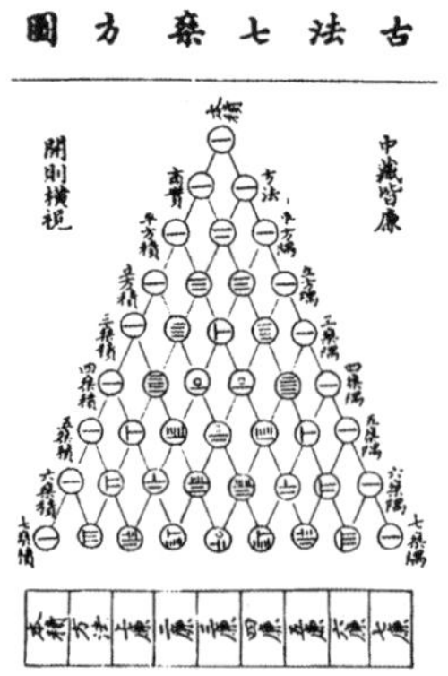

贾宪三角

图2.32

在 11 和 12 世纪间的宋朝时期，北宋数学家贾宪就发现了二项式系数即组合数 $C_n^r(r=0,1,2\cdots,n)$，并制作成“贾宪三角”，杨辉将它整理记载在他的《续古摘奇算法》一书中，所以也称“杨辉三角”. 这在西方是 1654 年由帕斯卡提出，但比中国晚了 400 多年. 1666 年莱布尼茨所著的《论组合的艺术》一书问世，这是组合数学的第一部专著.

1. 排列组合恒等式

(1) $A_n^m=nA_{n-1}^{m-1}$；

(2) $A_{n+1}^m=A_n^m+mA_n^{m-1}$；

(3) $1!+2\cdot 2!+3\cdot 3!+\cdots+n\cdot n!=(n+1)!-1$；

(4) $C_n^0+C_n^1+C_n^2+\cdots+C_n^r+\cdots+C_n^n=2^n$；

(5) $C_n^1+C_n^3+C_n^5+\cdots=C_n^0+C_n^2+C_n^4+\cdots=2^{n-1}$；

(6) $C_n^1+2C_n^2+3C_n^3+\cdots+nC_n^n=n2^{n-1}$.

2. 组合数性质

(1) $C_n^m=C_n^{n-m}$；　(2) $C_n^m+C_n^{m-1}=C_{n+1}^m$.

3. 二项展开式中二项式系数最值

(1) n 为偶数，则第 $\frac{n+2}{2}$ 项二项式系数 $C_n^{\frac{n}{2}}$ 达到最大值，此时 $T_{\frac{n}{2}+1}=C_n^{\frac{n}{2}}a^{\frac{n}{2}}b^{\frac{n}{2}}$；

(2) n 为奇数，则第 $\frac{n+1}{2}$ 和 $\frac{n+3}{2}$ 项二项式系数 $C_n^{\frac{n-1}{2}}=C_n^{\frac{n+1}{2}}$ 且达到最大值，此时 $T_{\frac{n+1}{2}}=C_n^{\frac{n-1}{2}}a^{\frac{n-1}{2}}b^{\frac{n+1}{2}}$，$T_{\frac{n+3}{2}}=C_n^{\frac{n+1}{2}}a^{\frac{n+1}{2}}b^{\frac{n-1}{2}}$.

4. 几个基本问题

(1) 错位(或错排) 问题

贝努利装错信笺问题：现有 n 封信装入 n 个信封，但全部装错(错位) 的组合数为

$$f(n)=n!\left[\frac{1}{2!}-\frac{1}{3!}+\frac{1}{4!}-\cdots+(-1)^n\frac{1}{n!}\right]$$

如：4 人各写一张贺卡，放在一起，每人都抽到了其他人写的贺卡的种数为 $f(4)=9$.

5 人全部错排的种数为 $f(5)=\frac{1}{5!}\left(\frac{1}{2}-\frac{1}{3!}+\frac{1}{4!}-\frac{1}{5!}\right)=44$ 种，否则用间接法得 $A_5^5-C_5^1\times 9-C_5^2\times 2-C_5^3-1=44$(即 5 人全排列后分别减去 1，2，3，4 人未错排的种数).

(2) 鞋成双问题

例　在5双不同鞋子中任取4只，4只鞋子中至少有2只配成一双的可能取法有多少？

解析1　直接法，恰有一双情形，先从5双中任取一双C_5^1，再从其余4双中任取2双C_4^2，而这每双中又各取一只$C_2^1 \cdot C_2^1$，所以有$C_5^1C_4^2C_2^1C_2^1$. 另一类是4只恰好配成两对有C_5^2，于是共$C_5^1C_4^2C_2^1C_2^1+C_5^2=130$(种).

解析2　间接法，从5双共10只中任取4只总方法数为C_{10}^4，再减去其中4只均无配对的种数$C_5^4C_2^1C_2^1C_2^1C_2^1=2^4C_5^4$，所以共$C_{10}^4-2^4C_5^4=130$(种).

一般地，从n双不同的鞋子中任取$2r(0<2r<n)$只，问$2r$只中至少有2只鞋子配成一双的可能总数是$C_{2n}^{2r}-2^{2r}C_n^{2r}$种.

(3) 空盒问题

n个球随机地放入n个编号的盒子中使得恰好有一个空盒的方法数是多少？

① 若球是完成相同不可分辨的，选空盒有n种选法，再选装两个球的盒有$n-1$种选法，所以共$n(n-1)$种放法.

② 若球是不相同可分辨的，分两步进行. 第一步先选盒，即先选出空盒和装两个球的盒，共有$n(n-1)$种选法. 第二步选球，即如何把n个编号的球放入$n-1$个编号的盒子中去，而在某一个盒子(由第一步选出的)放两个球有C_n^2种方法，其余的$n-2$盒子放$n-2$个球有A_{n-2}^{n-2}种，所以总方法数为$n(n-1)C_n^2(n-2)!=n(n-1)\dfrac{n!}{2!}$种.

避免如下错误：分三步，先空盒有n种，再把n个球中$n-1$个球放入去除空盒的$n-1$个盒中有A_n^{n-1}种，最后把余下的那个球放到任一已经有球的盒子中有$n-1$种，因而总方法数为$n(n-1)n!$种. 此解法错在没有考虑到两个球放到一个盒子中时有两种次序，如某盒装了编号1和编号2或编号2和编号1，有重复情况，应除以2才对.

(4) 分房问题

设有n个人，每个人都以同样的机会$\dfrac{1}{N}$被分配到$N(n\leqslant N)$间房中的每间中去，问某一指定房间中恰分到$m(m\leqslant n)$个人的分法有多少种？

解　先从n个人中选出m个人分到指定房间中有C_n^m种方法，余下的$n-m$个人中的每一个人都可以被分到$N-1$间中之一去，即对每一个人有$N-1$种分法，所以有$(N-1)^{n-m}$种方法. 于是共有$C_n^m(N-1)^{n-m}$种方法.

(5)$n\times n$方格的棋盘上有多少个真正的矩形？

解　当$n=1,2,3$时，如图2.33，我们很容易具体数出来，但当$n=4$时则不容易一个个地数了(表 2.4).

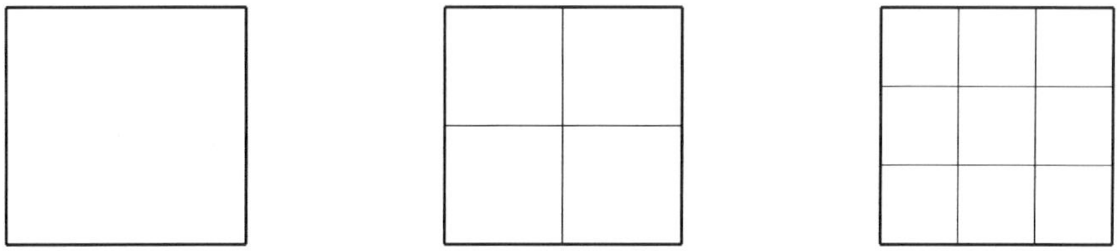

图 2.33

表 2.4

n	所有矩形(含正方形)数	正方形数	真正矩形数
1	1	1	0
2	9	5	4
3	36	14	22

对一般的 n,先考虑 $n\times n$ 方格的棋盘上共有多少个矩形,其中含正方形,然后再算出正方形的个数,就可得到真正矩形的个数. 注意到 $n\times n$ 方格有 $n+1$ 条横线和 $n+1$ 条竖线,分别从 $n+1$ 条横线和 $n+1$ 条竖线中各选出两条作为矩形的长和宽边,则各有 C_{n+1}^2 种选法,所以总共矩形个数为 $C_{n+1}^2C_{n+1}^2$ 种.

再算其中正方形的个数,不妨设小正方形边长为 1,则边长为 1 的正方形个数正是 n^2 个;任取相邻两排相邻两列构成边长为 2 的正方形个数是 $(n-1)^2$ 个;任取相邻三排相邻三列的 9 个小方格构成边长为 3 的正方形个数是 $(n-2)^2$ 个;……;取相邻 $n-1$ 排相邻 $n-1$ 列的 $(n-1)(n-1)$ 个小方格构成边长为 $n-1$ 的正方形个数是 $[n-(n-2)]^2=2^2$ 个;边长为 n 的正方形个数是 1 个,故有正方形个数为

$$1^2+2^2+\cdots+n^2=\frac{1}{6}n(n+1)(2n+1)$$

从而真正矩形的个数为 $(C_{n+1}^2)^2-\frac{1}{6}n(n+1)(2n+1)$ 个.

(6) 不定方程 $x_1+x_2+\cdots+x_n=m$ 解的个数问题

① 方程 $x_1+x_2+\cdots+x_n=m(n,m\in\mathbf{N}^*)$ 的正整数解有 C_{m-1}^{n-1} 个;

② 方程 $x_1+x_2+\cdots+x_n=m(n,m\in\mathbf{N}^*)$ 的非负整数解有 C_{n+m-1}^{n-1} 个.

例　求方程 $x_1+x_2+x_3+x_4=9$ 的正整数解和非负整数解的组数.

解　用隔板法(见第 4 章 4.7 节),相当于有 9 个 1 排成一排,中间有 8 个空位,空位中放 3 个隔板,所以正整数解的组数为 C_8^3 个.

原方程变形为 $x_1+1+x_2+1+x_3+1+x_4+1=13$,相当于求方程 $y_1+y_2+y_3+y_4=13$ 的正整数解的组数,所以有 C_{12}^3 个.

2.13 概率统计、随机变量及分布

概率论起源于博弈问题.15 ～ 16 世纪意大利数学家帕乔利(Pacioli,1445—1517)、塔塔利亚(Nicolo Fontana,1499—1557) 和卡丹的著作中曾讨论过“如果两人赌博提前结束,该如何分配赌金”等概率问题.1654 年左右,费马(Fermat,1601—1665) 和帕斯卡也在通信中讨论类似的合理分配赌金问题.1657 年荷兰数学家惠更斯(Huygens,1629—1695) 出版了《论赌博中的计算》成为最早的概率论著作.这些数学家的著述中所出现的第一批概率论概念和定理,如数学期望、概率加法、乘法定理等,标志着概率论的诞生.

概论、统计、随机变量及分布是现代数理统计学的基本概念.简单的统计古来就有,在 18 ～ 19 世纪出现了统计推断思想的萌芽并有一定的发展,但以概率论为基础、以统计推断为主要内容的现代意义的数理统计学,则到 20 世纪才告成熟.数学家贝叶斯(Bayes,1702—1763)、拉普拉斯(Laplace,1749—1827)、高斯(Guess,1777—1855)、皮尔逊(Pearson,1857 ～ 1936) 等为此做出过重要贡献.如英国数学家贝叶斯提出了“贝叶斯定理”,是一种最早的统计推断程序.英国生物学家和统计学家皮尔逊首先提出了相关、回归、总体、分布的概念,成功地创立了生物统计学.而现代数理统计学作为一门独立学科的奠基人英国数学家费歇尔(Fisher,1890—1962),提出了许多重要的统计分析方法,如相关分析、回归分析、方差分析(F 检验) 等.

1.和事件、积事件的概率

一般地,对事件 A,B 有 $P(A\cup B)=P(A)+P(B)-P(A\cap B)$,此即是广义加法原理.而当事件 A,B 互斥时,因 $P(A\cap B)=0$,则 $P(A\cup B)=P(A)+P(B)$;当事件 A,B 相互独立时,则 $P(A\cap B)=P(A)\ P(B)$.

例 某个部件由三个元件按图 2.34 的方式连接而成,元件 1 正常工作且元件 2 或元件 3 正常工作,则部件正常工作,其中元件 1、元件 2、元件 3 正常工作的概率分别为 $\frac{1}{4},\frac{1}{3},\frac{1}{2}$,则此部件正常工作的概率为________.

解 设元件 1、元件 2、元件 3 正常工作的事件分别为 A,B,C,部件正常工作事件为 D,则 $P(D)=P(A)\times P(B\cup C)=\frac{1}{4}\times\left(\frac{1}{3}+\frac{1}{2}-\frac{1}{3}\times\frac{1}{2}\right)=\frac{1}{6}$ 或间接法得 $P(D)=\frac{1}{4}\times\left(1-\frac{2}{3}\times\frac{1}{2}\right)=\frac{1}{6}$.

若元件 2 与元件 3 互斥,则 $P(D)=P(A)\times P(B\cup C)=\frac{1}{4}\times\left(\frac{1}{3}+\frac{1}{2}\right)=\frac{5}{24}$.

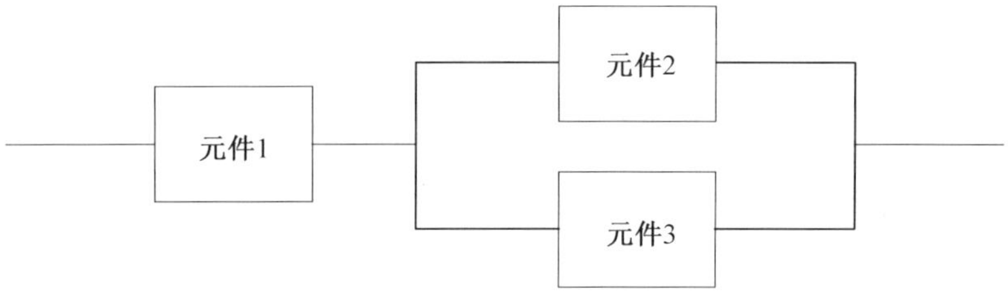

图 2.34

2.常用分布的数学期望及方差

(1) 两点分布(0－1 分布如表 2.5)

表 2.5

X	0	1
P	$1-p$	p

$$E(X)=p,D(X)=p(1-p)=pq$$

(2) 超几何分布

产品抽样检查中经常遇到一类实际问题,假定在 N 件产品中有 M 件次品,即次品率 $p=\dfrac{M}{N}$.从中任取 $n(n\leqslant N)$ 件产品,设其中次品数为 X,则称 X 服从超几何分布,如表 2.6

$$P(X=k)=\frac{C_M^k C_{N-M}^{n-k}}{C_N^n}(k=0,1,2\cdots,m)$$

表 2.6

X	0	1	…	m
P	$\frac{C_M^0 C_{N-M}^{n-0}}{C_N^n}$	$\frac{C_M^1 C_{N-M}^{n-1}}{C_N^n}$	…	$\frac{C_M^k C_{N-M}^{n-k}}{C_N^n}$

其中 $m=\min\{M,n\}$,且 $n\leqslant N,M\leqslant N,n,M,N\in\mathbf{N}^*$

$$E(X)=\frac{nM}{N},D(X)=\frac{nM(N-n)(N-M)}{N^2(N-1)}$$

(3) 几何分布

在独立重复试验中,某事件第一次发生时所做的试验的次数 X 是一个取值为正整数的离散型随机变量,$X=k$ 表示在第 k 次独立重复试验时事件第一次发生.

X 的分布列,如表 2.7:

表 2.7

X	1	2	3	…	k	…
P	p	qp	q^2p	…	$q^{k-1}p$	…

$$E(X)=\frac{1}{p},D(X)=\frac{1-p}{p^2}$$

(4) 二项分布

在 n 次独立重复试验中，用表示事件 A 发生的次数，设每次试验中事件 A 发生的概率为 p，若 $q=1-p$，则 $P(X=k)=C_n^kp^kq^{n-k}$，$k=0,1,2,\cdots,n$. 此时称随机变量 X 服从二项分布，记作 $X\sim B(n,p)$.

X 的分布列，如表 2.8：

表 2.8

X	0	1	…	k	…	n
P	$C_n^0p^0q^n$	$C_n^1p^1q^{n-1}$	…	$C_n^kp^kq^{n-k}$	…	$C_n^np^nq^0$

$$E(X)=np,D(X)=npq$$

超几何分布和二项分布的区别与联系：

第一，在 n 次试验中，某一事件 A 出现的次数 X 可能服从超几何分布或二项分布. 当这 n 次试验不放回抽样，事件 A 为抽到某种特性(如次品) 的物品时，X 服从超几何分布；当这 n 次试验是独立重复试验时，X 服从二项分布.

第二，在不放回 n 次试验中，抽到某种特性物品出现的次数 X 服从超几何分布，但是当总体中物品的数目 N 很大时，X 的分布列近似于二项分布，并且随着 N 的增加，这种近似的精度也增加. 所以：

① 本质区别：超几何分布描述的是不放回抽样问题，超几何分布中的概率计算实质上是古典概型问题；二项分布描述的是放回抽样问题，二项分布中的概率计算实质上是独立重复试验事件的概率问题.

② 联系：$N\to\infty$ 时，超几何分布近似为二项分布. 在超几何分布中，当 $N\to\infty$ 时，概率 $\frac{M}{N}\to p$，数学期望 $\frac{nM}{N}\to np$，方差 $\frac{nM(N-n)(N-M)}{N^2(N-1)}\to npq$.

例 寒假期间，某校学生会组织部分同学，用“10 分制” 随机调查“阳光花园” 社区人们的幸福度. 现从调查人群中随机抽取 16 名，如图 2.35 所示的茎叶图记录了他们的幸福度分数(以小数点前的一位数字为茎，小数点后的一位数字为叶)，若幸福度分数不低于 8.5 分，则称该人的幸福度为“幸福”.

	幸福度									
7	3	0								
8	4	4	6	6	7	7	8	8	9	9
9	7	6	5	5						

图 2.35

(1) 求从这 16 人中随机选取 3 人，至少有 2 人为“幸福”的概率；

(2) 以这 16 人的样本数据来估计整个社区的总体数据，若从该社区(人数很多)任选 3 人，记 ξ 表示抽到“幸福”的人数，求 ξ 的分布列及数学期望.

[错解] (1) 由茎叶图可知，抽取的 16 人中“幸福”的人数有 12 人，其他的有 4 人；记从这 16 人中随机选取 3 人，至少有 2 人是“幸福”为事件 A. 由题意得

$$P(A)=1-\frac{C_4^3}{C_{16}^3}-\frac{C_4^2\times C_{12}^1}{C_{16}^3}=1-\frac{1}{140}-\frac{9}{70}=\frac{121}{140}$$

(2)ξ 的可能取值为 0,1,2,3，则

$$P(\xi=0)=\frac{C_4^3C_{12}^0}{C_{16}^3}=\frac{4}{560}=\frac{1}{140}$$

$$P(\xi=1)=\frac{C_4^2C_{12}^1}{C_{16}^3}=\frac{72}{560}=\frac{9}{70}$$

$$P(\xi=2)=\frac{C_4^1C_{12}^2}{C_{16}^3}=\frac{264}{560}=\frac{33}{70}$$

$$P(\xi=3)=\frac{C_4^0C_{12}^3}{C_{16}^3}=\frac{220}{560}=\frac{11}{28}$$

所以 ξ 的分布列，如表 2.9：

表 2.9

ξ	0	1	2	3
P	$\frac{1}{140}$	$\frac{9}{70}$	$\frac{33}{70}$	$\frac{11}{28}$

$$E(\xi)=0\times\frac{1}{140}+1\times\frac{9}{70}+2\times\frac{33}{70}+3\times\frac{11}{28}=\frac{9}{4}$$

[错解分析] 第二问的选人问题是不放回抽样问题，按照定义先考虑超几何分布，但是题目中又明确给出：“以这 16 人的样本数据来估计整个社区的总体数据，从该社区(人数很多)任选 3 人”，说明不是从 16 人中任选 3 人，而是从该社区(人数很多)任选 3 人，所以可以近似看作是 3 次独立重复试验，应该按照二项分布去求解，而不能按照超几何分布去处理.

[正解] (1) 同上.

(2) 由茎叶图知任选一人,该人幸福度为“幸福”的概率为$\frac{3}{4}$,ξ的可能取值为 0,1,2,3,显然$\xi \sim B\left(3,\frac{3}{4}\right)$.则

$$P(\xi=0)=\left(\frac{1}{4}\right)^3=\frac{1}{64}$$

$$P(\xi=1)=\mathrm{C}_3^1\cdot\frac{3}{4}\cdot\left(\frac{1}{4}\right)^2=\frac{9}{64}$$

$$P(\xi=2)=\mathrm{C}_3^2\cdot\left(\frac{3}{4}\right)^2\cdot\left(\frac{1}{4}\right)=\frac{27}{64}$$

$$P(\xi=3)=\left(\frac{3}{4}\right)^3=\frac{27}{64}$$

所以ξ的分布列,如表 2.10:

表 2.10

ξ	0	1	2	3
P	$\frac{1}{64}$	$\frac{9}{64}$	$\frac{27}{64}$	$\frac{27}{64}$

$$E(\xi)=3\times\frac{3}{4}=\frac{9}{4}$$

从以上解题过程中我们还发现,错解中的期望值与正解中的期望值相等,好多学生都觉得不可思议,怎么会出现相同的结果呢?其实是由它们的期望公式

$$E(X)=\frac{nM}{N}=\frac{3\times12}{16}=\frac{9}{4}$$

$$E(X)=np=3\times\frac{3}{4}=\frac{9}{4}$$

而计算得到.

总结　综上可知,当提问中涉及“用样本数据来估计总体数据”的字样时为二项分布问题.

(5) 正态分布

如果连续型随机变量ξ的概率密度函数为$f(x)=\frac{1}{\sqrt{2\pi\sigma}}\mathrm{e}^{-\frac{(x-\mu)^2}{2\sigma^2}}$,$x\in\mathbf{R}$,其中$\mu$,$\sigma$为常数,并且$\sigma>0$,则称$\xi$服从正态分布,记为$\xi\sim N(\mu,\sigma^2)$.则$E(\xi)=\mu$,$D(\xi)=\sigma^2$.

其中当$\mu=0$,$\sigma=1$时ξ服从标准的正态分布,记作$\xi\sim N(0,1)$.

3.几个基本问题

(1) 抽签问题

在生活中，我们有时要用抽签的方法来决定一件事情. 那么抽签有先后，对各人公平吗？

例如在 5 张票中有 1 张中奖票，5 个人按照排定的顺序从中各抽 1 张以决定谁得到其中的奖票. 那么，先抽还是后抽（后抽人不知道先抽人抽出的结果），对各人来说是公平的吗？也就是说，各人抽到奖票的概率相等吗？

方法一（古典概型解法）：

显然，对第 1 个抽票者来说，他从 5 张票中任抽 1 张，得到奖票的概率 $P_1=\frac{1}{5}$. 为了求得第 2 个抽票者抽到奖票的概率，我们把前 2 个抽票的情况做一整体分析. 设从 5 张票中抽出 1 张票的事件分别是 A,B,C,D,E，其中事件 A 是抽到奖票的事件. 从 5 张票中先后抽出 2 张，可以看成从 5 个元素中抽出 2 个进行排列，构成基本事件的种数是 A_5^2，则第 2 人抽到奖票的情况是下面四个基本事件：BA，CA，DA，EA，即有 A_4^1 种，因此，第 1 人未抽到奖票，而第 2 人抽到奖票的概率是 $P_2=\frac{\mathrm{A}_4^1}{\mathrm{A}_5^2}=\frac{1}{5}$. 通过类似地分析，若 3 个人抽基本事件总数是 A_5^3，而第 3 个人抽到奖票基本事件是：BCA，CBA，BDA，DBA，…，EDA，计 A_4^2 种，进而可求得第 3 个抽票者抽到奖票的概率 $P_3=\frac{\mathrm{A}_4^2}{\mathrm{A}_5^3}=\frac{1}{5}$. 同理第 4 个、第 5 个抽票者抽到奖票的概率也是 $\frac{1}{5}$.

一般地，如果在 n 张票中有 1 张中奖票，n 个人依次从中各抽 1 张，且后抽人不知道先抽人抽出的结果，那么第 $i(i=1,2,\cdots,n)$ 个抽票者抽到奖票的概率 $P_i=\frac{\mathrm{A}_{n-1}^{i-1}}{\mathrm{A}_n^i}=\frac{1}{n}$，即每个抽票者抽到奖票的概率都是 $\frac{1}{n}$，也就是说，抽到中奖票的概率与抽票顺序无关.

进一步，一般地，假定在 n 张票中有 m 张奖票（$n\geqslant m$），n 个人依次从中各抽 1 张，且后抽人不知道先抽人抽出的结果，那么第 $i(i=1,2,\cdots,n)$ 个抽票者抽到奖票的概率 $P_i=\frac{\mathrm{A}_m^1\mathrm{A}_{n-1}^{i-1}}{\mathrm{A}_n^i}=\frac{m}{n}$，即每个抽票者抽到奖票的概率都是 $\frac{m}{n}$，与抽票顺序无关.

通过对上述简单问题的分析，我们看到在抽签时顺序虽然有先有后，但只要不让后抽人知道先抽人抽出的结果，那么各个抽签者中签的概率是相等的，也就是说，并未因为抽签的顺序不同而影响到其公平性.

例　有 10 件产品，其中 4 件次品，6 件正品，每次取一件检验，测后不放回，一共测 5 次. 求第 5 次测得次品的概率.

解 设 A 表示第 5 次测得次品的事件，易知基本事件仍为 A_{10}^5 种. 第 5 次出现次品的种数为 $A_5^1A_9^4$，因此，$P(A)=\frac{A_5^1A_9^4}{A_{10}^5}=\frac{2}{5}$.

若将问题改为：每次测 1 件，测后不放回，一共测 k 次（$k\leqslant 10$），求第 k 次测到次品的概率，则 $P(A)=\frac{A_5^1A_9^{k-1}}{A_{10}^k}=\frac{2}{5}$.

这一事实表明，第 1 次、第 2 次、……、第 10 次测出次品的概率是相同的，都是$\frac{2}{5}$. 如果将“次品”看作“奖”，则抽签中奖的概率是相同的，这就是人们通常所说的“抽签不分先后，一样公平合理”的道理.

方法二（运用全概率公式）：

例 袋中共有 n 个球，其中有 m 个白球. 两人先后各从袋中任取一个球，求第二个人取得白球的概率（第一个人取出的球不放回，第二个人不知道第一个人取球的结果）.

解 设事件 A 是第二人取得白球，事件 B 是第一人取得白球，显然

$$P(B)=\frac{m}{n},P(A\mid B)=\frac{m-1}{n-1}$$

$$P(\overline{B})=1-\frac{m}{n}=\frac{n-m}{n},P(A\mid \overline{B})=\frac{m}{n-1}$$

于是得

$$P(A)=\frac{m}{n}\cdot\frac{m-1}{n-1}+\frac{n-m}{n}\cdot\frac{m}{n-1}$$
$$=\frac{m}{n}$$

同理，第 $i(i=1,2,\cdots,n)$ 个人抽到白球的概率都是$\frac{m}{n}$.

其中所用公式 $P(A)=P(B)P(A\mid B)+P(\overline{B})P(A\mid \overline{B})$ 即全概率公式.

一般地，设事件 A 当且仅当互斥事件 $B_i(i=1,2,\cdots,n)$ 中的任一事件发生时才可能发生，已知事件 B_i 的概率 $P(B_i)$ 及事件 A 在 B_i 已发生的条件下的条件概率 $P(A\mid B_i)(i=1,2,\cdots,n)$，则事件 A 发生的概率为 $P(A)=\sum\limits_{i=1}^{n}P(B_i)P(A\mid B_i)$，此公式即为全概率公式. 特别地 $P(A)=P(AB)+P(A\overline{B})=P(B)P(A\mid B)+P(\overline{B})P(A\mid \overline{B})$.

引申 假设概率公式（贝叶斯公式）

如果，当且仅当 n 个互斥事件 $B_i(i=1,2,\cdots,n)$ 中的任一事件发生时，事

件 A 才可能发生，并且已知事件 B_i 的概率 $P(B_i)$（试验前的假设概率即先验概率）及事件 A 在 B_i 已发生的条件下的条件概率 $P(A \mid B_i)(i=1, 2,\cdots,n)$. 现在我们进行一次试验，如果事件 A 确实发生了，则对于事件 B_i 的概率应给予重新估计，也就是要计算事件 B_i 在事件 A 已发生的条件下的条件概率 $P(B_i \mid A)(i=1, 2,\cdots,n)$（试验后的假设概率即后验概率）.

因为 $P(B_i \mid A)=\dfrac{P(AB_i)}{P(A)}$，$P(A \mid B_i)=\dfrac{P(AB_i)}{P(B_i)}$，所以有

$$P(A)P(B_i \mid A)=P(B_i)P(A \mid B_i)$$

由此得

$$P(B_i \mid A)=\frac{P(B_i)P(A \mid B_i)}{P(A)}$$

再运用全概率公式得

$$P(B_i \mid A)=\frac{P(B_i)P(A \mid B_i)}{\sum\limits_{j=1}^{n} P(B_j)P(A \mid B_j)}$$

此公式即假设概率公式（或贝叶斯公式）.

(2) 中奖概率问题

据统计，全国 100 人中就有 3 个彩民. 通过对居民调查的结果显示，有 50% 的居民买过彩票，其中 5% 的居民成为“职业”（经济性购买）彩民.

以目前流行的双色球彩票为例. “双色球”彩票投注区分为红色球号码区和蓝色球号码区，每注投注号码由 6 个红色球号码和 1 个蓝色球号码组成. 红色球号码从数字 1 ～ 33 中选择；蓝色球号码从数字 1 ～ 16 中选择. 每注 2 元. 各等级中奖条件如下：

一等奖：7 个号码相符（6 个红色球号码和 1 个蓝色球号码）（红色球号码不考虑顺序，下同），单注最高奖金 500 万元，约 500 万到 1 500 万；

二等奖：6 个红色球号码相符，当期最高奖金的 30%，约几万 ～ 几十万；

三等奖：5 个红色球号码和 1 个蓝色球号码相符，奖金为 3 000 元；

四等奖：5 个红色球号码或 4 个红色球号码和 1 个蓝色球号码相符，奖金为 200 元；

五等奖：4 个红色球号码或 3 个红色球号码和 1 个蓝色球号码相符，奖金为 10 元；

六等奖：2 个红色球号码和 1 个蓝色球号码相符或 1 个红色球号码和 1 个蓝色球号码相符或 1 个蓝色球号码相符，奖金为 5 元.

总共 7 个号码从 33 个数字中选 6 个，从 16 个数字中选 1 个，所有基本事件总数为 $C_{33}^{6}C_{16}^{1}=17\ 721\ 088$ 种.

投一注，即买一注 2 元彩票的中奖概率计算如下：

一等奖概率，选 6 个红色球号码和 1 个蓝色球号码与已知中奖号码完全相符，只有一种可能.

$P_{一等}=\dfrac{C_6^6C_1^1}{C_{33}^6C_{16}^1}=\dfrac{1}{17\ 721\ 088}$，即是约 1 700 多万分之一的中奖机会；

二等奖概率，选 6 个红色球号码和 1 个蓝色球号码，但 6 个红色球号码完全相符，零个蓝色球号码相符，有 $C_6^6C_{15}^1=15$ 种可能. 所以

$$P_{二等}=\frac{C_6^6C_{15}^1}{C_{33}^6C_{16}^1}=\frac{15}{17\ 721\ 088}\approx\frac{1}{1\ 181\ 406}$$

即约 110 万分之一的机会；

三等奖概率，选 6 个红色球号码和 1 个蓝色球号码，有 5 个红色球号码与开奖后已知的 6 个中奖号码中 5 个号码相同有 C_6^5 种情形，另一个号码在除去 6 个中奖号码后余下的 27 个中选 1 个有 C_{27}^1 种，且蓝色球号码相符，所以共有 $C_6^5C_{27}^1C_1^1=162$ 种可能. 于是

$$P_{三等}=\frac{C_6^5C_{27}^1C_1^1}{C_{33}^6C_{16}^1}=\frac{162}{17\ 721\ 088}\approx\frac{1}{109\ 389}$$

即约 10 万分之一的机会；

四等奖概率，同理，5 个红色球号码相符和零个蓝色球有 $C_6^5C_{27}^1C_{15}^1$ 种，4 个红色球号码相符和 1 个蓝色球有 $C_6^4C_{27}^2C_1^1$，共 7 695 种，所以

$$P_{四等}=\frac{C_6^5C_{27}^1C_{15}^1+C_6^4C_{27}^2}{C_{33}^6C_{16}^1}=\frac{7\ 695}{17\ 721\ 088}\approx\frac{1}{2\ 303}$$

即约 2 000 分之一的机会.

同理，五等、六等奖的概率分别为

$$P_{五等}=\frac{C_6^4C_{27}^2C_{15}^1+C_6^3C_{27}^3}{C_{33}^6C_{16}^1}=\frac{137\ 475}{17\ 721\ 088}$$

$$P_{六等}=\frac{C_6^2C_{27}^4+C_6^1C_{27}^5+C_{27}^6}{C_{33}^6C_{16}^1}=\frac{1\ 043\ 640}{17\ 721\ 088}$$

总共是 $1+15+162+7\ 695+137\ 475+1\ 043\ 640=1\ 188\ 988$ 注，所以整体概率是 $\dfrac{1\ 188\ 988}{17\ 721\ 088}=6.709\%$. 姑且假定一等奖奖金为500万，二等奖金为20万，则各等奖金额 X 的分布列，如表 2.11：

表 2.11

X	5 000 000	200 000	3 000	200	10	5
P	$\dfrac{1}{17\ 721\ 088}$	$\dfrac{15}{17\ 721\ 088}$	$\dfrac{162}{17\ 721\ 088}$	$\dfrac{7\ 695}{17\ 721\ 088}$	$\dfrac{137\ 475}{17\ 721\ 088}$	$\dfrac{1\ 043\ 640}{17\ 721\ 088}$

则奖金的数学期望为

$$E(x)=\sum_{i=1}^{6}x_ip_i=0.938$$

可见,买双色球彩票就相当于两元钱的投入换来将近一元钱的回报,所以总体上说买彩票是在做公益,想用来赚钱则是亏本买卖. 有笑话说全世界的数学家都不会去买彩票,因为他们知道,在买彩票的路上被汽车撞死的概率远高于中大奖的概率.

(3) 系统的可靠性问题

通常称元件能正常工作的概率为元件的可靠性,称由元件组成的系统能正常工作的概率为系统的可靠性. 假定构成系统的每个元件的可靠性均为 $r(0<r<1)$,且各元件能否正常工作是彼此独立的. 今有如图 2.36 三个系统(其中 $A_i,B_i,i=1,2,3$ 均表示元件),试求它们的可靠性,并比较其大小.

系统 Ⅰ

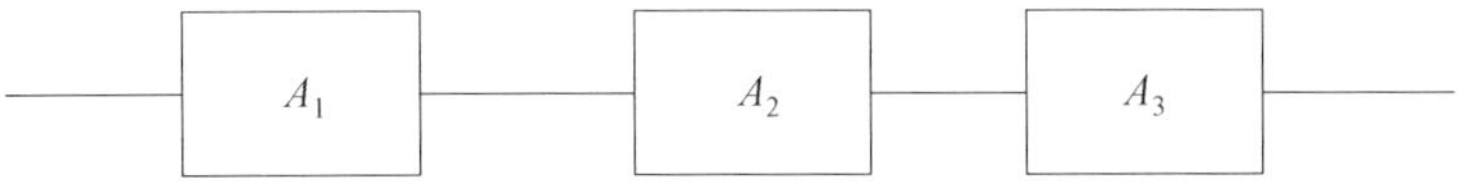

系统 Ⅱ

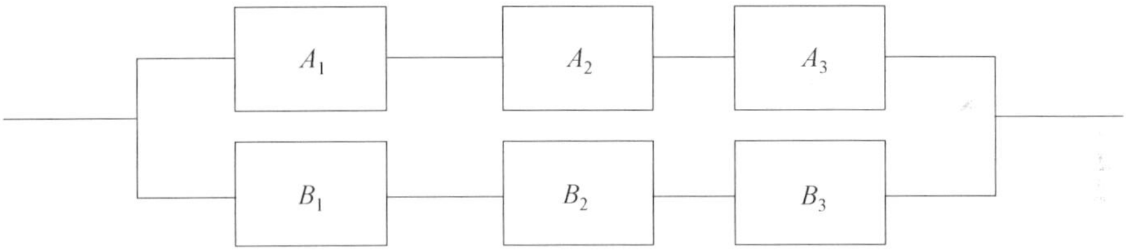

系统 Ⅲ

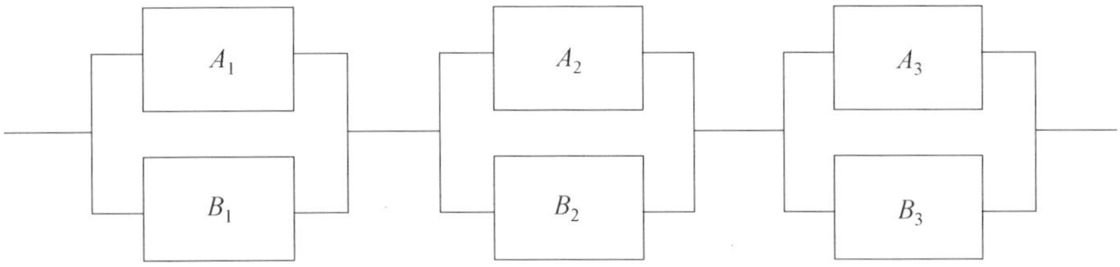

图 2.36

解　据题意

$$P(A_i)=P(B_i)=r,P(\overline{A_i})=P(\overline{B_i})=1-r,i=1,2,3$$

则对系统 Ⅰ,$A_i,i=1,2,3$ 均正常则系统正常,由独立性条件得系统 Ⅰ 的可靠性为

$$R(\text{Ⅰ})=P(A_1A_2A_3)=P(A_1)P(A_2)P(A_3)=r^3$$

对系统Ⅱ,正常工作的事件为$(A_1A_2A_3)\cup(B_1B_2B_3)$,由独立性和广义加法定理得系统Ⅱ的可靠性为

$$\begin{aligned}R(\text{Ⅱ})&=P(A_1A_2A_3\cup B_1B_2B_3)\\&=P(A_1)P(A_2)P(A_3)+P(B_1)P(B_2)P(B_3)-\\&\quad P(A_1)P(A_2)P(A_3)P(B_1)P(B_2)P(B_3)\\&=r^3+r^3-r^6=r^3(2-r^3)\end{aligned}$$

对系统Ⅲ,正常工作的事件为$(A_1\cup B_1)(A_2\cup B_2)(A_3\cup B_3)$,由独立性和广义加法定理得系统Ⅲ的可靠性为

$$\begin{aligned}R(\text{Ⅲ})&=P\{(A_1\cup B_1)(A_2\cup B_2)(A_3\cup B_3)\}\\&=P(A_1\cup B_1)P(A_2\cup B_2)P(A_3\cup B_3)\\&=[P(A_1\cup B_1)]^3\\&=[P(A_1)+P(B_1)-P(A_1B_1)]^3\\&=(2r-r^2)^3\\&=r^3(2-r)^3\end{aligned}$$

容易证明$R(\text{Ⅲ})>R(\text{Ⅱ})>R(\text{Ⅰ})$,所以系统Ⅲ最可靠.当元件个数为$n$时,$R(\text{Ⅰ})=r^n$,$R(\text{Ⅱ})=r^n(2-r^n)$,$R(\text{Ⅲ})=r^n(2-r)^n$,同理可证明$R(\text{Ⅲ})>R(\text{Ⅱ})>R(\text{Ⅰ})$.这说明改变连接方式可提高系统的可靠性.

延伸阅读

李开复将成功概率提升至99%

早年,李开复博士曾在苹果电脑公司任职,专门负责新产品的研制和开发.

有一次,李开复与公司CEO史考利先生,受到美国当时最红的早间电视节目《早安美国》的邀请.在当时,能上这个收视率非常高的节目,不仅是苹果公司的荣誉,也是李开复展现个人魅力的机会.电视台方面提前和苹果公司沟通,希望他们能在电视直播中,演示苹果公司最新发明的语音识别系统,让更多消费者了解到公司的新产品.

在上节目的前一天晚上,史考利找到李开复,有些担心地问他:“开复,你对明天演示成功的把握度有多大?你也明白,这是面对全美国直播的电视节目,它会直接影响到我们公司的声誉和产品销量,意义重大.所以,你要尽可能

地将其做好.”

当时,李开复负责开发的语音识别系统才刚刚搭建,说实话,碰到故障的可能性还是蛮大的.听到史考利的问话,李开复认真地思忖了一下,然后平静地回答道:“大概有 90% 吧!”

史考利听后,心有不甘地接着问:“你能将这个概率提高到 99% 吗?”

看着史考利期望的眼神,李开复想也没想,最后底气十足地立即回答道:“能!”

第二天,电视直播节目如期开播,一切都进行得非常成功,甚至连公司的股票都因此上涨了两美元.

节目结束后,史考利拉着李开复的手,一边连连赞扬他,一边又急切询问李开复:“我想,你昨天晚上一定改程序到很晚吧?”结果李开复回答说:“完全不是那样.其实,今天的系统和昨天的系统没有任何差别,你高估了我的编程和测试效率.”

史考利很惊讶地睁大眼睛,不解地问:“你不是答应过我,说是将成功率可以提高到 99% 吗?你该不会冒着这么大的风险上节目吧!”

李开复认真地回答道:“没错,这次的成功率的确保证在了 99% 以上,因为,我带了两台电脑上节目,而且把它们连接(并联)在一起.之所以这么做,我觉得,如果一台出了问题,我们可以马上切换到另外一台电脑.根据概率原则,一台电脑失败的可能性是 10%,两台独立的电脑都失败的可能性就 $10\% \times 10\% = 1\%$,这样,成功率自然是 99% 了.”

如图 2.37 所示,概率计算如下:$P = 90\% + 90\% - 90\% \times 90\%$(广义加法公式)$= 1 - 10\% \times 10\% = 99\%$.史考利听了李开复的想法后,对这位年轻人的智慧大加赞赏,不由自主地竖起了大拇指.

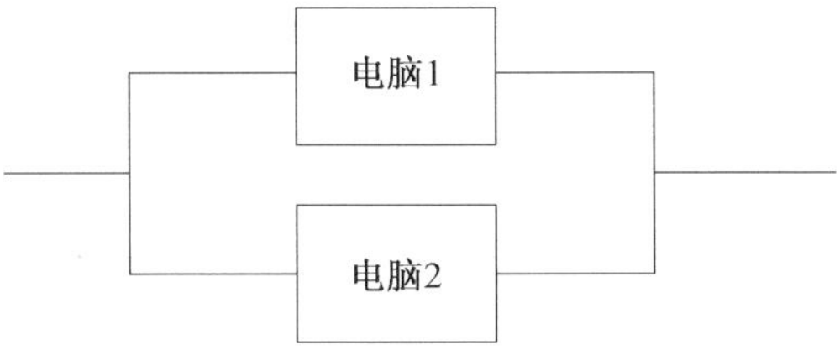

图 2.37

其实在生活中,我们不管做什么事情,不妨学习一下李开复.多做准备,做些数学的思考,选择最佳行动方案,尽量降低失败的风险,如此一来,成功的概率自然会增加.

第 3 章　一般解题说

人不能长时间处于工作、学习等不停地运转、奔跑的状态之中，一定要抽出时间停下来休息和思考．“打盹也是为了更好地前进，当你知道了赶路要紧．”而在休息和思考中可以整理思路、调整方向、反思不足、学会方法、选择最优策略，以至下一段路会走得更稳更好！快乐是人人都想要的，怎样才能获得快乐？快乐来源于外界刺激吗？畅销书《人类简史》上说，“生物学家认为，所有的心理状态（包括主观幸福感）并不是由外在因素来决定，而是由神经、神经元、突触和各种生化物质（例如血清素、多巴胺和催产素）构成的复杂系统而定．”所以说，“我们能够快乐的唯一原因，就是身体内发出快感的感官感受．”即快乐是由人的内在生化机制决定的，而不是任何外在因素．那么思维呢？

本章试图对解题过程的一般规律做些探讨，特别是对解题过程的思维本质特征及思想方法、解题策略等进行探讨．前人对解题思维有很多研究，如解题思维过程的四阶段说、三层次说、正方形性质图等．但我认为解题过程的思维本质即是模式识别．

3.1　思维的物质基础

思维是人脑对客观现实概括的、间接的反映．从信息论的角度来说，思维是人接受信息、存贮信息、加工信息及输出信息的全活动过程，而且是概括地反映客观现实的过程．那么人是靠什么来思维的呢，思维的物质基础是什么呢？神经科学研究表明，人类思维的物质基础是人的大脑．人类的大脑是所有器官中最复杂的一个，它分为三部分：脑核、脑缘系统、大脑皮质（大脑皮层）．

脑核是掌管人类日常基本生活的处理，包括呼吸、心跳、觉醒、运动、睡眠、平衡、早期感觉系统等．而脑缘系统是负责行动、情绪、记忆处理等功能，另外，它还负责体温、血压、血糖以及其他居家活动等．大脑皮质则负责人脑较高级的认知和情绪功能，它分为两个大脑半球 —— 左大脑和右大脑，每半大脑均

包含四个部分 —— 额叶、顶叶、枕叶、颞叶. 右脑在形象思维、直觉、创造力方面有优势,而左脑在抽象思维、逻辑推理方面有优势.

大脑皮质位于人脑的最上端,是覆盖在人脑表面的一层灰质,主要由神经元细胞构成. 其表面凹凸不平形成脑沟(凹陷)和脑回(凸起),许许多多的沟回能使大脑皮层的表面积大为增加. 一个成年人的大脑皮层的表面积可达 2 200 cm^2,聚集了 140 亿个神经细胞体. 有人研究了科学家爱因斯坦的大脑,发现他的大脑皮层呈现比常人更多的沟回.

神经元是神经系统的基本结构和功能单位,它具有感受刺激和传导兴奋的功能. 如图 3.1,神经元细胞由细胞体、轴突、树突(或神经末梢)三部分组成,神经元之间通过轴突和树突连接形成网状结构,并相互传递电化学信息(神经冲动). 如图 3.2,神经纤维由神经元的轴突构成,神经纤维的主要机能是传导神经冲动. 各种神经纤维传导的速度不同,大致在每秒 3 ～ 120 米之间. 把感受器的神经冲动传到中枢神经系统的,叫传入纤维;把中枢神经系统的冲动传到效应器官的,叫传出纤维.

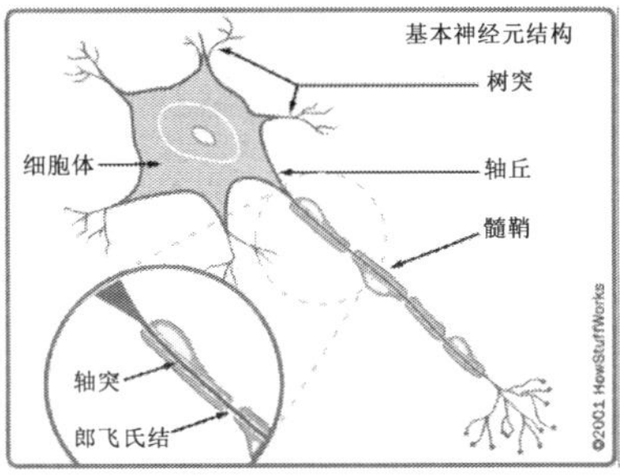

图 3.1

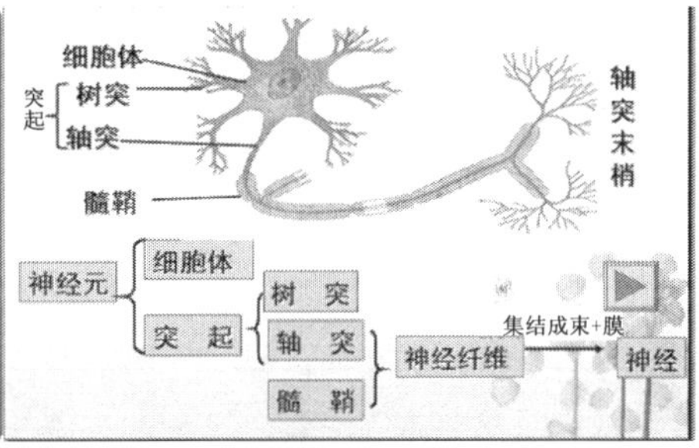

图 3.2

人类的神经系统由中枢神经系统及外周神经系统部分组成. 中枢神经系统包括脑和脊髓,两者在结构和功能上紧密联系. 脑、脊髓以及周围神经构成了一个精密复杂的综合信息处理及控制系统. 大脑皮质为中枢神经系统的最高级中枢,成为神经系统最重要最高级的部分,是人类高级神经活动的物质基础. 外周神经系统包括 12 对脑神经和 31 对脊神经. 外周神经分布于全身,把脑和脊髓与全身的感觉器官,如眼、耳、鼻、舌、身(体表面),及内部的各种器官联系起来,构成神经环路. 感觉器官接收到外、内的信息(例如,声、光、气味、温度、语言文字、图像、内部生化物质的变化),转化为生物电的变化,通过外周神经中的传入神经纤维把感觉信息传入中枢神经系统,让系统中的控制程序做出判断,然后发出调节指令,通过传出神经纤维,传达到相关器官,做出调节体内各种功能的反应,以保证人体的完整统一及其对环境的适应.

俄国心理学家巴甫洛夫(Pavlov,1849—1936)认为,中枢神经系统活动的基本方式是反射(非条件反射和条件反射).大脑皮质最基本的活动就是条件反射,也就是信号活动.从本质上根据条件刺激的不同区分为两大类:一类是现实的具体的刺激,如声、光、电、味等刺激,称为第一信号;另一类是现实的抽象刺激,即语言文字,称为第二信号.对第一信号发生反应的皮质机能系统,叫第一信号系统,是动物和人共有的.对第二信号发生反应的皮质机能系统,叫第二信号系统,是人类所特有的.第二信号系统是人的高级神经活动特有的、新质的、最完善的、最高级的形式.人类通过第二信号系统的活动,产生对现实的概括化,出现了抽象思维,并形成概念、进行推理,不断扩大认识能力.从而更深刻地认识自然,认识世界,发现并掌握它们的规律.

巴甫洛夫的第二信号系统学说解释了人类所特有的思维生理基础.即思维的物质基础即是大脑,是大脑中枢神经系统的网状神经元细胞群结构.而思维的活动过程实质是人的整个网状神经系统(神经环路)中特定细胞群的一定的运动形式,即生物电化信息的传输过程.所以要想提高人的思维水平,提升人的智能,就要人为地多增加外界刺激,以不断激活神经环路,来提升其运动功能及传输质量.即是要通过多用脑多思考解决问题,以提高人的智力水平.

在人类长期的生存实践中,大脑得以不断进化提高,具备了抽象思维和意识(思维是意识的一部分)的功能,成为人类与其他动物相区别的标志之一.今天随着人工智能、人机交互、生命科学和脑科学的发展,大脑这一人体中最精密最复杂的器官终将被人类揭开其神秘的面纱.今天家喻户晓的人工智能似乎在某些方面已战胜了人类,但就其本质而言,人工智能就是对人的思维的信息过程的模拟和复制,人工智能的目的就是让计算机这台机器能够像人一样思考.但是到目前为止,我们也仅仅知道这个装在我们天灵盖里面的东西是由上百亿个神经细胞组成的器官,我们对这个东西仍知之甚少,模仿它或许是天底下最困难的事情了,人工智能想真正超越人类似乎还是个未知数.

目前一直致力于脑科学研究的科学家们,试图通过冷冻大脑把大脑神经元和突触的生化连接转化为数据形态保存下来,即所谓意识下载而制造出人造脑、仿人机器人,但目前看来意识的下载在很长一段时间内仍难以实现.但是,没有人能预测科技的发展将造就怎样的未来,五十年或一百年之后人与机器会融合到什么程度,虽然目前还没有答案,但按照当前的发展趋势,人机之间的界限总有一天会渐渐模糊.

3.2　数学思维

思维是人类在长期的社会实践中，在感性认识基础上，借助于词、语言为工具，以知识、经验为中介而实现的. 感觉、知觉、表象属于感性认识，要反映事物的整体、本质、内在规律必须通过思维来实现. 例如，我们对三角形的认识，只知道三角形有三条边、三个角仅仅是对三角形的感性认识，要想进一步揭示三角形的边角关系（正余定理等）、面积公式等，必须借助于思维才能达到对三角形内在规律的认识.

思维过程主要是分析、综合的过程及其派生出来的抽象、概括、比较、分类、判断、推理、具体化和系统化，等等. 用思维来探索与发现事物内部的本质联系和规律性，是认识过程的高级阶段.

概念、命题、判断、推理、证明是不同的思维表现形式. 概念是事物的本质属性在人脑中的反映. 所谓事物的本质属性，就是为同一类事物所共有，并使该类事物区别于他类事物的固有属性. 如函数概念，反映出一次、二次、反比例、指数、对数、三角等函数所共有的本质属性而不涉及彼此不同的具体特征. 反映事物关系的、概念之间的联系称为判断，把两个判断联系起来，从而获得一个新判断的过程，称为推理. 证明是引用一些真实的命题来确定某一命题真实性的思维形式. 人的思维活动是以概念陈述命题的形式而起作用的.

依据不同标准，常见的思维方式或类别有抽象思维（也称逻辑思维）、形象思维、发散思维、灵感思维、逆向思维等.

数学思维是思维的一种. 关于数学思维的定义，不同学者给出了不同解释. 任樟辉在《数学思维理论》中对数学思维的阐述是"数学思维是针对数学活动而言的，它是通过对数学问题的提出、分析、解决、应用和推广等一系列工作，以获得对数学对象（空间形式、数量关系、结构模式）的本质和规律性的认识过程. 这个过程是人脑的意识对数学对象信息的接收、分析、选择、加工与整合. 它既是高级的神经生理活动，也是一种复杂的心理操作. 数学思维与数学知识具有密不可分、互为表里的血肉关系. 数学思维是一种内隐的心智活动，而数学知识是这种活动的外现结果. 平时提到的数学意识、观念以及数学的精神、思想、方法等则是数学思维活动的结晶，或者说是数学思维的宏观概括".

我们认识了数学思维的实质. 思维的产生和发展具有普遍的规律性，但在个体思维活动中，诸多方面又表现出不同的个性特征及差异，这就是思维品质. 数学思维品质包括数学思维的广阔性、灵活性、深刻性、目的性、批判性、创造性. 本节以数学思维的广阔性作为例子说明.

广阔性又称发散性，是指解题过程中思路开阔，善于全面深入考虑问题.体现出思维活动范围广，能从不同方面、不同角度、不同联系思考同一问题，进而得出同一问题的不同解决方案.

解题中我们常见的是一题多解，即用一种办法解题成功后并没有停下脚步，而是乘胜追击，再从另一角度重新审视问题，如可否由变量1转换成变量2、由性质1转换成性质2、由公式1转换成公式2、由数转化到形、由方程转化到函数等，从而得出新的解法.如例：

例 已知 $a>0, b>0$ 且满足 $a+b+3=ab$，求 ab 的最小值.

解法1 由基本不等式 $a>0, b>0$，则 $a+b\geqslant 2\sqrt{ab}$ 得 $ab\geqslant 2\sqrt{ab}+3$，即 $(\sqrt{ab})^2-2\sqrt{ab}-3\geqslant 0$，从而 $\sqrt{ab}\geqslant 3$ 或 $\sqrt{ab}\leqslant -1$（舍）所以 $ab\geqslant 9$，即 $(ab)_{\min}=9$.

解法2 由基本不等式 $a>0, b>0, c>0$，则 $a+b+c\geqslant 3\sqrt[3]{abc}$ 得 $a+b+3\geqslant 3\sqrt[3]{3ab}$，即 $ab\geqslant 3\sqrt[3]{3ab}$，所以 $(ab)^3\geqslant 27\times 3ab$，所以 $ab\geqslant 9$.

解法3 注意到由条件 $a+b+3=ab$，通过变形后可以用一个变量表示另一变量，如 $b=\dfrac{a+3}{a-1}$，于是联想到函数求最值办法，转化为求函数最值问题.于是由 $a+b+3=ab$ 得 $b=\dfrac{a+3}{a-1}$，因 $b=\dfrac{a+3}{a-1}>0$，得 $a>1$，代入构造函数 $f(a)=\dfrac{a^2+3a}{a-1}=\dfrac{(a-1)^2+5(a-1)+4}{a-1}=a-1+\dfrac{4}{a-1}+5\geqslant 9$.

解法4 解法3中构造了函数.观察 $a+b+3=ab$，发现其中含有 $a+b$ 和 ab，联想到一元二次方程的两根和与积，所以有以下构造方程的解法.令 $a+b+3=ab=k$，则 $a+b=k-3, ab=k, a, b$ 应为方程 $t^2-(k-3)t+k=0$ 两个正根，故问题转化为方程根的分布问题.令 $f(t)=t^2-(k-3)t+k$，结合图像有

$$\begin{cases}\Delta=(k-3)^2-4k\geqslant 0\\ \dfrac{k-3}{2}>0\\ f(0)=k>0\end{cases}$$

解得 $ab=k\geqslant 9$.

解法5 解法3通过构造函数，解法4通过构造方程解题，若把思维进一步发散，能否构造两个函数（方程），并依据它们图像（曲线）的位置关系得解呢？令 $a+b+3=ab=k$，设 $f(a)=-a+k-3(k>0)$，$g(a)=\dfrac{k}{a}(k>0)$，则 $f(a)$ 为平行直线系，$g(a)$ 为双曲线一支，则它们必有交点，如图3.3，当相

切时纵截距 $k-3$ 达到最小.

由 $g'(a)=-\frac{k}{a^2}=-1$ 得 $a=\sqrt{k}$，所以切点为 $(\sqrt{k},\sqrt{k})$ 代入 $a+b+3=k$ 得 $2\sqrt{k}+3=k$，此时 $k=9$（也可以由 $-a+k-3=\frac{k}{a}$ 得 $a^2-(k-3)a+k=0$，由 $\Delta=0$ 得到），所以 $ab\geqslant 9$.

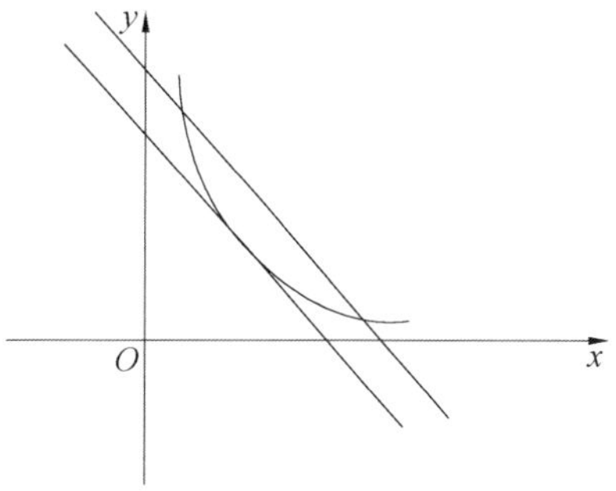

图 3.3

思维的广阔性不仅包括能够探究出多种解法，还包括对问题本身的深刻反思，使问题变成开放题：结论是否可以改变，条件改变会得出怎样的新结论？

变结论 1　已知 $a>0,b>0$ 且满足 $a+b+3=ab$，求 $a+b$ 的最小值.

分析　回顾解法 1，为求 ab 的最小值需要向左强化（缩小）不等式，这里为求 $a+b$ 的最小值则需向右强化（放大）不等式，所以有

$$a+b+3=ab\leqslant\frac{(a+b)^2}{4}$$

所以

$$(a+b)^2-4(a+b)-12\geqslant 0$$

所以 $a+b\geqslant 6$，即 $(a+b)_{\min}=6$.

变结论 2　已知 $a>0,b>0$ 且满足 $a+b+3=ab$，求 $2a+b$ 的最小值.

分析　同上述解法，需要得出以 $2a+b$ 整体为变量的一元二次不等式. 于是

$$2a+b+3=a+ab=a(b+1)$$

$$2(2a+b+3)=2a(b+1)\leqslant\frac{(2a+b+1)^2}{4}$$

所以有

$$(2a+b)^2-6(2a+b)-23\geqslant 0$$

解得 $2a+b\geqslant 3+4\sqrt{2}$. 其中由 $2a=b+1$ 得 $a=1+\sqrt{2}$，$b=1+2\sqrt{2}$ 时，取等号.

变条件 1　已知 $a<0,b<0$ 且满足 $a+b+3=ab$，求 ab 的最大值.

分析　同解法 1，$3-ab=-a-b\geqslant 2\sqrt{ab}$，所以有 $(\sqrt{ab})^2+2\sqrt{ab}-3\leqslant 0$，从而 $0<\sqrt{ab}\leqslant 1$，所以 $ab\leqslant 1$，即 $(ab)_{\max}=1$（此时 $a=b=-1$）.

同理可求 $(a+b)_{\max}=-2$（此时 $a=b=-1$），解略.

变条件 2 已知 $ab<0$ 且满足 $a+b+3=ab$，求 $a+2b$ 的取值范围.

分析 此条件下不等式法不太好用了，用构造函数法试试.

不妨设 $a<0$，$b>0$，因条件 $a+b+3=ab<0$，所以有 $-a>b$，

又 $b=\dfrac{a+3}{a-1}$，由 $b>0$ 得 $\dfrac{a+3}{a-1}>0$，又 $a<0$，所以 $a<-3$，且可验证 $-a>\dfrac{a+3}{a-1}$ 成立. 于是

$$\begin{aligned} a+2b&=a+\frac{2(a+3)}{a-1}\\ &=\frac{a^2+a+6}{a-1}\\ &=\frac{(a-1)^2+3(a-1)+8}{a-1}\\ &=a-1+\frac{8}{a-1}+3 \end{aligned}$$

其中 $h(a)=a-1+\dfrac{8}{a-1}$，在区间 $(-\infty,1-2\sqrt{2})$ 上递增，又 $a<-3$（$-3<1-2\sqrt{2}$），取 $a=-3$ 代入 $a-1+\dfrac{8}{a-1}+3=-3$，所以 $a+2b<-3$，即 $a+2b$ 的取值范围为 $(-\infty,-3)$.

当然思维的广阔性、灵活性、深刻性、目的性、批判性、创造性这六种思维品质之间绝不是彼此孤立的，而是相互交融彼此联系着的. 希望同学们通过思维广阔性品质的训练和培养，能够举一反三以致获得思维品质的整体提升.

3.3 解题思维

从上述解题可以看出，解题过程需要良好的思维品质，而具备良好的数学知识储备是前提，解题过程即是一个信息提取加工及运用的过程. 解题者已储存数学知识量的多少、优劣，先前解题过程中积累的经验多寡，信息提取的顺利与否，是顺利完成解题的先决条件. 已储存的信息、活动经验等，即是数学知识图式或组块.

图式是认知心理学中的一个重要概念. 最初是由康德（Kant，1724—1804）提出的，不同时代的心理学家对图式给出了不同的定义，当代瑞士心理学家皮亚杰（Piaget，1896—1980）认为图式是主体内部的一种动态的、可变的认知结构，即图式就是结构. 个体在发展过程中，通过同化和顺应的方式使个体的图式不断变化、发展和丰富起来. 学习者在数学学习过程中所掌握

的概念、公式、定理、法则、图像、性质、一些重要结论及通过训练形成的解题经验、技能方法等构成了数学认知结构，即是一种数学图式.

什么是知识组块呢？任樟辉在《数学思维理论》中认为“知识组块是知识数量的单位.由于人们在日常生活、工作与学习中经常要解决类似的问题，这些问题的反复出现以及解决它们所用的知识、方法和手段的反复使用，使解决此类问题的知识或方法、手段内部之间的联结加强，形成一个知识单元或组块.”图式是构成知识组块的基本要素.解题过程即是通过对问题的识别、类比、转换等辨认，迅速与有关知识组块进行联结，并整合有关思想方法、解题策略等使问题获得解决的过程.

依据知识组块的功能质量可分为初级知识组块和高级知识组块.显然具备高级知识组块的人解决问题的能力要强.这是由于经过反复训练会使大脑神经环路形成条件反射，使感受器和神经中枢之间形成快速反应的神经机制，即形成问题刺激－检索加工－自动提取－解决问题的自动化单元，即是高级知识组块.高级知识组块因具备快速反应机制从而是初级知识组块的升华版.学习者后天经过大量艰苦训练形成的思维品质、思想方法、经验技能、解题策略，甚至直觉、顿悟、灵感思维等的出现是使快速反应机制得以运行的重要条件.

数学尖子生之所以有较强的解题能力，解题速度快质量高，就是因为组块的反复使用，已趋于自动化形成高级组块，并从显意识转入潜意识贮存，并可随时调用.解题时通过直觉快速反应，短时就可找到解题的思路及方法.如同一个管理有序的图书馆，图书种类齐全、分类科学、摆放有序、层次分明，从而查阅方便快捷.而一个数学普通生，可能是课堂能听懂课下不会做，说明已具备一定初级知识组块，但缺乏足够训练形成的快速反应机制.如同一个仓库，储存有一定数量的物品且摆放分类有序，但使用物品时查找不够方便.而数学课堂干坐生，放弃数学学习很多年，大脑中只有模糊零散的单个知识点，或根本无图式、无组块，如同一个物品杂乱无章随意堆砌的仓库，甚至是仓库里空无一物.如图3.4：

那么到底什么是解题思维呢？

综上所述，解题思维是指在解题过程中通过筛选和提取原有数学知识组块，经过分析、综合、抽象、概括、比较、分类、具体化和系统化等思维过程，使数学问题的条件与结论之间建立合理有序的逻辑关系（证据链），进而书写输出形成解题步骤的心智操作过程.解题过程的本质是积极的思维活动，是数学知识组块、解题活动经验、思想方法、思维策略运用的综合实践过程.这一过程更是不断提出问题、分析问题又不断解决问题的思维过程.

图书馆:高级组块

物品摆放整齐仓库:初级组块

物品杂乱或空仓库:无组块

图 3.4

知识学习过程中,所学到的知识、活动经验及解决问题的方法,因经常使用或反复提炼加工,会形成一个固有图式或组块而储存在大脑中.当我们面对新问题(如一道数学题)时,通常总是先弄清问题,辨识其特征类别,检索和回忆已储存知识组块和解决此问题的经验方法,做出直觉性的理解和判断,即是所谓“模式识别”过程.

通过模式识别把要解决的问题比照以前已经解决过的问题,设法把新问题的分析研究纳入到已有的知识组块或模式中来,把陌生的问题通过适当的变更,划归为熟悉的问题加以解决,即是化生为熟的思维过程.美籍匈牙利数学家波利亚(Polya,1887—1985)在《怎样解题》中所说:

“你以前见过它吗?你是否见过相同的问题而形式稍有不同?你是否知道与此有关的问题?你是否知道一个可能用得上的定理?”

所以说解题思维过程的本质即是一个模式识别过程.下面举例说明.

例 1　已知等差数列$\{a_n\}$中,$a_1=14$,$d=2$,求S_{17}.

分析　易识别这是等差数列求和问题.提取已储存的等差数列求和公式$S_n=na_1+\frac{n(n-1)}{2}d$知识组块及应用经验,直接代公式可得$S_{17}=510$.

若变式 1　已知等差数列$\{a_n\}$中，$a_2=16$，$a_{16}=44$，求S_{17}. 则需利用性质$a_2+a_{16}=a_1+a_{17}$，得$S_{17}=\dfrac{17(a_1+a_{17})}{2}=510$，知识图式、组块水平要求提高了.

若变式 2　已知等差数列$\{a_n\}$中，$a_9=30$，求S_{17}. 则需利用性质$a_1+a_{17}=2a_9$，得$S_{17}=\dfrac{17(a_1+a_{17})}{2}=\dfrac{17\times 2a_9}{2}=510$，知识图式、组块水平要求进一步提高.

可见简单问题对思维水平的要求不高，这一过程中的思维活动，是思维定式的正迁移，是思维定式发挥积极作用的结果. 而面对复杂问题则需调动高级知识组块，甚至运用直觉、顿悟、灵感等创造性思维才能解决.

例 2(2020 年高考山东卷第 21 题)　已知函数$f(x)=ae^{x-1}-\ln x+\ln a$.

(1) 当$a=\mathrm{e}$时，求曲线$y=f(x)$在点$(1,f(1))$处的切线与两坐标轴围成的三角形的面积；

(2) 若$f(x)\geqslant 1$，求a的取值范围.

分析　第一问是常规问题，不难联想求切线问题知识组块，即求导定斜率 — 代值定切点 — 代点斜式定切线 — 定三角形直角边长 — 代面积公式得解(答案：切线方程$(\mathrm{e}-1)x-y+2=0$，面积$\dfrac{2}{\mathrm{e}-1}$).

第二问较难了. 首先要弄清问题，如波利亚在《怎样解题》中所说“未知是什么？已知是什么？条件是什么？把条件的各个部分分开，你能否把它们写下来？”条件是$f(x)\geqslant 1$，即$ae^{x-1}-\ln x+\ln a\geqslant 1(x>0)$，结论是求$a$的取值范围.

以前见过它吗？解过类似的问题吗？快速搜索储存的知识组块：做过类似的问题，但解法记不太清了、导数公式及利用导数研究单调性极值及最值的相关方法、分离变量a转化为恒成立问题及解法、函数单调性及应用、零点存在定理等，但这些图式、组块能否可用于此题还不确定. 但容易想到的着手点就是先构造函数并求导，于是有：

解法 1　设$h(x)=ae^{x-1}-\ln x+\ln a-1(x>0)$，即是当$h(x)\geqslant 0$时，求$a$的取值范围. 求导得$h'(x)=ae^{x-1}-\dfrac{1}{x}(x>0)$，当令导数为零时，会发现需要对实数$a(a>0)$的取值进行讨论，于是有

当$a=1$时，令$h'(x)=0$，则$x=1$，所以，当$x\in(0,1)$，$h'(x)<0$，当$x\in(1,+\infty)$，$h'(x)>0$，所以，当$x=1$时，$h(x)_{\min}=0$，所以$h(x)\geqslant 0$，即$ae^{x-1}-\ln x+\ln a\geqslant 1$；

当 $a>1$ 时,因为 $h''(x)=ae^{x-1}+\frac{1}{x^2}$(称为二阶导数)$>0(x>0)$ 恒成立,所以 $h'(x)=ae^{x-1}-\frac{1}{x}$ 在区间 $(0,+\infty)$ 上单调递增,又 $\frac{1}{a}<1$,$h'\left(\frac{1}{a}\right)h'(1)=(ae^{\frac{1}{a}-1}-a)(a-1)<0$,所以存在唯一 $x_0\in(0,1)$ 使 $h'(x_0)=ae^{x_0-1}-\frac{1}{x_0}=0$,又 $\ln a+x_0-1=-\ln x_0$,所以 $x\in(0,x_0)$ 时,$h'(x)<0$,当 $x\in(x_0,+\infty)$ 时,$h'(x)>0$,所以

$$\begin{aligned} h(x)_{\min}&=h(x_0)=ae^{x_0-1}-\ln x_0+\ln a-1\\ &=\frac{1}{x_0}+\ln a+x_0-1+\ln a-1\\ &=\frac{1}{x_0}+x_0+2\ln a-2\quad(x_0\neq 1)\\ &>2\ln a>0 \end{aligned}$$

所以 $h(x)>0$,即 $ae^{x-1}-\ln x+\ln a>1$;

当 $0<a<1$ 时,$h(a)=ae^{a-1}-1<0$.

综上,实数 a 的取值范围 $[1,+\infty)$.

上述解法较麻烦,注意当 $a>1$ 时,$ae^{x-1}>e^{x-1}$,则有以下解法:

解法 2 当 $0<a<1$ 时,$f(1)=a+\ln a<1$;

当 $a=1$ 时,$f(x)=e^{x-1}-\ln x$,$f'(x)=e^{x-1}-\frac{1}{x}$.所以,当 $x\in(0,1)$ 时,$f'(x)<0$,当 $x\in(1,+\infty)$ 时,$f'(x)>0$.所以 $f(x)_{\min}=f(1)=1$,从而 $f(x)\geqslant 1$;

当 $a>1$ 时,$f(x)=ae^{x-1}-\ln x+\ln a>e^{x-1}-\ln x\geqslant 1$,即 $f(x)>1$.

综上,a 的取值范围是 $[1,+\infty)$.

中学生解题不同于科学家的发明创造,但谁能说在这一过程中没有灵感和创造性思维的闪现呢?注意到在我们大脑知识库中还有如数学思想(化归转化等)、数学方法(构造法等)、解题策略(进退互化等)、恒等式 $a=e^{\ln a}$、超越不等式 $e^x\geqslant x+1(x\geqslant\ln(x+1)(x>-1),x-1\geqslant\ln x\ (x>0))$ 及应用等组块的储存.波利亚在《怎样解题》中还说"你能不能从已知数据导出某些有用的东西?你能不能想出适合于确定未知数的其他数据?"于是,把条件化成 $ae^{x-1}+\ln a-1\geqslant\ln x$,$ae^{x-1}-1\geqslant\ln x-\ln a$ 等形式,再重新审视,看没有新发现产生新解法?

解法 3 条件变形为 $ae^{x-1}+\ln a-1\geqslant\ln x$,再把 a 用 $e^{\ln a}$ 代换,以求得与式中 $\ln a$ 统一,这也是一种发现差异并消除差异的思维策略(即差异分析策

略，见第 4 章 4.1 节)，得 $e^{\ln a}e^{x-1}+\ln a-1\geqslant\ln x$，即 $e^{\ln a+x-1}+\ln a-1\geqslant\ln x$，两边同加 x 再次消除差异得 $e^{\ln a+x-1}+\ln a+x-1\geqslant\ln x+x$，注意如能把 $\ln x+x$ 化成 $e^{\ln x}+\ln x$，这样就会发现一个函数 $h(x)=e^x+x$ 浮出了水面，其实以上变化的目的也在于为构造出函数 $h(x)$(构造法见下节)，且其显然为增函数. 式子 $e^{\ln a+x-1}+\ln a+x-1\geqslant e^{\ln x}+\ln x$ 即 $h(\ln a+x-1)\geqslant h(\ln x)$，由单调性得 $\ln a+x-1\geqslant\ln x$，分离变量得 $\ln a\geqslant-(x-1-\ln x)$，注意到其中不等式 $x-1\geqslant\ln x\ (x>0)$ 成立，即 $[-(x-1-\ln x)]_{\max}=0$，所以 $\ln a\geqslant 0$，得 $a\geqslant 1$，即 a 的取值范围为 $[1,+\infty)$.

变化出不等式 $e^{\ln a+x-1}+\ln a+x-1\geqslant e^{\ln x}+\ln x$ 是需要智慧的，我们都曾有过这样的经历，长时间苦思冥想一道题，甚至吃饭、走路、睡觉(潜意识中进行)也未停止，直至在某一时刻突发灵感而找到解题突破口.

例 3　已知函数 $f(x)=a_0+a_1x+a_2x^2+\cdots+a_nx^n(n\in\mathbf{N}^*)$，且 $y=f(x)$ 的图像经过点 $(1,n^2)$，数列 $\{a_n\}$ 为等差数列.

(1) 求数列 $\{a_n\}$ 的通项公式；

(2) 当 n 为奇数时，设 $g(x)=\frac{1}{2}[f(x)-f(-x)]$，是否存在自然数 m 和 M，使不等式 $m<g\left(\frac{1}{2}\right)<M$ 恒成立？若存在，求出 $M-m$ 的最小值；若不存在，请说明理由.

分析　这是一道函数、数列、不等式综合题. 弄清题意后，调动数列通项公式、错位求和法、函数单调性等知识组块不难解决.

(1) 其实是数列题，只不过披了一件函数的外衣. 因是等差数列，所以先确定基本量首项和公差，常规做法不难解决.

由题意，$f(1)=n^2$，即

$$a_0+a_1+a_2+\cdots+a_n=n^2$$

令 $n=1$，$a_0+a_1=1$，所以

$$a_1=1-a_0$$

令 $n=2$，$a_0+a_1+a_2=4$，所以

$$a_2=4-(a_0+a_1)=3$$

令 $n=3$，$a_0+a_1+a_2+a_3=9$，所以

$$a_3=9-(a_0+a_1+a_2)=5$$

因为 $\{a_n\}$ 为等差数列，所以 $d=a_3-a_2=2$，$a_1=3-2=1$，所以 $a_n=2n-1$.

(2) 据 $g(x)$ 定义先确定其表达式，即是一个多项式函数. 代入 $\frac{1}{2}$ 及利用

通项公式确定项的系数,后会发现其是 $c_n=a_nb_n$(其中数列$\{a_n\}$为等差$\{b_n\}$为等比)型数列,则和用错位求和法可求和,再定其取值范围.

由(1)知 $a_0=0$, $f(x)=a_1x+a_2x^2+\cdots+a_nx^n$,因为 n 为奇数,所以

$$f(-x)=-a_1x+a_2x^2-a_3x^3+\cdots+a_{n-1}x^{n-1}-a_nx^n$$

$$g(x)=\frac{1}{2}[f(x)-f(-x)]=a_1x+a_3x^3+a_5x^5+\cdots+a_nx^n$$

$$g\left(\frac{1}{2}\right)=\left(\frac{1}{2}\right)+5\left(\frac{1}{2}\right)^3+9\left(\frac{1}{2}\right)^5+\cdots+(2n-5)\cdot\left(\frac{1}{2}\right)^{n-2}+(2n-1)\left(\frac{1}{2}\right)^n$$

利用错位求和法得

$$g\left(\frac{1}{2}\right)=\frac{14}{9}-\frac{13}{9}\cdot\left(\frac{1}{2}\right)^n-\frac{2}{3}n\cdot\left(\frac{1}{2}\right)^n$$

构造

$$h(n)=-\frac{2n}{3}\left(\frac{1}{2}\right)^n$$

$$h'(n)=-\frac{2}{3}\left(\frac{1}{2}\right)^n-\frac{2n}{3}\left(\frac{1}{2}\right)^n\ln\frac{1}{2}$$

$$=\frac{2}{3}(n\ln 2-1)\left(\frac{1}{2}\right)^n$$

当 $n=1$ 时,$h'(n)<0$,当 $n\geqslant 2$ 时,$h'(n)>0$,所以 $h(n)$ 当 $n\geqslant 2$ 时为增函数,又 $h(1)=h(2)$,$\varphi(n)=-\frac{13}{9}\left(\frac{1}{2}\right)^n$,当 $n\in\mathbf{N}^*$ 时为增函数,所以 $g\left(\frac{1}{2}\right)$ 为 $\mathbf{N}^*$ 上增函数,当 $n=1$ 时,$g\left(\frac{1}{2}\right)_{\min}=\frac{1}{2}$,而

$$\frac{14}{9}-\frac{13}{9}\left(\frac{1}{2}\right)^n-\frac{2}{3}n\cdot\left(\frac{1}{2}\right)^n<\frac{14}{9}$$

所以

$$\frac{1}{2}\leqslant g\left(\frac{1}{2}\right)<\frac{14}{9}$$

所以使 $m<g\left(\frac{1}{2}\right)<M$ 恒成立的自然数 m 的最大值为 0,M 的最小值为 2,所以 $M-m$ 的最小值为 2.

数学是思维的体操,更是思想方法的哲学,解题过程当然离不开数学思想、方法及策略的运用. 下面将对数学思想、数学方法、解题策略等做一些探讨.

3.4 解题思想与方法

思想在哲学中称为观念,是客观事物在意识中的反映,这种反映是指人们

对客观事物的理性认识.数学思想是指现实世界的空间形式和数量关系反映到人们的意识之中，经过思维活动而产生的结果.数学思想就是数学观念，是人们对数学问题(事实和理论)的理性及本质认识.数学思想包括：化归与转化思想、函数与方程思想、数形结合思想、分类与整合思想、特殊与一般思想、整体思想、有限与无限思想、或然与必然思想等，化归与转化思想是其他数学思想的基础.思想是数学的灵魂，当你多少年后忘却了数学中学过的概念、公式、定理、法则、图式、组块等，但数学的思想及方法仍深深地植根于你的脑海里，已融入你的血脉中，已成为你素养的一部分，这就是你多年寒窗苦读数学的意义.

所谓方法，是指人们为了达到某种目的而采取的手段、途径和行为方式中所包含的可操作的规则或模式.数学方法是指在某种思想的指导下解决一类数学问题而采取的手段、途径、规则和模式.数学方法包括：待定系数法、换元法、判别式法、构造法、配方法、反证法、参数法、数形结合法、数学归纳法等.

数学思想与方法既有联系又有区别.数学思想是数学方法的统帅，是观念层面的，方法是具体实施策略，是操作层面的.方法是在思想的指导下解决某一类问题的具体程序，它们的区别在于是否具有明显的操作程序.

思想和方法是比数学陈述性知识更高一个层次的东西，有时我们也统称它们为数学思想方法，如数形结合思想同时也是一种数学方法.而从数学自身发展的角度看它们是一个整体，互为基础交错发展.数学思想方法也当然是高级知识组块的组成部分，是其中起指导及操作作用的部分.

关于数学思想和方法的应用举例，在各类书籍及练习册中会经常见到.本节分别以整体思想及构造法为例说明其在解题中的应用.

1.整体思想

整体思想是指从问题的整体性质出发，突出对问题的整体结构的分析和改造，发现问题的整体结构特征，善于用“集成”的眼光，把某些式子或图形看成一个整体，把握它们之间的关联，进行有目的的、有意识的整体处理.

整体思想解决问题时的思维活动具有抽象思维又有形象思维的特征.面对问题时，通过观察问题的特征，如量的关系及大小、图形位置及属性、结构特征及模式等，展开联想、分析、综合、归纳、类比，从中抽象出问题的整体特征或本质属性，进而化归问题的角度，从更高层面或角度使问题获得解决.整体代入、叠加叠乘处理、整体运算、整体设元、整体配对、立体几何中的补形等都是整体思想方法在解数学问题中的具体运用.如求复合三角函数 $y=2\sin\left(3x-\frac{\pi}{4}\right)$ 的单调区间时，就是把内函数 $u=3x-\frac{\pi}{4}$ 作为一个整体代入到

$y=\sin x$ 的单调区间；在已知数列递推公式的前提下求通项公式时常用的累加累乘法等.

例 1 如图 3.5，已知三棱锥 $P-ABC$ 中的三组相对棱长分别分 $PA=BC=4$，$PB=AC=\sqrt{7}$，$PC=AB=\sqrt{33}$，求此三棱锥外接球的体积.

分析 这是一个立体几何中的补形问题.联想长方体中面对角线相等的性质，此题三组相对棱可看成长方体的三组相对面对角线.进而用整体思想把三棱锥补成一个长方体，而此时三棱锥与长方体的外接球是同一个.

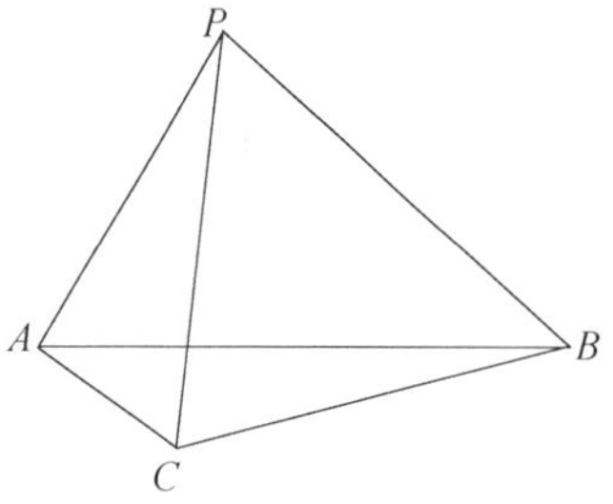

(a)

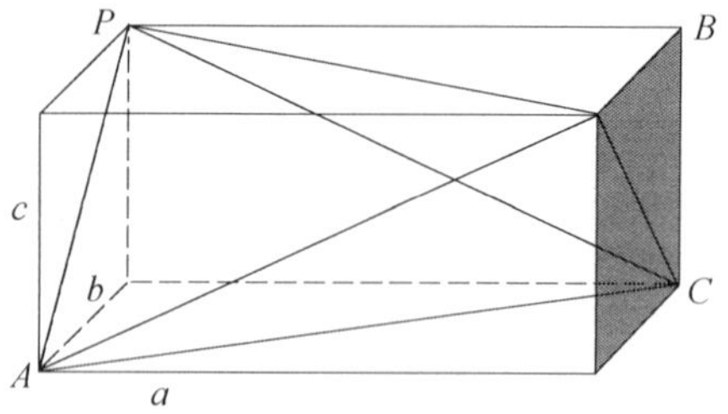

(b)

图 3.5

所以有解法得：设长方体从同一顶点出发的三条棱长分别为 a,b,c，则有

$$\begin{cases}a^2+b^2=7\\b^2+c^2=16\\a^2+c^2=33\end{cases}$$

所以 $a^2+b^2+c^2=28$，从而长方体的体对角线长即外接圆直径为 $2\sqrt{7}$，半径为 $\sqrt{7}$，代入体积公式得 $V_{外接球}=\frac{28\sqrt{7}\pi}{3}$.

例 2 求 $\sin^2 220°+\cos^2 250°+\sin 20°\cdot\cos 50°$ 的值.

分析 原三角函数式为齐次式，没有特殊角，直接计算较难.若把原式看成一个整体，联想构造出其对偶式 $\cos^2 220°+\sin^2 250°+\cos 20\cdot\sin 50°$，与原式构成整体配对，并进行整体上的加减运算.

解 设 $x=\sin^2 220°+\cos^2 250°+\sin 20°\cdot\cos 50°$

$y=\cos^2 220°+\sin^2 250°+\cos 20\cdot\sin 50°$

所以

$$x+y=2+\sin 70° \quad ①$$

$$x-y=\cos 500°-\cos 440°-\frac{1}{2}$$

$$=-(\cos 40°+\cos 80°)-\frac{1}{2}$$

$$=-2\cos 60^\circ\cos 20^\circ-\frac{1}{2}$$

$$=-\sin 70^\circ-\frac{1}{2} \qquad ②$$

式①+②得

$$x=\frac{3}{4}$$

(其中 $\cos 40^\circ+\cos 80^\circ$ 用和差化积公式及诱导公式得 $\cos 40^\circ+\cos 80^\circ=2\cos\frac{40^\circ+80^\circ}{2}\cos\frac{40^\circ-80^\circ}{2}=\sin 70^\circ$.)

2.构造法

构造法是指当解决某些数学问题使用通常方法按照定向思维难以解决时,应根据题设条件和结论的特征、性质,从新的角度,用新的观点去观察、分析、解释对象,抓住反映问题的条件与结论之间的内在联系,在思维中构造出满足条件或结论的新的数学对象,从而使原问题中隐含的关系和性质在新构造的数学对象中清晰地展现出来,并借助该数学对象方便快捷地解决数学问题的方法.

构造法解决问题的活动是一种创造性的思维活动,具有发散思维的特点.其关键是借助对问题特征的敏锐观察,展开多方向、多角度丰富的联想,通过观察、分析、推理、联想,构造出满足条件的新的数学对象,或构造出一种新的问题形式使原问题获得解决.用构造法解题时,因问题条件的不同特征,可构造函数、方程、数列、图形曲线及其位置等不同数学对象,而使问题转化变更得解.

例1　证明不等式 $\frac{\ln 2}{3}+\frac{\ln 3}{4}+\cdots+\frac{\ln n}{n+1}<\frac{n(n-1)}{4}(n\in\mathbf{N}^*,n>1)$.

分析　这是一个与自然数有关的不等式证明问题.用常用的不等式证明的分析法、综合法、反证法、数学归纳法等方法较难完成.由于不等式中出现了自然对数,联想到通过构造函数 $f(x)=x-1-\ln x(x>0)$,并证明不等式 $x-1\geqslant\ln x(x>0$ 当 $x=1$ 取等号)成立.

于是,当 $x>1$ 时,$\ln x<x-1$,取 $x=n^2(n>1)$,则 $\ln n^2<n^2-1$,所以

$$2\ln n<n^2-1=(n+1)(n-1)$$

所以

$$\frac{\ln n}{n+1}<\frac{1}{2}(n-1)$$

所以

$$\frac{\ln 2}{3}<\frac{1}{2}(2-1),\frac{\ln 3}{4}<\frac{1}{2}(3-1),\cdots,\frac{\ln n}{n+1}<\frac{1}{2}(n-1)$$

两边分别相加得$\frac{\ln 2}{3}+\frac{\ln 3}{4}+\cdots+\frac{\ln n}{n+1}<\frac{n(n-1)}{4}(n\in \mathbf{N}^*,n>1)$，证毕.

例 2 若$\frac{\sin\theta}{a^2-1}=\frac{\cos\theta}{2a\sin 2\varphi}=\frac{1}{a^2+2a\cos 2\varphi+1}$，求证：$\sin\theta=\frac{a^2-1}{a^2+1}$.

分析 此题条件能否让你联想到"两直线重合时系数比相等"的性质，于是构造两重合直线几何模型. 设两重合直线分别为：$l_1:x\cos\theta+y\sin\theta=1$，$l_2:2ax\sin 2\varphi+(a^2-1)y=a^2+2a\cos 2\varphi+1$. 从 l_1 看到单位圆圆心到 l_1 的距离恰为半径 1，所以它是单位圆的切线，故 l_2 也为此单位圆的切线，于是有

$$\frac{|a^2+2a\cos 2\varphi+1|}{\sqrt{(2a\sin 2\varphi)^2+(a^2-1)^2}}=1$$

所以

$$(a^2+2a\cos 2\varphi+1)^2=\left(\sqrt{(2a\sin 2\varphi)^2+(a^2-1)^2}\right)^2$$

$$a^4+4a^2\cos^2 2\varphi+1+4a^3\cos 2\varphi+2a^2+4a\cos 2\varphi=4a^2\sin^2 2\varphi+a^4-2a^2+1$$

化简得 $a^2\cos 2\varphi+2a\cos^2 2\varphi+\cos 2\varphi=0$，即 $\cos 2\varphi(a^2+2a\cos 2\varphi+1)=0$，因为 $a^2+2a\cos 2\varphi+1\geqslant 0$，所以 $\cos 2\varphi=0$，代回条件得$\frac{\sin\theta}{a^2-1}=\frac{1}{a^2+1}$，即 $\sin\theta=\frac{a^2-1}{a^2+1}$.

3.5 解题策略

解题策略是指为了实现解题目标采取的方法，它体现了选择的机智和组合的艺术，常用的有模式识别、差异分析、进退互化、动静转化、数形结合、分合并用、正反相辅、化虚为实等.

解题策略即是解题过程中的一种思维策略，数学思维策略是指在解决数学问题、发现数学知识的过程中所采取的总体思路，是带有原则性的思想方法，是主体接触问题或目标后的思维决策选择. 另一方面，数学思维策略是对数学思维方式运用的原则概括. 它既能指引思维方式的灵活运用，是抽象思维、逻辑思维、形象思维、构造思维等的有效运用，又能统帅各种具体的解题方法与技巧.

本节只以进退互化为例说明解题策略的应用.

先讲一个故事：从前有一个又穷又愚的人，在一夕之间突然富了起来. 但

有了钱后，他却不知道如何处理这些钱.

他向一位和尚诉苦，这位和尚开导他说："你一向贫穷，没有智慧，现在有了钱，不算贫穷了，可是依然没有智慧. 我劝你进城去，那里有大智慧的人不少，你出百两银子，就会教你智慧之法." 那人就进了城，逢人便问哪里有智慧可买.

有位哲人告诉他："你倘若遇到疑难的事，且不要急着处理，可先朝前走七步，然后再后退七步，这样进退三次，智慧便来了.""'智慧'就这么简单吗？"那人听了将信将疑. 当天夜里回家，推门进屋，昏暗中发现妻子居然与人同眠，顿时怒起，拔出刀来就要砍下.

这时他忽然想起白天买的智慧来，心想：何不试试？

于是，他前进七步，后退七步，又前进七步，然后，点亮了灯再看时，竟然发现那与妻子同眠者原是自己的母亲.

正因这"进退"的智慧才避免了一场大祸！ 古语有"捭阖有度，进退自如"，"忍一时风平浪静，退一步海阔天空"等，都体现出中国古代讲究审时度势、道法自然、天人合一的处世智慧.

我们把进退哲学智慧引入数学解题，则称为进退互化策略. 是指在解题过程中通过挖掘原问题的一般或特殊情形，把原问题的解进退转化为一般问题或特殊问题的解，进而得到原问题解的一种解题思维策略. 进退过程包括以进求退、以退求进两种形式. 以进求退即向前寻求此问题的一般结论而演绎得出具体的或特殊问题（即此问题）的结论，从而使此问题（即为具体的或特殊问题）得解；以退求进即后退探求此问题特殊情形的结论进而推广得出一般问题（即此问题）的结论，从而使此问题（即为一般问题）得解.

我国数学家华罗庚说："先足够的退到我们所容易看清楚的地方，认透了，钻深了，然后再上去." 波利亚在他的《怎样解题》中说"你能不能想出一个更容易着手的有关问题？一个更普遍的问题？一个更特殊的问题？一个类比的问题？你能否解决这个问题的一部分……"

运用进退互化策略解题时，关键是后退的艺术，"以退求进"，退的方式有：由一般退到特殊、由抽象退到具体、由整体退到局部、从高维退到低维等. 前进时则采用相反的方向，"以进求退"，强调的是进，如由特殊推进到一般等.

运用进退互化策略解题时，要用到化归、类比、归纳、演绎、联想、构造、递推、放缩等具体思维方式或方法.

1. 一般退到特殊策略

例 1　证明方程 $x-2y+1+\lambda(x+y-2)=0$ 表示的曲线恒过定点.

分析　此题不难据已有关于过定点直线系方程的认知，联立方程组 $\begin{cases}x-2y+1=0\\x+y-2=0\end{cases}$ 得交点(1,1)即为曲线所过定点.

但问题若是：证明无论 m,n 为何实数，方程

$$x^2+y^2-2mx-2ny+4(m-n-2)=0$$

所表示的曲线恒过定点，并求此定点.

分析　解法的关键是寻找定点存在的事实，退到特殊：

令 $m=n=0$，得 $x^2+y^2=8$，再令 $m=0,n=1$，得 $x^2+y^2-2y-12=0$，联立求交点得 $(2,-2)$，$(-2,-2)$ 即为定点.

例 2　已知双曲线 $\frac{x^2}{a^2}-\frac{y^2}{b^2}=1\ (a>0,b>0)$ 上一点 C，过双曲线中心的直线交双曲线于 A,B 两点，记直线 AC,BC 的斜率分别为 k_1,k_2，当 $\frac{2}{k_1k_2}+\ln|k_1|+\ln|k_2|$ 取最小值时，双曲线离心率为________.

分析　让处于一般位置的 A,B 两点退为双曲线的左右顶点，则 $A(-a,0)$，$B(a,0)$，设点 $C(x,y)$，则

$$k_{AC}=k_1=\frac{y}{x+a},k_{BC}=k_2=\frac{y}{x-a}$$

$$k_1k_2=\frac{y}{x+a}\cdot\frac{y}{x-a}=\frac{y^2}{x^2-a^2}$$

又点 C 坐标满足双曲线方程 $\frac{x^2}{a^2}-\frac{y^2}{b^2}=1$，得

$$y^2=b^2\left(\frac{x^2}{a^2}-1\right)=\frac{b^2}{a^2}(x^2-a^2)$$

代入上式得

$$k_1k_2=\frac{b^2}{a^2}$$

又

$$\begin{aligned}&\frac{2}{k_1k_2}+\ln|k_1|+\ln|k_2|\\=&\frac{2}{k_1k_2}+\ln(k_1k_2)\quad(k_1k_2>0)\end{aligned}$$

构造函数 $h(x)=\frac{2}{x}+\ln x(x>0)$，求导得 $h'(x)=\frac{x-2}{x^2}$，进而得 $x=2$ 是函数的极小值点. 所以，当 $k_1k_2=\frac{b^2}{a^2}=2$ 时，可求得离心率 $e=\sqrt{3}$.

其实我们有一般结论：若点 P 为双曲线上任意一点(不在 x 轴上)，过原点

O 作直线 AB 交双曲线于点 A,B，且直线 PA,PB 的斜率都存在，分别为 k_1，k_2，则 $k_1 \cdot k_2$ 为定值$\dfrac{b^2}{a^2}$. 如能记住此结论此题也可以直接得出 $k_1 \cdot k_2$ 的值.

如：直线 $y=kx$ 交双曲线C：$\dfrac{x^2}{4}-\dfrac{y^2}{3}=1$ 于 A,B 两点，P 为双曲线C 上异于 A,B 的任意一点，则直线 PA,PB 的斜率之积为　（ B ）

A. $\dfrac{4}{3}$　　B. $\dfrac{3}{4}$　　C. $\dfrac{2\sqrt{3}}{3}$　　D. $\dfrac{\sqrt{3}}{2}$

例 3　在正方体 AC_1 中，对角线 A_1C 上一线段 $PQ=1$，$AB=2$，求三棱锥 $P-BDQ$ 的体积.

分析　P,Q 位置没有具体限定，它只要满足在直线 A_1C 上且 $PQ=1$，所以只要选取 Q(或 P) 退到特殊位置处即 C(或 A_1) 点即可.

解　如图 3.6：

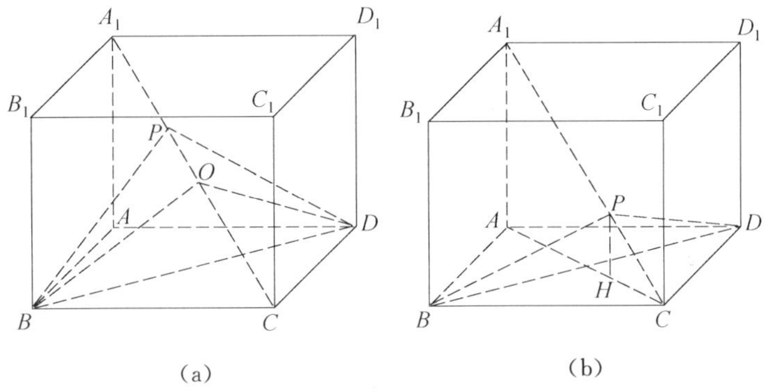

图 3.6

$$V_{P-BDQ}=V_{P-BDC}=\frac{1}{3}S_{\triangle BCD}h, S_{\triangle BCD}=\frac{1}{2}BC\cdot CD=\frac{1}{2}\times 2\times 2=2$$

联结 AC，过 P 作 $PH\perp AC$，则 $PH=h$，而

$$\frac{PH}{A_1A}=\frac{PQ}{A_1C}$$

$$\Rightarrow PH=\frac{PQ}{A_1C}\times A_1A=\frac{1}{2\sqrt{3}}\times 2=\frac{\sqrt{3}}{3}$$

（或者在 Rt$\triangle PHC$ 中，$PH=PC\sin\angle PCH=\dfrac{2}{2\sqrt{3}}=\dfrac{\sqrt{3}}{3}$），所以 $V_{P-BDQ}=\dfrac{2\sqrt{3}}{9}$.

其实一般到特殊的策略即我们平时所说的特殊值、特殊位置、特殊函数、特殊数列法.

2. 特殊进到一般策略

例 1　比较 $a=3.7^{0.37}$，$b=0.37^{3.7}$，$c=\log_{3.7}0.37$ 的大小.

分析　由于前两个数是指数幂、后一个数为对数，于是考虑到更一般的问题，即联想指数函数 $y=3.7^x$，$y=0.37^x$ 与对数函数 $y=\log_{3.7}x$，由于 $x>0$ 时，$3.7^x>1$，$0<0.37^x<1$，所以 $3.7^{0.37}>0.37^{3.7}$. 而 $0<x<1$ 时，$\log_{3.7}x<0$，于是 $\log_{3.7}0.37<0$，综上 $a>b>c$.

例 2（2019 年清华大学中学生标准学术能力诊断性测试）　设函数 $f(x)=ax^3+bx^2+cx+d(a\neq 0)$. 若 $0<2f(2)=3f(3)=4f(4)<1$，则 $f(1)+f(5)$ 的取值范围是　　(　　)

A. $(0,1)$　　B. $(1,2)$　　C. $(2,3)$　　D. $(3,4)$

分析　此问题较难. 调取原有知识组块、解题策略、思想方法、常用思维定式，遇到连等式时不妨用换元，设 $2f(2)=3f(3)=4f(4)=k$，$(0<k<1)$，由特殊进到一般情形，即 2，3，4 均为一元四次方程 $xf(x)-k=0$ 的根，又类比二次(多项式)函数的交点式解析式 $f(x)=a(x-x_1)(x-x_2)$，构造一元四次多项式函数 $xf(x)-k=a(x-2)(x-3)(x-4)(x-t)$，$(k\in(0,1)$，$t\in\mathbf{R})$

取 $x=1$，得

$$f(1)=-6a(1-t)+k \tag{①}$$

取 $x=5$，得

$$5f(5)=6a(5-t)+k \tag{②}$$

①×5+② 得

$$5[f(1)+f(5)]=-30a(1-t)+6a(5-t)+6k=24at+6k$$

再取 $x=0$，得 $k=-24at$，代入得 $f(1)+f(5)=k$，又 $0<k<1$，所以选 A.

例 3　如图 3.7，已知抛物线 $C_1:x^2=2py$ 的焦点在抛物线 $C_2:y=\dfrac{1}{2}x^2+1$ 上，点 P 是抛物线 C_1 上的动点.

(1) 求抛物线 C_1 的方程及其准线方程；

(2) 过点 P 作抛物线 C_2 的两条切线，M，N 分别为两个切点，设点 P 到直线 MN 的距离为 d，求 d 的最小值.

分析　这是一道解析几何直线与抛物线位置关系综合题. 第一问，据题意，抛物线 C_2 顶点即为抛物线 C_1 的焦点，所以 $\dfrac{p}{2}=1$，$p=2$，所以 C_1 的方程为 $x^2=4y$. 第二问有些难度，难点一：这是一个求最值问题；难点二：这是一个求点线距离的最值问题，但点和线都是变化的；难点三：由于点线的变化，导致代入距离公式时变量太多；难点四：怎样才能减少变量，把距离 d 表示为某个自

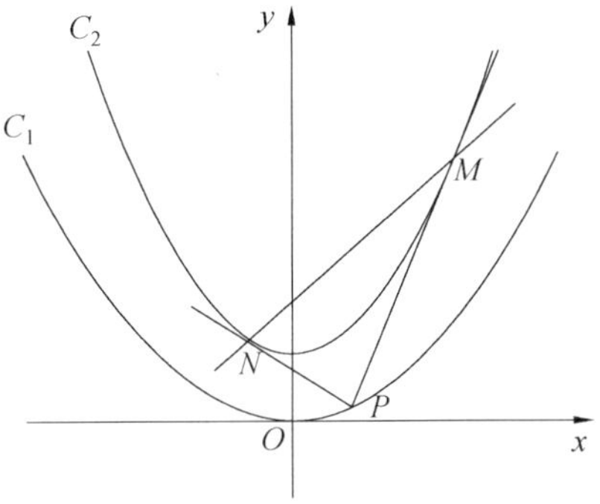

图 3.7

变量的函数，进而用求函数最值的方法解决最值；难点五：直线 MN 方程如何确定，是否具备用点斜式、斜截式或两点式的条件；难点六：点 P 的坐标如何设？

回忆调动原有知识组块和解题经验，对问题进行模式识别，并给自己提出以下问题（波利亚的《怎样解题》）：

"你以前见过它吗？你是否见过相同的问题而形式稍有不同？

你是否知道与此有关的问题？

你能不能想出一个更容易着手的有关问题？一个更普遍的问题？一个更特殊的问题？"

……

尝试摸索着前进，设点 $P\left(t,\frac{t^2}{4}\right)$（这种设法好在坐标统一用一个变量表示，这也是已有的经验做法），为确定直线 MN 方程需要设点 $M(x_1,y_1)$，$N(x_2,y_2)$. 又点 M,N 是由过点 P 的直线与抛物线相切得出的切点，则需确定两条切线方程，于是对 $y=\frac{1}{2}x^2+1$ 求导得切线斜率 $k=f'(x)=x$，得切线 PM 方程：

$y-y_1=x_1(x-x_1)$，代入点 $P\left(t,\frac{t^2}{4}\right)$，及 $y_1=\frac{1}{2}x_1^2+1$ 整理得

$$t^2-4x_1t+2x_1^2-4=0 \quad ①$$

切线 PN 方程为 $y-y_2=x_2(x-x_2)$，代入点 $P\left(t,\frac{t^2}{4}\right)$，及 $y_2=\frac{1}{2}x_2^2+1$ 整理得

$$t^2-4x_2t+2x_2^2-4=0 \quad ②$$

问题来了，式 ① 和式 ② 意义何在？下一步怎么走？

“如果需要的话，你能不能改变未知数或数据，或者二者都改变，……？”

尝试变换一下主元得 $2x_1^2-4x_1t+t^2-4=0$，$2x_2^2-4x_2t+t^2-4=0$，这样会发现这是两个根 x_1，x_2 代入一元二次方程 $2x^2-4xt+t^2-4=0$ 后的结果，即推进到了一般得到二次方程 $2x^2-4xt+t^2-4=0$，但还不是直线 MN 方程，那如何确定直线 MN 方程呢？想到用点斜式：

取点 $M\left(x_1,\frac{1}{2}x_1^2+1\right)$，又 $k_{MN}=\frac{y_2-y_1}{x_2-x_1}=\frac{\frac{1}{2}x_2^2+1-\left(\frac{1}{2}x_1^2+1\right)}{x_2-x_1}=\frac{1}{2}(x_1+x_2)$，所以直线 MN 方程为

$$y-\left(\frac{1}{2}x_1^2+1\right)=\frac{1}{2}(x_1+x_2)(x-x_1)$$

由韦达定理得 $x_1+x_2=2t$，$x_1x_2=\frac{t^2-4}{2}$，代入整理得 $tx-y-\frac{t^2}{4}+2=0$，此即为直线 MN 方程．于是

$$\begin{aligned}d&=\frac{\left|t^2-\frac{t^2}{4}-\frac{t^2}{4}+2\right|}{\sqrt{t^2+1}}\\&=\frac{\frac{1}{2}\mid t^2+4\mid}{\sqrt{t^2+1}}\\&=\frac{1}{2}\sqrt{\frac{(t^2+4)^2}{t^2+1}}\\&=\frac{1}{2}\sqrt{\frac{(t^2+1)^2+6(t^2+1)+9}{t^2+1}}\end{aligned}$$

（凑出可用基本不等式的形式）

$$\begin{aligned}&=\frac{1}{2}\sqrt{t^2+1+\frac{9}{t^2+1}+6}\\&\geqslant\frac{1}{2}\sqrt{6+6}=\sqrt{3}\end{aligned}$$

（当 $t=\pm\sqrt{2}$ 取等号），即 d 最小值为$\sqrt{3}$，此时点 $P\left(\pm\sqrt{2},\frac{1}{2}\right)$．

解题中由两点坐标满足的方程推进到一般方程的例子，再如求两圆 C_1：$x^2+y^2-4=0$ 与圆 C_2：$x^2+y^2-4x+4y-12=0$ 相交弦所在直线的方程．

分析　设两圆交点坐标为 $M(x_1,y_1)$，$N(x_2,y_2)$，分别代入两圆的方程得

$$x_1^2+y_1^2-4=0$$

和

$$x_1^2+y_1^2-4x_1+4y_1-12=0 \tag{*}$$

$$x_2^2+y_2^2-4=0$$

和

$$x_2^2+y_2^2-4x_2+4y_2-12=0 \tag{**}$$

把(*),(**)两边分别相减得 $x_1-y_1+2=0$ 和 $x_2-y_2+2=0$,推广到一般,此即为 $M(x_1,y_1)$,$N(x_2,y_2)$ 两点确定的直线方程 $x-y+2=0$,即相交弦 MN 所在直线的方程.

受此题及解法启发,上例 3 的(2) 的另解如下:

解　由(1) 得 C_1 的方程为 $x^2=4y$. 设点 $P\left(t,\frac{t^2}{4}\right)$,$M(x_1,y_1)$,$N(x_2,y_2)$,对 $y=\frac{1}{2}x^2+1$ 求导得切线斜率 $k=f'(x)=x$,并取点 $P\left(t,\frac{t^2}{4}\right)$ 得切线 PM,PN 方程分别为 $y-\frac{t^2}{4}=x_1(x-t)$,$y-\frac{t^2}{4}=x_2(x-t)$,分别代入点 M,N 坐标得

$$y_1-\frac{t^2}{4}=x_1(x_1-t),y_2-\frac{t^2}{4}=x_2(x_2-t)$$

即

$$x_1t+y_1-\frac{t^2}{4}-x_1^2=0$$

$$x_2t+y_2-\frac{t^2}{4}-x_2^2=0$$

其中 $x_1^2=2y_1-2$,$x_2^2=2y_2-2$ 代入得 $x_1t-y_1-\frac{t^2}{4}+2=0$,$x_2t-y_2-\frac{t^2}{4}+2=0$,此即两点 M,N 坐标代入方程 $tx-y-\frac{t^2}{4}+2=0$ 的结果,推进到一般得 $tx-y-\frac{t^2}{4}+2=0$ 即是直线 MN 的方程.

下解同上,略.

此法明显优于第一种解法,但从特殊到一般的解题策略是相同的,2021 年高考全国甲卷理科第 20 题和乙卷理科第 21 题均涉及切线问题,均用到特殊到一般的解题策略.

总之,思想是灵魂,它为目标的实现指明了前进的方向,是内隐的. 组块、策略与方法等是为实现某一具体目标采用的具体措施和手段,是外显的. 而这

一切的实现都要依靠思维这一高级心理活动去具体执行. 因为人的思维水平不同,也就导致了实现目标的效果千差万别.

3.6 解题试错

解题思维不同于其他思维,主要特点是信息的提取加工围绕数学问题展开,而每次面对的数学问题都可能是新面孔,往往不能立刻识别出问题模式,所以解题过程中就需要不断尝试、不断碰壁、不断否定、不断修正,直至发现问题的解.

当然我们不提倡盲目试错,那一定会浪费时间,而应是经历最少的试错次数后找到问题的最佳解题途径. 或者经历零试错而直接找到问题的解.

例 1 已知 $x_1=\sqrt{4-\sqrt{10+2\sqrt{5}}}$,$x_2=\sqrt{4+\sqrt{10+2\sqrt{5}}}$,求 x_1+x_2 的值.

分析 对一些学生来说这是一道陌生的问题,于是调动思维检索已存储相关知识及解题方法,并做出以下尝试.

尝试 1 化简根式. 联想以往经验,如先尝试解决 $\sqrt{10+2\sqrt{5}}$,即想把被开方数配方,进而开方去根号以达化简目的. 如 $\sqrt{6+2\sqrt{5}}=\sqrt{(\sqrt{5}+1)^2}=\sqrt{5}+1$,$\sqrt{4-\sqrt{6+2\sqrt{5}}}=\sqrt{4-\sqrt{(\sqrt{5}+1)^2}}=\sqrt{4-\sqrt{5}-1}=\sqrt{3-\sqrt{5}}=\sqrt{\dfrac{6-2\sqrt{5}}{2}}=\dfrac{\sqrt{5}-1}{\sqrt{2}}$.

但 $10+2\sqrt{5}=(\sqrt{m}+\sqrt{n})^2$ $(m>0,n>0;m,n\in\mathbf{Q})$ 难以实现! 此法受阻放弃.

因为此法是首先想到的方法,类似于在大脑中首当其冲冒出的直觉(思维的一种方式),或者严格来说这是一种形象识别直感(直觉的前提),根号是形象的源头,解题人先识别出了根号并联想到了经验中的无理数开方运算,导致了此解法.

尝试 2 分子有理化.

$$
\begin{aligned}
&x_1+x_2\\
=&\sqrt{4-\sqrt{10+2\sqrt{5}}}+\sqrt{4+\sqrt{10+2\sqrt{5}}}\\
=&\frac{\left(\sqrt{4-\sqrt{10+2\sqrt{5}}}+\sqrt{4+\sqrt{10+2\sqrt{5}}}\right)\left(\sqrt{4+\sqrt{10+2\sqrt{5}}}-\sqrt{4-\sqrt{10+2\sqrt{5}}}\right)}{\sqrt{4+\sqrt{10+2\sqrt{5}}}-\sqrt{4-\sqrt{10+2\sqrt{5}}}}
\end{aligned}
$$

$$=\frac{2\sqrt{10+2\sqrt{5}}}{\sqrt{4+\sqrt{10+2\sqrt{5}}}-\sqrt{4-\sqrt{10+2\sqrt{5}}}}$$

结果比原式更复杂，行不通放弃！

尝试 3　引入新元（换元法）. 设$\sqrt{10+2\sqrt{5}}=x(x>0)$，则$x^2=10+2\sqrt{5}$，$x_1+x_2=\sqrt{4-x}+\sqrt{4+x}$，分子有理化得$x_1+x_2=\dfrac{2x}{\sqrt{4+x}-\sqrt{4-x}}$，再往下也走不下去放弃！

尝试 4　整体升幂. 几次尝试均告失败后，思维突然产生了灵感（需要解题者坚强的意志做支撑）！注意对x_1+x_2做平方运算$(x_1+x_2)^2$后，可去掉大根号，且可以进一步正负相消有化简可能，于是得解

$$\begin{aligned}(x_1+x_2)^2&=\left(\sqrt{4-\sqrt{10+2\sqrt{5}}}+\sqrt{4+\sqrt{10+2\sqrt{5}}}\right)^2\\&=8+2\sqrt{4^2-\left(\sqrt{10+2\sqrt{5}}\right)^2}\\&=8+2\sqrt{16-10-2\sqrt{5}}\\&=8+2\sqrt{6-2\sqrt{5}}\\&=8+2(\sqrt{5}-1)\\&=6+2\sqrt{5}\\&=(\sqrt{5}+1)^2\end{aligned}$$

又因为$x_1+x_2>0$，所以$x_1+x_2=\sqrt{5}+1$.

经多方尝试失败后，激发思维跳出固有圈子进行跃升，或者称之为来了灵感. 灵感是直觉思维的一种形式，它表现为人们对长期探索而未能解决的问题的一种突然性领悟，也就是对问题百思不得其解时的一种茅塞顿开. 灵感思维经常是科学家们经过长时间孕育、思考某一问题后，在某个适当的时候（如放松、甚至睡梦中）或受到某种事物原型的启迪情况下，突然闪现出一个念头使问题得以解决（如牛顿受苹果落地的启示发现万有引力定律）. 解题过程中突然出现一个“出色的念头”，对每个人来说都是一种熟悉的经历，念头闪现的过程很难描述，即是一种“灵感活动”. 亚里士多德是这样定义“灵感”的：“灵感是在一段微不足道的时间里，通过猜想而获得事物本质的联系.” 高中生的解题过程不同于科学家的发明创造，灵感思维的层次也大不一样，但其发生发展的机理是相同的.

例 2　已知$a>0$，$b>0$，且$(a+b)(a+2b)+a+b=9$，则$3a+4b$的最小值＝________.

分析 不同于其他利用基本不等式求最值问题，条件和结论之间不易直接看到联系.而解题的关键是找到已知和结论之间的逻辑联系，或大脑中已存知识组块与所求解问题之间的嫁接.

尝试1 联想已知分式和求整式和，或已知整式和求分式和题型尝试，如，已知 $a>0$，$b>0$，且 $\frac{3}{2a}+\frac{2}{b}=9$，求 $3a+4b$ 的最小值.尝试后发现不行，得不到分式和形式.

尝试2 波利亚的《怎样解题》中说“你能改变未知量或已知数据，或者有如必要的话，把二者都改变，从而使新的未知量和新的已知数据彼此更接近吗？”想到分拆

$$3a+4b=2(a+b)+a+2b \qquad (*)$$

这样未知与已知(即结论与条件)获得了一致，于是得解

在 $(a+b)(a+2b)+a+b=9$ 两边同除以 $a+b$ 得 $a+2b=\frac{9}{a+b}-1$ 代入式($*$)中，即整体代入消元，得 $3a+4b=2(a+b)+\frac{9}{a+b}-1\geqslant 2\sqrt{18}-1=6\sqrt{2}-1$.成功！

尝试3 依据波利亚的《怎样解题》，把条件和结论均做改变得，条件中提公因式并同乘2得 $(2a+2b)(a+2b+1)=18$，结论补项并分拆 $3a+4b+1=(2a+2b)+(a+2b+1)$，这样做到了新条件与新结论的新统一，于是

$$3a+4b+1=(2a+2b)+(a+2b+1)\geqslant 2\sqrt{(2a+2b)(a+2b+1)}=6\sqrt{2}$$

所以 $3a+4b\geqslant 6\sqrt{2}-1$，即 $3a+4b$ 的最小值为 $6\sqrt{2}-1$.成功！

还有一种情况，解题过程中会经常遇到，就是思路很容易想到，但是按此思路走下去计算量会相当大，如我们知道的点线距离公式的推导过程.如图3.8，已知点 $P_0(x_0,y_0)$，直线 l：$Ax+By+C=0$，如何求点 $P_0(x_0,y_0)$ 到直线 l 的距离？

即求从点 P_0 到直线 l 的垂线段 P_0Q 的长，容易想到的思路是，由 $P_0Q\perp l$ 可得垂线 P_0Q 的斜率为 $\frac{B}{A}$，因此垂线 P_0Q 的方程可求，进而与直线 l 交点即垂足 Q 的坐标可求，最后用两点间距离公式可求 $|P_0Q|$，即为点 P_0 到直线 l 距离，但显然运算量很大不可取.于是通过构造直角三角形，利用面积相等导出公式的办法则明显优于上述办法.

这说明人们在解决数学问题时，要养成善于评价优劣、自觉检查、辨别是非、提出质疑的良好思维品质，这种思维品质即是思维的批判性.我们常说某

某同学思维好，其实是说此同学有较好的思维品质.

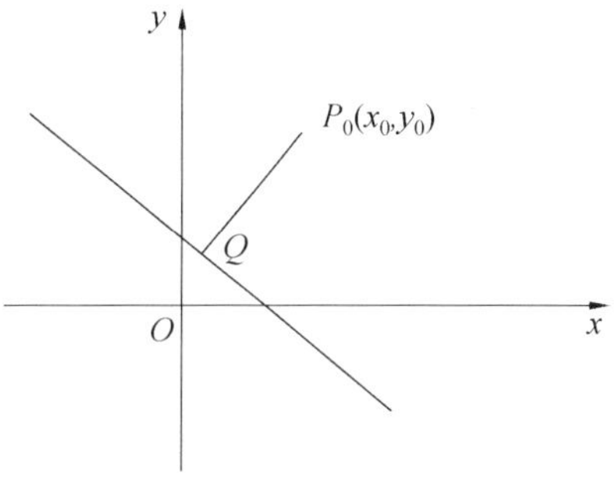

图 3.8

再如下例.

例 3　如图 3.9，已知抛物线 $C: y^2=2px\ (p>0)$ 的焦点为 F，直线 $y=x$ 与抛物线 C 交于 O，A 两点（O 为坐标原点），过点 F 作直线 OA 的平行线交抛物线 C 于 B，D 两点（其中 B 在第一象限），直线 AB 与直线 OD 交于点 E. 若 $\triangle OEF$ 的面积为 1，则抛物线 C 的准线方程为　　(　　)

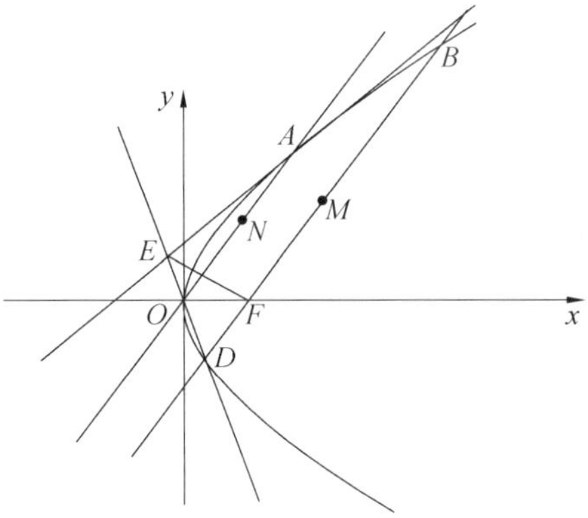

图 3.9

A. $x=-1$　　B. $x=-\dfrac{1}{2}$　　C. $y=-1$　　D. $y=-\dfrac{1}{2}$

分析　由于点 E 由直线 AB 与直线 OD 相交所得，所以容易想到的思路是先分别确定直线 AB 与直线 OD 的方程，联立得交点 E 的坐标（用常数 p 表示），进而由 $S_{\triangle OEF}=\dfrac{1}{2}\cdot\dfrac{p}{2}\cdot y_E=1$（$y_E$ 是点 E 纵坐标即 $\triangle OEF$ 的高 h），可求 p 值得准线方程. 以上想法也是思维定式使然. 于是，联立 $\begin{cases}y=x\\y^2=2px\end{cases}$ 得点 $A(2p,2p)$，联立 $\begin{cases}y=x-\dfrac{p}{2}\\y^2=2px\end{cases}$ 得点 $B\left(\dfrac{(3+2\sqrt{2})p}{2},(1+\sqrt{2})p\right)$，$D\left(\dfrac{(3-2\sqrt{2})p}{2},(1-\sqrt{2})p\right)$.

做到此，看着如此复杂的点 B，D 坐标，解题者会感觉心理不适甚至会有些崩溃！因为按原来的思路，进一步求直线 AB 与 OD 方程均会非常麻烦，别提再联立方程组求点 E 的坐标，计算量不是一般的大！

怎么办？需要另辟蹊径，且是必然选择！目光重新审视问题的条件，发现其中隐含着两个相似三角形即 $\triangle EOA$ 和 $\triangle EDB$，于是得出以下解法：

思路1 分别过点 E,D 做 x 轴的垂线，垂足分别为 G,H，则 $|EG|=h$，又 $|OA|=2\sqrt{2}p$，由焦点弦长公式得 $|BD|=\frac{2p}{\sin^2 45^\circ}=4p$，因为直线 $OA\parallel$ 直线 BD，所以 $\triangle EOA\backsim\triangle EDB$，所以

$$\frac{|OA|}{|DB|}=\frac{|EO|}{|ED|}$$

$$\Rightarrow\frac{|OA|}{|DB|-|OA|}=\frac{|EO|}{|ED|-|EO|}$$

$$\Rightarrow\frac{2\sqrt{2}p}{4p-2\sqrt{2}p}=\frac{|EO|}{|OD|}=\frac{|EG|}{|DH|}=\frac{h}{(\sqrt{2}-1)p}$$

（$|DH|$ 即点 D 纵坐标绝对值），所以 $h=p$，由 $S_{\triangle OEF}=\frac{1}{2}\cdot\frac{p}{2}\cdot p=1$，得 $p=2$，所以，准线方程为 $x=-1$ 选 A.

但上述解法还不够简单！

思路2 如能发现在 $\triangle EDB$ 中，因为 $OA\parallel DB$，分别取 OA,DB 中点 N,M，则三点 E,N,M 必共线. 而易得点 $N(p,p)$，点 M 的纵坐标由点差法斜率公式 $k_{DB}=\frac{p}{y_{中}}$，即 $1=\frac{p}{y_M}$，所以 $y_M=p$，于是三点 E,N,M 共直线方程为 $y=p$，所以点 E 纵坐标也为 p，即 $h=p$，从而同上得答案 A.

思路 2 有一定难度，需要充分挖掘题中隐含条件，并联想、综合调动原有图式或高级知识组块，发现问题之间的内在联系，反映出思维品质的深刻性和创造性. 需要直觉和创造性思维的参与.

总之，解题过程中的思维活动，要围绕数学问题的本质、内在联系、甚至问题背景展开，对有价值的信息进行有效提取和加工，充分调动高级知识组块，不断对比、修正、改进，甚至不断否定，最后选取最优路径、采用最佳方案完成解题. 其中需要解题者具备良好的思维品质，解题后还应有意识地进行反思和总结.

3.7 错题与错解

教师在教学过程中，为了练习巩固某一概念、公式、定理等，会在黑板上随

手编出一道题让学生练习.

如为了练习椭圆中焦点三角形面积公式：$S_{\triangle F_1PF_2}=b^2\tan\dfrac{\theta}{2}$，公式推导如下：

在椭圆$\dfrac{x^2}{a^2}+\dfrac{y^2}{b^2}=1(a>b>0)$中，焦点分别为$F_1$，$F_2$，点$P$是椭圆上任意一点，$\angle F_1PF_2=\theta$，则$S_{\triangle F_1PF_2}=b^2\tan\dfrac{\theta}{2}$(图 3.10).

证明　设$|PF_1|=m$，$|PF_2|=n$，由椭圆的定义得

$$m+n=2a$$

所以

$$(m+n)^2=4a^2$$

即

$$m^2+n^2+2mn=4a^2$$

在$\triangle F_1PF_2$中，由余弦定理得

$$m^2+n^2-2mn\cos\theta=4c^2$$

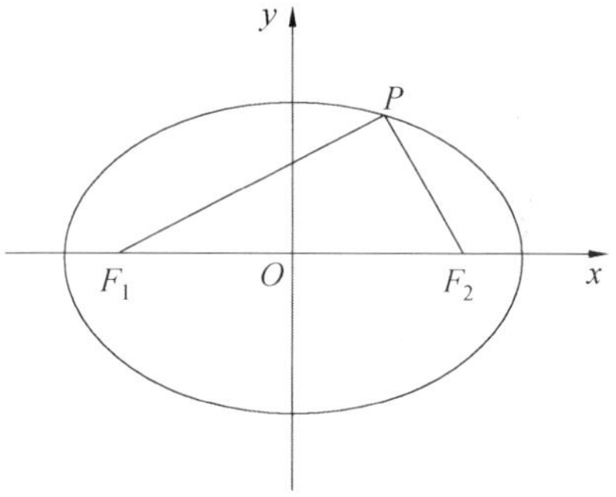

图 3.10

两式相减得

所以

$$mn=\frac{2(a^2-c^2)}{1+\cos\theta}=\frac{2b^2}{1+\cos\theta}$$

由三角形的面积公式得

$$S_{\triangle F_1PF_2}=\frac{1}{2}mn\sin\theta=b^2\cdot\frac{\sin\theta}{1+\cos\theta}=b^2\cdot\frac{2\sin\dfrac{\theta}{2}\cos\dfrac{\theta}{2}}{2\cos^2\dfrac{\theta}{2}}=b^2\cdot\tan\frac{\theta}{2}$$

所以

$$S_{\triangle F_1PF_2}=b^2\tan\frac{\theta}{2}$$

同理可证，焦点在y轴上椭圆$\dfrac{y^2}{a^2}+\dfrac{x^2}{b^2}=1(a>b>0)$中，公式仍然成立.

教师出题　若P是椭圆$\dfrac{x^2}{6}+\dfrac{y^2}{4}=1$上的一点，$F_1$，$F_2$是其焦点，且$\angle F_1PF_2=90^\circ$，求$\triangle F_1PF_2$的面积.

学生解　在椭圆$\dfrac{x^2}{6}+\dfrac{y^2}{4}=1$中，$b^2=4$，而$\theta=90^\circ$，所以

$$S_{\triangle F_1PF_2}=b^2\tan\frac{\theta}{2}=4\tan 45^\circ=4$$

问题看似直接代公式得解，但事实上老师随手编的这道题是一道错题. 为什么呢？见第 2 章 2.9 节之 11 圆锥曲线中的最值问题的结论 5：

已知椭圆$\frac{x^2}{a^2}+\frac{y^2}{b^2}=1(a>b>0)$，$F_1$，$F_2$为其两焦点，$P$为椭圆上任一点. 则当且仅当$|PF_1|=|PF_2|$，即点$P$落在短轴的一个端点处时等号成立，此时$\angle F_1PF_2$达到最大值. 即$(\cos\angle F_1PF_2)_{\min}=1-2e^2$时，$\angle F_1PF_2$达到最大值.

于是，如图 3.11 在直角三角形OPF_2中

$$\sin\angle OPF_2=\frac{c}{a}=\frac{\sqrt{2}}{\sqrt{6}}=\frac{1}{\sqrt{3}}<\frac{1}{\sqrt{2}}=\sin 45^\circ$$

即$\angle OPF_2<45^\circ$，$\angle F_1PF_2<90^\circ$，

所以在椭圆$\frac{x^2}{6}+\frac{y^2}{4}=1$中，当点$P$在短轴上端点处时$\angle F_1PF_2$达到最大且$\angle F_1PF_2<90^\circ$，所以当点$P$不在短轴端点处时，$\angle F_1PF_2$不可能取直角，所以此题是错题.

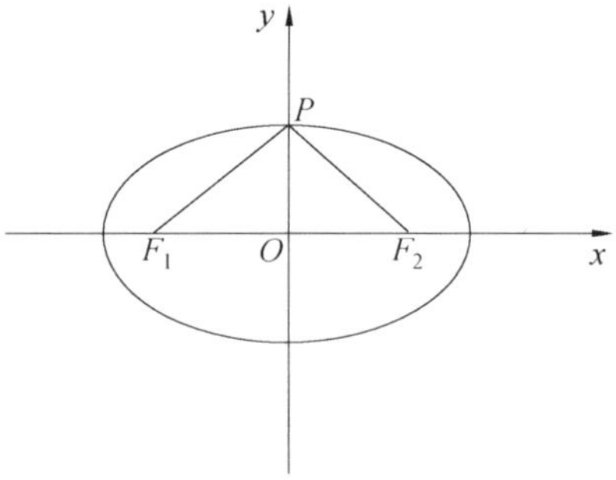

图 3.11

事实上如图 3.12，已知椭圆$\frac{x^2}{a^2}+\frac{y^2}{b^2}=1(a>b>0)$，$F_1$，$F_2$为其两焦点，$P$为椭圆上任一点，若$\angle F_1PF_2=\theta(0<\theta<\pi)$，则$\triangle F_1PF_2$存在且可求面积满足的条件是：

见上解过程由$m+n=2a$得$n=2a-m$，代入$mn=\frac{2b^2}{1+\cos\theta}$得

$$m^2-2am+\frac{2b^2}{1+\cos\theta}=0$$

由判别式$(-2a)^2-\frac{8b^2}{1+\cos\theta}>0$，即

$$a^2 > \frac{2b^2}{1+\cos\theta} = \frac{b^2}{\cos^2\frac{\theta}{2}}$$

即 $a > \dfrac{b}{\cos\frac{\theta}{2}}$ 是 $\triangle F_1PF_2$ 存在且可求面积的条件. 如上述老师出的题，椭圆 $\dfrac{x^2}{6}+\dfrac{y^2}{4}=1$ 中，$\sqrt{6} < \dfrac{2}{\cos\frac{90^\circ}{2}} = 2\sqrt{2}$，所以是错题.

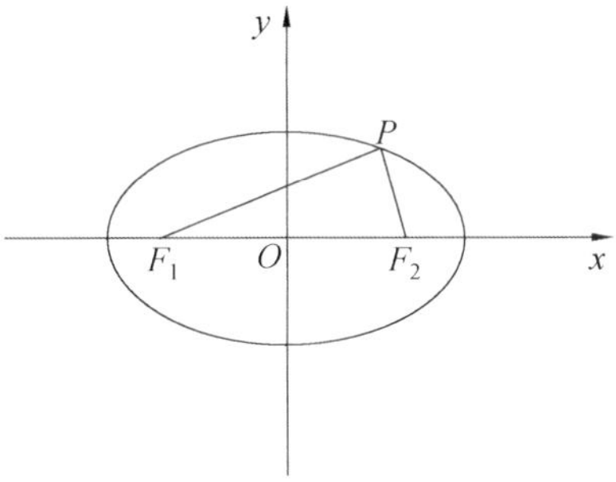

图 3.12

再如点差法求斜率公式：

在双曲线 $\dfrac{x^2}{a^2}-\dfrac{y^2}{b^2}=1(a>0,b>0)$ 中，若直线 l 与双曲线相交于 A，B 两点，点 $P(x_0,y_0)$ 是弦 AB 的中点，弦 AB 所在的直线 l 的斜率为 k_{AB}，则 $k_{AB}=\dfrac{b^2x_0}{a^2y_0}$. 公式推导如下：

证明　设 A，B 两点的坐标分别为 (x_1,y_1)，(x_2,y_2)，则有

$$\frac{x_1^2}{a^2}-\frac{y_1^2}{b^2}=1 \quad ①$$

$$\frac{x_2^2}{a^2}-\frac{y_2^2}{b^2}=1 \quad ②$$

由 ① − ② 得

$$\frac{x_1^2-x_2^2}{a^2}-\frac{y_1^2-y_2^2}{b^2}=0$$

即

$$\frac{y_1^2-y_2^2}{b^2}=\frac{x_1^2-x_2^2}{a^2}$$

所以

$$\frac{y_2-y_1}{x_2-x_1}\cdot\frac{y_2+y_1}{x_2+x_1}=\frac{b^2}{a^2}$$

又因为

$$k_{AB}=\frac{y_2-y_1}{x_2-x_1}=\frac{b^2(x_1+x_2)}{a^2(y_1+y_2)}=\frac{b^2x_{中}}{a^2y_{中}}$$

同理,焦点在 y 轴上双曲线$\frac{y^2}{a^2}-\frac{x^2}{b^2}=1(a>0,b>0)$ 中,$k_{AB}=\frac{a^2x_{中}}{b^2y_{中}}$.

为了练习上面公式,教师编题:已知双曲线 $x^2-\frac{y^2}{2}=1$,过点 $P(1,1)$ 作直线 l 交双曲线 C 于 A,B 两点,且点 P 是线段 AB 的中点,求此直线 l 的方程.

学生解 由点差法求斜率公式得 $k_{AB}=2$,代入点斜式方程得所求直线 l 的方程为 $2x-y-1=0$. 结论正确吗?事实上也是错题加错解.因为把所求直线方程与原双曲线方程联立后,得判别式值小于零,所以此题中满足条件的直线根本不存在.

事实上,过一点的直线与双曲线的交点情况很复杂.如,已知双曲线 C:$x^2-\frac{y^2}{2}=1$ 与点 $P(1,2)$.

(1) 求过点 $P(1,2)$ 的直线 l 斜率的取值范围,使 l 与 C 分别有一个交点,两个交点,没有交点;

(2) 是否存在过点 $P(1,2)$ 的直线交双曲线于 A,B 两点,且弦 AB 的中点为点 P,若存在求出此直线,不存在说明理由.

解 (1) 设过点 P 的直线方程为 $y-2=k(x-1)$,与双曲线方程联立得

$$\begin{cases}y-2=k(x-1)\\x^2-\frac{y^2}{2}=1\end{cases}$$

整理得

$$(2-k^2)x^2+(2k^2-4k)x-k^2+4k-6=0 \qquad (*)$$

① 当 $2-k^2=0$,即 $k=\pm\sqrt{2}$ 时,方程$(*)$有一个根,l 与 C 有一个交点,此时直线 l 与双曲线的渐近线平行,方程为$\sqrt{2}x-y-\sqrt{2}+2=0$ 和$\sqrt{2}x+y-\sqrt{2}-2=0$;

② 当 $2-k^2\neq 0$,即 $k\neq\pm\sqrt{2}$ 时,由 $\Delta=(2k^2-4k)^2-4(2-k^2)(-k^2+4k-6)=16(3-2k)=0$ 得 $k=\frac{3}{2}$,此时直线 l 与双曲线相切有一个交点,方程为 $3x-2y+1=0$.

若考虑斜率不存在的情形,则存在直线 $x=1$ 与双曲线相切交于一点(1,

0)；

③ 由 $\Delta > 0$ 得 $k < \frac{3}{2}$ 且 $k = \pm\sqrt{2}$ 时，直线 l 与双曲线有两个交点；

④ 由 $\Delta < 0$ 得 $k > \frac{3}{2}$ 时，直线 l 与双曲线无交点.

综上，当斜率 $k = \pm\sqrt{2}$ 或 $k = \frac{3}{2}$ 时一个交点；当 $k < -\sqrt{2}$ 或 $-\sqrt{2} < k < \sqrt{2}$ 或 $\sqrt{2} < k < \frac{3}{2}$ 时两个交点；当 $k > \frac{3}{2}$ 时无交点.

(2) 作为大题在用公式 $k_{AB} = \frac{b^2 x_0}{a^2 y_0}$ 时应先有一个推导公式的过程，在此略. 由 $k_{AB} = \frac{b^2 x_0}{a^2 y_0} = \frac{2}{2} = 1$，所以得直线方程为 $x - y + 1 = 0$，与双曲线方程联立得 $x^2 - 2x - 3 = 0$，显然其 $\Delta > 0$，所以直线 $x - y + 1 = 0$ 为所求. 可见此类问题的解决，判别式符号的判定是一个不可或缺的关键环节.

3.8 利用公式一步到位解题

通过识别问题模式或类型及所求目标结论，联想知识组块（公式、常用结论）等，提取出来直接应用即可解题. 如以下各例：

1.（2018 年东三省二模文科第 6 题）过抛物线 $y^2 = 4x$ 的焦点 F 的直线交抛物线 C 于 $A(x_1, y_1)$，$B(x_2, y_2)$ 两点，且 $x_1 + x_2 = \frac{4}{3}$，则弦 AB 的长为 （ C ）

A. $\frac{16}{3}$　　B. 4　　C. $\frac{10}{3}$　　D. $\frac{8}{3}$

应用公式：$|AB| = x_1 + x_2 + p$.

2.（2014 年高考全国 2 卷文科第 10 题）设 F 为抛物线 $C: y^2 = 3x$ 的焦点，过 F 且倾斜角为 $30°$ 的直线交 C 于 A，B 两点，则 $|AB| =$ （ C ）

A. $\frac{\sqrt{30}}{3}$　　B. 6　　C. 12　　D. $7\sqrt{3}$

3.（2014 年高考全国 2 卷理科第 10 题）设 F 为抛物线 $C: y^2 = 3x$ 的焦点，过 F 且倾斜角为 $30°$ 的直线交 C 于 A，B 两点，O 为坐标原点，则 $\triangle OAB$ 的面积为 （ D ）

A. $\frac{3\sqrt{3}}{4}$　　B. $\frac{9\sqrt{3}}{8}$　　C. $\frac{63}{32}$　　D. $\frac{9}{4}$

公式：$S_{\triangle OAB}=\dfrac{p^2}{2\sin\alpha}$

4.（2010年高考全国2卷理科第12题）已知双曲线E的中心为原点，$F(3,0)$是E的焦点，过F的直线l与E相交于A，B两点，且AB的中点为$N(-12,-15)$，则E的方程为 （B）

A. $\dfrac{x^2}{3}-\dfrac{y^2}{6}=1$　B. $\dfrac{x^2}{4}-\dfrac{y^2}{5}=1$　C. $\dfrac{x^2}{6}-\dfrac{y^2}{3}=1$　D. $\dfrac{x^2}{5}-\dfrac{y^2}{4}=1$

公式：双曲线点差法斜率公式 $k_{AB}=\dfrac{b^2x_中}{a^2y_中}$

5.（衡水2018年押题卷八第20题）已知点A，B分别是椭圆$\dfrac{x^2}{25}+\dfrac{y^2}{16}=1$的左右顶点，点$P$，$Q$分别在椭圆和圆$x^2+y^2=25$上（点$A$，$B$除外），设直线$PB$，$QB$的斜率分别为$k_1$，$k_2$，若$A$，$P$，$Q$三点共线，则$k_1$与$k_2$之间关系为________.（$\dfrac{k_1}{k_2}=\dfrac{16}{25}$）

公式：椭圆上任一点与两左右顶点连线斜率之积为$-\dfrac{b^2}{a^2}$.

6. 如图3.13，已知F为抛物线C：$y^2=4x$的焦点，过F的直线l与C相交于A，B两点，线段AB的垂直平分线交x轴于点M，垂足为E，若$|AB|=6$，则$|EM|$的长为 （B）

A. $2\sqrt{2}$　　B. $\sqrt{6}$　　C. 2　　D. $\sqrt{3}$

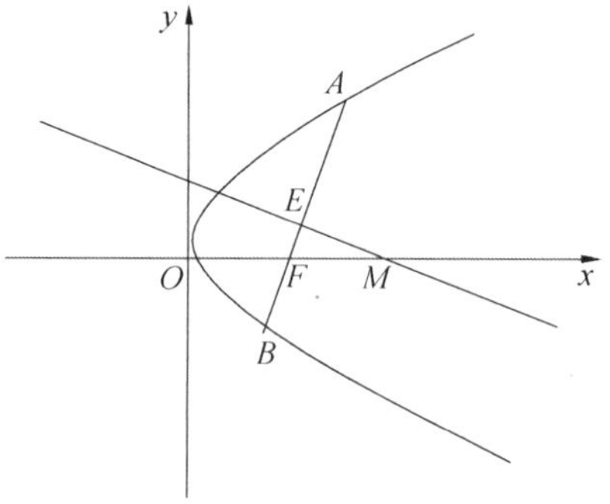

图3.13

解　设直线AB的倾斜角为α，由$|AB|=6=\dfrac{2p}{\sin^2\alpha}=\dfrac{4}{\sin^2\alpha}$得$\sin^2\alpha=\dfrac{2}{3}$，所以$k_{AB}=\tan\alpha=\sqrt{2}$，所以$k_{EM}=-\dfrac{\sqrt{2}}{2}$.

又 $|AB|=6=x_1+x_2+p=x_1+x_2+2$,所以 $x_1+x_2=4$,所以 $x_E=\frac{x_1+x_2}{2}=2$,又由点差法得 $k_{AB}=\frac{p}{y_{中}}=\frac{2}{y_E}=\sqrt{2}$,所以 $y_E=\sqrt{2}$,所以直线 l_{EM}:$y-\sqrt{2}=-\frac{\sqrt{2}}{2}(x-2)$,交 x 轴于点 M 坐标为 $M(4,0)$,于是 $|EM|=\sqrt{6}$.

公式:点差法斜率公式 $k_{AB}=\frac{p}{y_{中}}$,焦点弦公式 $|AB|=x_1+x_2+p=\frac{2p}{\sin^2\alpha}$.

7. 如图 3.14,直线 l 过抛物线 $C:y^2=2px\,(p>0)$ 焦点 F,交抛物线于 A,B 两点,交准线于点 D,若 $\overrightarrow{AF}=2\overrightarrow{FB}$,则直线 l 的斜率为________,若 $\overrightarrow{FB}=\frac{1}{3}\overrightarrow{BD}$,则直线 l 的斜率为________.

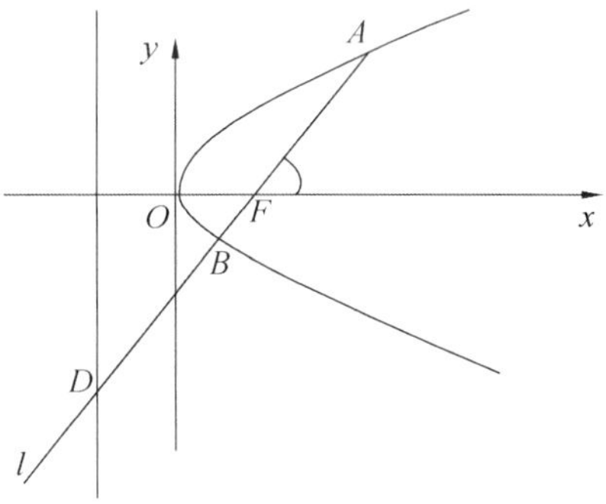

图 3.14

解　利用圆锥曲线统一方程得 $|AF|=\frac{p}{1-\cos\alpha}$,$|BF|=\frac{p}{1+\cos\alpha}$.

若 $\overrightarrow{AF}=\lambda\overrightarrow{FB}$,即

$$\frac{p}{1-\cos\alpha}=\frac{\lambda p}{1+\cos\alpha}$$

所以

$$\lambda=\frac{1+\cos\alpha}{1-\cos\alpha},\cos\alpha=\frac{\lambda-1}{\lambda+1}$$

若 $\overrightarrow{FB}=\mu\overrightarrow{BD}$,则 $\mu=\cos\alpha$.若 $\overrightarrow{AF}=2\overrightarrow{FB}$,则

$$\frac{p}{1-\cos\alpha}=\frac{2p}{1+\cos\alpha}$$

所以

$$2=\frac{1+\cos\alpha}{1-\cos\alpha},\cos\alpha=\frac{2-1}{2+1}=\frac{1}{3}$$

所以,$k=\tan\alpha=2\sqrt{2}$.

若$\overrightarrow{FB}=\frac{1}{3}\overrightarrow{BD}$,则 $\cos\alpha=\frac{1}{3}$,所以 $k=\tan\alpha=2\sqrt{2}$.

利用圆锥曲线统一方程:焦半径长公式 $|AF|=\frac{ep}{1-e\cos\alpha}$, $|BF|=\frac{ep}{1+e\cos\alpha}$.

延伸阅读

试题的秘密

一群年轻人都是经过了多次筛选的佼佼者,现在,他们正面临着最后的考验 —— 一场定时 10 分钟的考试. 谁通过了,便可进入这家著名的大公司工作.

试卷共 30 道题,面宽而量大,这完全出乎大家的意料. 嗬! 这么多题,10 分钟时间委实太急促了. 许多人一拿到试卷便半秒也不肯耽搁慌忙抢做,全然不顾监考官"请大家先将试卷浏览一遍再答题"的忠告.

试卷在 10 分钟后悉数收齐,总经理亲自批阅,从中挑出 6 份试卷. 这 6 份卷面有一共同特点,即 1 至 28 题全都未做,仅回答了最后的两个问题. 而其他试卷上的答题情况则好得多,做了前面不少题目,最多的做了 12 题.

公司录用的竟然是那 6 个仅答了最后两道题的年轻人 —— 原来秘密就藏在第 28 道题中,它的内容是:前面各题均无须回答,只要求做好最后两题.

书外人语:能在多次遴选中胜出,学问已没什么问题了. 这场考试是要测试学问以外的东西,沉着、冷静、机智、灵活,都是一流人才必备的素质.

第 4 章　突破解题举例

学习和做事一样都需要静下心来全身心地投入进去.就像看电视,当看到家人在电视机前陷于剧情笑得前仰后合而不理解;就像看书,偶尔翻看某几页而感觉没意思,都是因为没有全情投入,没有跟着故事从头追到尾.要想获得对事物全面、整体的认识,必须遵循事物发生发展的逻辑顺序,经历和实践,才能理清其脉络掌握其规律."纸上得来终觉浅,绝知此事要躬行."

自信心很重要,但自信心不是自傲,自信心的获得是建立在独立攻克有一定难度的问题,独自解决学习中或生活中遇到的别人尚未解决的难题,在此过程中逐步树立起自己能行的信念,此时自信心才会萌芽.若是困在原有会做的题形成的舒适区内不能自拔、原地打转,则永远不能跳向更高处,进而突破难题,使自己冲出高原,冲向更高更远!

我们了解了解题过程中的思维本质、思想方法、解题策略等,本章主要针对一些具体的数学问题,如三角函数求值、数列求和、导数大题、直线与圆锥曲线位置关系综合题等,总结其题型及解法规律,需要学生们经过一定的训练建构高级知识组块、形成积极的思维定式,使学生们面对问题时能够快速找到切入点和着手方向、顺利解题.

4.1　三角函数与解三角形

三角函数是高考命题热点,主要考察公式的熟练运用、图像变换、函数性质、化简求值和解三角形等问题.三角函数问题的解法灵活多变,主要是应用"差异分析"的解题策略,通过变式、变名、变角、变次等方式消除差异并结合图像性质解题.向量本是力学中的一个重要概念,因为复数的发展被引入数学,向量因自身是数与形的完美结合而有着独特的魅力,构造向量法在三角函数问题中有着漂亮的应用.本节主要介绍用差异分析法和构造向量法来解三角函数问题.

1.差异分析法解三角函数问题

差异分析法是指通过观察已知三角函数式中角度、函数名、次数等特征,寻找它们之间的差异，通过变式、变名、变角、变次等方式消除差异而解题的一种思维策略.

例 1(2020 年东三省二模第 9 题)　已知 $\sin\left(15^\circ-\frac{\alpha}{2}\right)=\frac{2\cos 50^\circ}{\sqrt{3}\sin 80^\circ}-\tan 10^\circ$，则 $\sin(60^\circ+\alpha)$ 的值为　　(　　)

A. $\frac{1}{3}$　　B. $-\frac{1}{3}$　　C. $\frac{2}{3}$　　D. $-\frac{2}{3}$

分析　先要解决 $\frac{2\cos 50^\circ}{\sqrt{3}\sin 80^\circ}-\tan 10^\circ$ 的计算，为此观察三个角度：80°，10° 和 50°，联想到 80° 和 10° 互余，所以 $\sin 80^\circ$ 化为 $\cos 10^\circ$ 而变角，又常用切化弦使 $\tan 10^\circ=\frac{\sin 10^\circ}{\cos 10^\circ}$ 而变名，于是 $\frac{2\cos 50^\circ}{\sqrt{3}\sin 80^\circ}-\tan 10^\circ=\frac{2\cos 50^\circ}{\sqrt{3}\cos 10^\circ}-\frac{\sin 10^\circ}{\cos 10^\circ}=\frac{2\cos 50^\circ-\sqrt{3}\sin 10^\circ}{\sqrt{3}\cos 10^\circ}$，再观察 50° 和 10°，若能把 50° 变成 40°，而 $40^\circ=30^\circ+10^\circ$ 出现 30° 特殊角同时出现 10° 与原 10° 统一，从而变名得 $\cos 50^\circ=\sin 40^\circ$，于是 $\frac{2\cos 50^\circ-\sqrt{3}\sin 10^\circ}{\sqrt{3}\cos 10^\circ}=\frac{2\sin 40^\circ-\sqrt{3}\sin 10^\circ}{\sqrt{3}\cos 10^\circ}=\frac{2\sin(30^\circ+10^\circ)-\sqrt{3}\sin 10^\circ}{\sqrt{3}\cos 10^\circ}=\frac{1}{\sqrt{3}}$，即 $\sin\left(15^\circ-\frac{\alpha}{2}\right)=\frac{1}{\sqrt{3}}$，而解决了等号右边求值问题.

再观察 $15^\circ-\frac{\alpha}{2}$ 与 $60^\circ+\alpha$，若把 $15^\circ-\frac{\alpha}{2}$ 两倍后，则与 $60^\circ+\alpha$ 互余，则有 $\sin(60^\circ+\alpha)=\cos(30^\circ-\alpha)=1-2\sin^2\left(15^\circ-\frac{\alpha}{2}\right)=\frac{1}{3}$，使问题最后得解，选 A.

例 2　求函数 $f(x)=\sin x+\cos x+\sin x\cos x-1$，$x\in\mathbf{R}$ 的值域.

分析　观察函数解析式中的 $\sin x+\cos x$ 与 $\sin x\cos x$，一个是和式，一个是乘积，一个次数为 1，一个次数为 2，它们之间存在差异但是否也存在联系呢？联想到关系式 $(\sin x+\cos x)^2=1+2\sin x\cos x$，用 $\sin x+\cos x$ 表示 $\sin x\cos x$ 得 $\sin x\cos x=\frac{1}{2}(\sin x+\cos x)^2-\frac{1}{2}$，于是原函数解析式变为 $f(x)=\frac{1}{2}(\sin x+\cos x)^2+\sin x+\cos x-\frac{3}{2}$，配方得

$$f(x)=\frac{1}{2}(\sin x+\cos x+1)^2-2$$

因为 $x\in\mathbf{R}$，所以 $\sin x+\cos x\in[-\sqrt{2},\sqrt{2}]$，于是原函数的值域为 $\left[-2,\frac{2\sqrt{2}-1}{2}\right]$.

差异分析法还可用于解决三角函数式的化简、证明等问题.

2. 向量法解三角函数问题

向量法解三角函数问题的关键是运用模式识别策略，即识别三角函数问题所包含的向量特征，如加减、模、数量积、夹角、垂直与平行等结构，进而构造向量，把三角函数问题转化为向量问题，利用向量知识解题. 下面举例说明.

例 1（2013 年高考全国 1 卷第 15 题）　设当 $x=\theta$ 时，函数 $f(x)=\sin x-2\cos x$ 取得最大值，则 $\cos\theta=$________.

分析　识别该问题，由思维定式，头脑中首先闪现的思路应该是运用辅助角公式，所以有 $f(x)=\sin x-2\cos x=\sqrt{5}\sin(x-\varphi)$（令 $\frac{\sqrt{5}}{5}=\cos\varphi$，$\frac{2\sqrt{5}}{5}=\sin\varphi$）因当 $x=\theta$ 时，$f(x)$ 取得最大值 $f(\theta)=\sqrt{5}\sin(\theta-\varphi)=\sqrt{5}$，即 $\theta-\varphi=2k\pi+\frac{\pi}{2}(k\in\mathbf{Z})$，则

$$\cos\theta=\cos\left[\left(2k\pi+\frac{\pi}{2}\right)+\varphi\right](k\in\mathbf{Z})=\cos\left(\frac{\pi}{2}+\varphi\right)=-\sin\varphi=-\frac{2\sqrt{5}}{5}$$

接下来我们突破固有的思维定式框架，转而构造向量来解决该问题，则在平面直角坐标系下，以坐标原点 O 为起点，构造两个向量

$$\overrightarrow{OA}=(\cos x,\sin x),\overrightarrow{OB}=(-2,1)$$

则

$$\begin{aligned}f(x)&=\overrightarrow{OA}\cdot\overrightarrow{OB}\\&=|\overrightarrow{OA}|\cdot|\overrightarrow{OB}|\cdot\cos\langle\overrightarrow{OA},\overrightarrow{OB}\rangle=|\overrightarrow{OB}|\cdot\cos\langle\overrightarrow{OA},\overrightarrow{OB}\rangle\end{aligned}$$

则当 $f(x)$ 取得最大值时，$\cos\langle\overrightarrow{OA},\overrightarrow{OB}\rangle=1$，即 $\overrightarrow{OA}$ 与 $\overrightarrow{OB}$ 同向，如图 4.1，

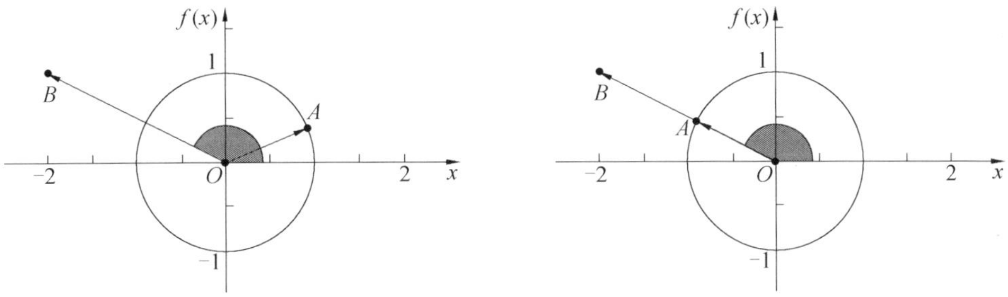

（a）一般情况　　（b）向量同向

图 4.1

则 $x=\theta$ 时，角 θ 为直线 OB 的倾斜角，射线 OB 则为角 θ 的终边，据三角函数

定义得 $\cos\theta=\dfrac{-2}{\sqrt{5}}=-\dfrac{2\sqrt{5}}{5}$.

上述方法即为构造向量法，具体操作是：要以原点为起点，三角函数值（或其变式）确定坐标对应的点为终点构造向量，把问题转化为向量问题，进而利用向量的数量积、投影、模、夹角等有关知识解题. 且为解题方便常使终点在单位圆等熟悉且简单的曲线上，如上例中就是使其中一个向量的终点在单位圆上，当然也可以把向量的终点构造在圆锥曲线或其他方便研究的曲线上. 这样就把三角函数问题转化为向量问题，把数的问题转化为形的问题. 图形能够更直观的再现量与量、形与形之间的关系，方便探究解题思路.

例 2（2014 年高考北京卷理科第 18 题）　已知函数 $f(x)=x\cos x-\sin x, x\in\left[0,\dfrac{\pi}{2}\right]$.

(1) 求证：$f(x)\leqslant 0$；

(2) 若 $a<\dfrac{\sin x}{x}<b$ 在 $\left(0,\dfrac{\pi}{2}\right)$ 上恒成立，求 a 的最大值与 b 的最小值.

分析　从常规角度看，本题考点为通过导数研究函数的单调性并确定不等关系；构造函数并通过对其导数的研究考查其单调性确定最值，难度较大，我们换个角度尝试用向量法.

解　(1) 当 $x=\dfrac{\pi}{2}$ 时，$f(x)=-1<0$，显然成立；

当 $x\neq\dfrac{\pi}{2}$ 时，构造向量 $\overrightarrow{OA}=(\cos x,\sin x)$，$\overrightarrow{OB}=(x,-1)$，$x\in\left[0,\dfrac{\pi}{2}\right)$，则

$$f(x)=\overrightarrow{OA}\cdot\overrightarrow{OB}$$

如图 4.2 所示：

在直线 $y=-1$ 上存在点 $B_1(x_1,-1)$，使得向量 $\overrightarrow{OA}\perp\overrightarrow{OB_1}$ 即

$$x_1\cos x-\sin x=0$$

所以

$$x_1=\frac{\sin x}{\cos x}=\tan x$$

则 $\overrightarrow{OB_1}=(\tan x,-1)$ 又 $\overrightarrow{OB}=(x,-1)$，且当 $x\in\left[0,\dfrac{\pi}{2}\right)$ 时，$\tan x\geqslant x$，

所以 $\dfrac{\pi}{2}=\angle AOB_1\leqslant\angle AOB<\pi$，则 $-1<\cos\langle\overrightarrow{OA},\overrightarrow{OB}\rangle\leqslant 0$，所以

$$f(x)=\overrightarrow{OA}\cdot\overrightarrow{OB}$$

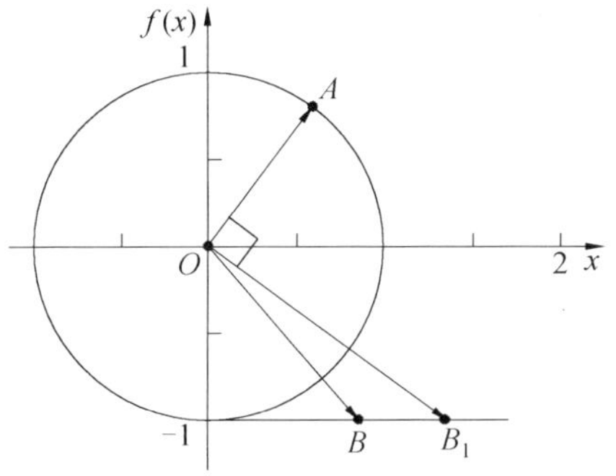

图 4.2

$$=|\overrightarrow{OA}||\overrightarrow{OB}|\cos\langle\overrightarrow{OA},\overrightarrow{OB}\rangle$$
$$\leqslant 0$$

在平面直角坐标系下，以坐标原点 O 为起点，构造向量 $\overrightarrow{OA}=(x,\sin x)$，则 $\dfrac{\sin x}{x}=k_{\overrightarrow{OA}}$（向量 $\overrightarrow{OA}$ 所在直线的斜率）且 $\overrightarrow{OA}$ 的终点 A 落在函数 $f(x)=\sin x, x\in\left(0,\dfrac{\pi}{2}\right)$ 的图像上. 如图 4.3 所示：

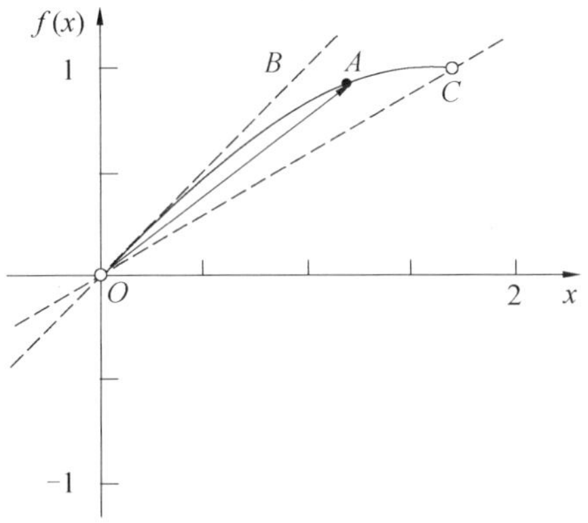

图 4.3

点 C 坐标为 $\left(\dfrac{\pi}{2},1\right)$，直线 OB：$y=x$ 为函数 $f(x)=\sin x, x\in\left(0,\dfrac{\pi}{2}\right)$ 在原点处的切线，当点 A 在该函数的图像——$\overset{\frown}{OAC}$ 上运动时，有

$$k_{\overrightarrow{OC}}<k_{\overrightarrow{OA}}<k_{\overrightarrow{OB}}$$

因为 $k_{\overrightarrow{OC}}=\dfrac{2}{\pi}$，$k_{\overrightarrow{OB}}=f'(0)=\cos 0=1$，即 $\dfrac{2}{\pi}<k_{\overrightarrow{OA}}<1$.

因为 $a<\dfrac{\sin x}{x}<b$ 在 $\left(0,\dfrac{\pi}{2}\right)$ 上恒成立，所以 a 的最大值为 $\dfrac{2}{\pi}$，b 的最小值

为 1.

用向量法解此题可谓简洁、完美!

通过以上例子可以看出构造向量在求解三角函数问题中发挥着独特作用,是化归转化、数形结合、模式识别、进退互化等思想及策略的优美体现,不难看出向量法的优势是方法简单、易于操作.但也有难度,三角函数向向量转化,是需要一定智慧的!

3.记住常用结论用于解三角形问题

结论 在$\triangle ABC$中,若$b^2+c^2-a^2=bc$,则因$\cos A=\dfrac{b^2+c^2-a^2}{2bc}=\dfrac{bc}{2bc}=\dfrac{1}{2}$ 所以$A=60°$.同理若$b^2+c^2-a^2=-bc$或$\sqrt{2}\,bc$或$-\sqrt{2}\,bc$或$\sqrt{3}\,bc$或$-\sqrt{3}\,bc$,则

$$A=120°\text{ 或 }A=45°\text{ 或 }A=135°\text{ 或 }A=30°\text{ 或 }A=150°$$

同理,若利用正弦定理,边角互化后有$\sin^2 B+\sin^2 C-\sin B\sin C=\sin^2 A$则$A=60°$.

例 1 (2019 年高考全国 1 卷理科第 17 题)$\triangle ABC$的内角A,B,C的对边分别为a,b,c,设$(\sin B-\sin C)^2=\sin^2 A-\sin B\sin C$.

(1) 求A;

(2) 若$\sqrt{2}a+b=2c$,求$\sin C$.解略.

例 2 (2020 年高考全国 2 卷理科第 17 题)已知$\triangle ABC$中,若$\sin^2 A-\sin^2 B-\sin^2 C=\sin B\sin C$.

(1) 求A;

(2) 若$BC=3$,求$\triangle ABC$周长的最大值.解略.

4.向量、数列、三角函数、解三角形综合题举例

难题的特点之一就是综合了较多知识,所谓在知识的交汇处命题.而解决难题的关键则是识别其模式、理清其构成,调用相关知识组块、思想方法、思维策略,转化是根本!化陌生为熟悉,化复杂为简单个个击破后解决之.

例 在$\triangle ABC$中,角A,B,C的对边为a,b,c,角A,B,C的大小成等差数列,向量$\boldsymbol{m}=\left(\sin\dfrac{A}{2},\cos\dfrac{A}{2}\right)$,$\boldsymbol{n}=\left(\cos\dfrac{A}{2},-\sqrt{3}\cos\dfrac{A}{2}\right)$,$f(A)=\boldsymbol{m}\cdot\boldsymbol{n}$.

(1) 若$f(A)=-\dfrac{\sqrt{3}}{2}$,试判断$\triangle ABC$的形状;

(2) 若$b=\sqrt{3}$,$a=\sqrt{2}$,求边c及$S_{\triangle ABC}$的面积.

分析 题中给出了向量条件,其实是向量外衣下的三角函数恒等变形问

题，所以只要代入数量积定义即转化为三角函数式，用公式特别是降幂公式、辅助角公式则可以解决.

解　因为角 A,B,C 的大小成等差数列，所以 $B=\frac{\pi}{3}$

$$\begin{aligned} f(A)=\boldsymbol{m}\cdot\boldsymbol{n}&=\sin\frac{A}{2}\cos\frac{A}{2}-\sqrt{3}\cos\frac{A}{2}\cos\frac{A}{2}\\ &=\frac{1}{2}\sin A-\frac{\sqrt{3}}{2}(1+\cos A)\\ &=\sin\left(A-\frac{\pi}{3}\right)-\frac{\sqrt{3}}{2}\end{aligned}$$

由 $f(A)=-\frac{\sqrt{3}}{2}$，所以 $\sin\left(A-\frac{\pi}{3}\right)=0$，又 $A+C=\frac{2\pi}{3}$，$0<A<\frac{2\pi}{3}$，所以 $-\frac{\pi}{3}<A-\frac{\pi}{3}<\frac{\pi}{3}$，所以 $A-\frac{\pi}{3}=0$，$A=\frac{\pi}{3}$，又 $B=\frac{\pi}{3}$，所以 $\triangle ABC$ 为正三角形.

(2) 用正、余弦定理、三角形面积公式得

$$\frac{b}{\sin B}=\frac{a}{\sin A}$$

$$\Rightarrow A=\frac{\pi}{4}$$

$$\Rightarrow C=\frac{5\pi}{12}$$

$$\Rightarrow c=\frac{\sqrt{6}+\sqrt{2}}{2}$$

$$\Rightarrow S_{\triangle ABC}=\frac{3+\sqrt{3}}{4}$$

4.2　数　　列

数列是一类特殊函数，是反映自然及社会规律的基本数学模型之一，是数学重要的研究对象，等差和等比数列是两种重要的数列模型. 数列问题反映了特殊与一般、有限与无限、有穷与无穷、逼近与极限、存在与任意、变与不变等哲学内涵. 解数列题，需掌握数列基本知识组块(见第 2 章 2.10 节)，并对基本问题及解法进行总结形成组块思维，同时需要具备抽象概括、合情推理、分析运算、数学建模等素养. 总结数列问题的基本题型及解法如下：

1. 围绕首项、公差(比)、通项、前 n 项和、等差(比) 数列性质的基本计算.

解法是基本量法，即通过把首项和公差（比）看成两个未知数，解方程或列方程组知三求一或知三求二；

2.数列证明问题.方法是利用等差（比）数列定义，证明 $a_{n+1}-a_n=d\left(\frac{a_{n+1}}{a_n}=q\right)$（常数）$(n\in\mathbf{N}^*)$；

3.求通项公式问题.解法据条件不同可分为：

(1) 若已知数列的前几项，则用观察法、由特殊到一般找规律确定通项 a_n 与项数 n 的关系；

(2) 已知前 n 项和 S_n，用公式 $a_n=\begin{cases}S_n-S_{n-1}(n\geqslant 2)\\S_1(n=1)\end{cases}$，可称为差和法（对和作差运算）；

(3) 已知递推公式，用 列—猜—归（从特殊到一般找规律）、累加、累乘、特征方法、迭代法等；

4.求和问题.解法有公式法、裂项相消法、分项求和法、错位求和法、倒序求和法；

5.数列与其他知识综合题.解法上需综合运用相关知识及解法化归转化解题.

例 1 已知数列 $\{a_n\}$ 及等差数列 $\{b_n\}$，若 $a_1=3,a_n=\frac{1}{2}a_{n-1}+1(n\geqslant 2)$，$a_1=b_2,2a_3+a_2=b_4$：

(1) 证明数列 $\{a_n-2\}$ 为等比数列；

(2) 求数列 $\{a_n\}$ 及数列 $\{b_n\}$ 的通项公式；

(3) 设数列 $\{a_n\cdot b_n\}$ 的前 n 项和为 T_n，求 T_n.

分析 识别问题模式是已知 $a_n=ca_{n-1}+d(c\neq 1,d\neq 0)(n\geqslant 2)$ 型的递推公式及可确定的首项公差基本量，求解数列证明、求通项公式及求和问题，需要用基本量法、数列定义、错位求和法等.

解 (1) 当 $n\geqslant 2$ 时，由 $a_n=\frac{1}{2}a_{n-1}+1$ 得 $a_n-2=\frac{1}{2}a_{n-1}+1-2=\frac{1}{2}(a_{n-1}-2)$，又 $a_1-2=1$，所以数列 $\{a_n-2\}$ 是以 1 为首项，以 $\frac{1}{2}$ 为公比的等比数列；

(2) 由 $a_n-2=\left(\frac{1}{2}\right)^{n-1}$ 得 $a_n=2+\left(\frac{1}{2}\right)^{n-1}$. 又 $b_2=a_1=3,b_4=2a_3+a_2=7$，所以联立方程组得 $b_1=1,d=2$，所以 $b_n=2n-1$；

(3) $a_n\cdot b_n=(2n-1)\left[2+\left(\frac{1}{2}\right)^{n-1}\right]=4n-2+(2n-1)\left(\frac{1}{2}\right)^{n-1}$，设其中

$c_n=(2n-1)\left(\frac{1}{2}\right)^{n-1}$，其数列前 n 项和为 K_n，则用错位求和法求

$$K_n=1\cdot\left(\frac{1}{2}\right)^0+3\cdot\left(\frac{1}{2}\right)^1+5\cdot\left(\frac{1}{2}\right)^2+\cdots+(2n-3)\left(\frac{1}{2}\right)^{n-2}+(2n-1)\left(\frac{1}{2}\right)^{n-1}$$

$$\frac{1}{2}K_n=1\cdot\left(\frac{1}{2}\right)^1+3\cdot\left(\frac{1}{2}\right)^2+5\cdot\left(\frac{1}{2}\right)^3+\cdots+(2n-3)\left(\frac{1}{2}\right)^{n-1}+(2n-1)\left(\frac{1}{2}\right)^n$$

两式两分别相减得

$$\frac{1}{2}K_n=1+2\left[\left(\frac{1}{2}\right)^1+\left(\frac{1}{2}\right)^2+\left(\frac{1}{2}\right)^3+\cdots+\left(\frac{1}{2}\right)^{n-1}\right]-(2n-1)\left(\frac{1}{2}\right)^n$$

$$=1+2\cdot\frac{\frac{1}{2}\left[1-\left(\frac{1}{2}\right)^{n-1}\right]}{1-\frac{1}{2}}-(2n-1)\left(\frac{1}{2}\right)^n$$

$$=3-2\cdot\left(\frac{1}{2}\right)^{n-1}-(2n-1)\left(\frac{1}{2}\right)^n=3-(2n+3)\left(\frac{1}{2}\right)^n$$

所以 $K_n=6-(4n+6)\left(\frac{1}{2}\right)^n$，所以 $T_n=2n^2+6-\frac{4n+6}{2^n}$.

若此题中没有第(1)问，直接求数列 $\{a_n\}$ 的通项公式，则应用特征方程法，设 $a_n+x=\frac{1}{2}(a_{n-1}+x)$，由 $-\frac{1}{2}x=1$，得出 $x=-2$，说明数列 $\{a_n-2\}$ 为等比数列后再求得 $\{a_n\}$ 的通项公式.

例 2　已知数列 $\{a_n\}$ 的首项 $a_1=1$，$a_{n+1}=2a_n+2^n(n\in\mathbf{N}^*)$，求数列 $\{a_n\}$ 的前 n 项的和 S_n.

分析　识别问题模式是已知 $a_n=ca_{n-1}+f(n)(n\geqslant 2)$ 型递推公式求通项公式问题.需要先转化成熟悉且已有解决办法的问题进而求解.

解　对 $a_{n+1}=2a_n+2^n$ 两边同除以 2^{n+1} 得 $\frac{a_{n+1}}{2^{n+1}}=\frac{a_n}{2^n}+\frac{1}{2}$，则发现数列 $\left\{\frac{a_n}{2^n}\right\}$ 是一个以 $\frac{1}{2}$ 为首项且为公差的等差数列.所以 $\frac{a_n}{2^n}=\frac{1}{2}+(n-1)\frac{1}{2}=\frac{n}{2}$，所以 $a_n=n\cdot 2^{n-1}$.再用错位求和法得 $S_n=(n-1)\cdot 2^n+1$.

例 3　已知数列 $\{a_n\}$ 满足 $a_{n+1}=\frac{1}{2}+\sqrt{a_n-a_n{}^2}$，$n\in\mathbf{N}^*$，若 $a_1=\frac{3}{4}$，则 $a_{2\,021}=$________.

分析　识别递推公式模式，不具备用累加、累乘和特征方程法解决的特征. 所以考虑用列－猜－归法试试，即列出数列前几项观察寻求一般规律，所以有由递推公式得 $a_2=\frac{1}{2}+\frac{\sqrt{3}}{4}$，再进一步求得 $a_3=\frac{3}{4}$，则会发现这是一个周期数列，且周期为 2，于是 $a_{2\,021}=\frac{3}{4}$.

数列既然是一种特殊函数，所以某些数列也可以具有周期性. 对于数列 $\{a_n\}$，若存在常数 $T(T\in\mathbf{N}^*)$，使得 $a_{n+T}=a_n(n\in\mathbf{N}^*)$，则称数列 $\{a_n\}$ 为周期数列，T 为周期. 也同函数周期性质一样，如数列 $\{a_n\}$ 满足 $a_{n+k}=-a_n$（或 $\frac{1}{a_n}$ 或 $-\frac{1}{a_n}$）$(n\in\mathbf{N}^*,k\in\mathbf{N}^*)$，则此数列周期为 $2k$.

形如 $a_{n+1}=1-\frac{1}{a_n}$，$a_{n+1}=\frac{1+a_n}{1-a_n}$，$a_{n+1}=-\frac{1}{1+a_n}(n\in\mathbf{N}^*)$ 等为常见周期数列.

例 4　已知函数 $f(x)=3x^2-12$，设曲线 $y=f(x)$ 在点 $(a_n,f(a_n))$ 处的切线与 x 轴的交点为 $(a_{n+1},0)(n\in\mathbf{N}^*)$，且 $a_1=3$，$b_n=\log_5\frac{a_n+2}{a_n-2}$.

(1) 求数列 $\{b_n\}$ 与数列 $\{a_n\}$ 的通项公式；

(2) 证明 $a_1+a_2+a_3+\cdots+a_n<2n+\frac{5}{4}$.

分析　弄清问题后，由导数、切线等知识，易得出数列 $\{a_n\}$ 的递推关系而转化成已知递推公式求通项公式问题. 于是：

由题意可得 $f'(x)=6x$，所以曲线 $y=f(x)$ 在点 $(a_n,f(a_n))$ 处的切线方程是：$y-f(a_n)=6a_n(x-a_n)$，即 $y-3a_n^2+12=6a_n(x-a_n)$.

将点 $(a_{n+1},0)$ 代入，得 $-3a_n^2+12=6a_n(a_{n+1}-a_n)$，即 $2a_na_{n+1}=a_n^2+4$.

显然 $a_n\neq0$，所以 $a_{n+1}=\frac{a_n^2+4}{2a_n}$.

至此已得出数列 $\{a_n\}$ 的递推公式，但发现此种递推公式不具备用上述累加、累乘等方法的条件而无从下手，思路受阻！回忆波利亚在《怎样解题》中说：“你是否利用了所有的已知数据？你是否利用了整个条件？”即是说解题过程中当思路受阻时，应停下来重新审视条件，看还有哪些条件没有发现其隐含的意义、还有哪些条件根本没用，于是注意到条件 $b_n=\log_5\frac{a_n+2}{a_n-2}(a_n>2)$，它提醒我们下一步应从进一步研究递推关系 $a_{n+1}=\frac{a_n^2+4}{2a_n}$ 的变形入手，即

因为 $a_{n+1}+2=\frac{a_n^2+4}{2a_n}+2=\frac{(a_n+2)^2}{2a_n}$，$a_{n+1}-2=\frac{a_n^2+4}{2a_n}-2=\frac{(a_n-2)^2}{2a_n}$，

两式相除取对数则得 $\log_5\frac{a_{n+1}+2}{a_{n+1}-2}=b_{n+1}$，于是

$$\begin{aligned}b_{n+1}&=\log_5\frac{a_{n+1}+2}{a_{n+1}-2}\\&=\log_5\left(\frac{a_n+2}{a_n-2}\right)^2\\&=2\log_5\frac{a_n+2}{a_n-2}\\&=2b_n\end{aligned}$$

所以，数列 $\{b_n\}$ 是以 $b_1=\log_5\frac{a_1+2}{a_1-2}=1$ 为首项，2 为公比的等比数列，所以 $b_n=2^{n-1}$. 借助 $\{b_n\}$ 的通项公式则可得 $\{a_n\}$ 的通项公式，所以 $b_n=\log_5\frac{a_n+2}{a_n-2}=2^{n-1}$，$\frac{a_n+2}{a_n-2}=5^{2^{n-1}}$，所以 $a_n=\frac{2(5^{2^{n-1}}+1)}{5^{2^{n-1}}-1}$.

(2) 是数列求和问题，但发现由于数列 $\{a_n\}$ 的特点，用之前的求和方法也难以奏效. 于是对其通项公式进一步研究，先分离常数有

$$a_n=\frac{2(5^{2^{n-1}}+1)}{5^{2^{n-1}}-1}=2+\frac{4}{5^{2^{n-1}}-1}$$

发现其中项 $\frac{4}{5^{2^{n-1}}-1}$，可令 $c_n=\frac{4}{5^{2^{n-1}}-1}$，则 $c_n>0$，深入研究此数列，它能否是等比数列呢？但 $\frac{c_{n+1}}{c_n}=\frac{5^{2^{n-1}}-1}{5^{2^n}-1}=\frac{1}{5^{2^{n-1}}+1}$ 非常数.

那么可否有直觉考虑对其加强不等式呢？于是

$$\frac{c_{n+1}}{c_n}=\frac{1}{5^{2^{n-1}}+1}<\frac{1}{5^{2^{n-1}}}\leqslant\frac{1}{5^{2^0}}=\frac{1}{5}$$

所以，当 $n\geqslant 2$ 时，$c_n<\frac{1}{5}c_{n-1}<\left(\frac{1}{5}\right)^2c_{n-2}<\cdots<\left(\frac{1}{5}\right)^{n-1}c_1$；当 $n=1$ 时，$c_1=1$，即 $n\in\mathbf{N}^*$ 时，$c_n<\left(\frac{1}{5}\right)^{n-1}$，即可以对数列 $\{c_n\}$ 进而对数列 $\{a_n\}$ 的每一项都加强不等式（放大）之后，其和同时放大为一等比数列和而可求.

所以

$$a_1+a_2+a_3+\cdots+a_n<2n+1+\frac{1}{5}+\left(\frac{1}{5}\right)^2+\cdots+\left(\frac{1}{5}\right)^{n-1}$$

$$=2n+\frac{1-\left(\frac{1}{5}\right)^n}{1-\frac{1}{5}}$$

$$<2n+\frac{5}{4}$$

4.3 立体几何

立体几何基本问题包括两部分，一是平行与垂直位置关系的证明，一是角、距离、面积与体积的计算.解法上转化是根本思想，如三维与二维、整体与部分、割与补、直接与间接、数与形、抽象与具体等，需要抽象概括、空间想象、运算求解等数学素养及良好的思维品质及策略.

1.位置关系证明问题需要抓住“线线 $\leftrightarrows$ 线面 $\leftrightarrows$ 面面”的内在逻辑关系并用我们总结的方法(见第 2 章 2.8 节）去解决.

2.计算题(角、距离、面积及体积）解法顺口溜：

角与距离计算难，转化思想是核心；
角的关键是定角，平行移出线线角；
射影投出线面角，二面角化平面角；
勾股余弦是工具，三角形中来解决；
线面二面计算难，空间向量是办法；
开头坐标确定准，否则后悔来不及；
距离常见点面距，转化也是基本法；
直接就用三角形，间接常用体积法；
线线距化点线距，线面距化点面距；
面积体积用公式，牢记公式是前提；
计算常用辅助线，辅助作图有特色；
作一半来证一半，对号入座定对象；
准备充分算不迟，既快又准是目标；
组合问题是难题，割补展开与组合；
想象转化加运算，勇敢面对克难关.

例 1 求证若一平面及其外一条直线均垂直于同一个平面，则此直线与这个平面平行.

已知 $a\not\subset\alpha$，$a\perp\beta$，$\alpha\perp\beta$，求证：$a\parallel\alpha$.

分析 由求证想判定，想到线面平行的判定定理.

如图 4.4，设 $\alpha \cap \beta = c$，$P \in \alpha$，由条件想性质，想到面面垂直的性质定理，在平面 α 内过点 P 作直线 $b \perp c$，则有 $b \perp \beta$，又 $a \perp \beta$，所以 $a \parallel b$，又 $a \not\subset \alpha$，$b \subset \alpha$，所以 $a \parallel \alpha$.

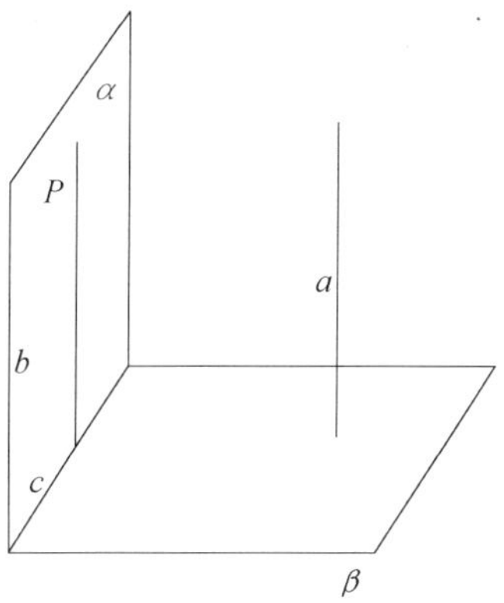

图 4.4

例 2（2017 年高考全国 2 卷理科第 19 题）如图 4.5，四棱锥 $P-ABCD$ 中，侧面 PAD 为等边三角形且垂直于底面 $ABCD$，$AB = BC = \frac{1}{2}AD$，$\angle BAD = \angle ABC = 90^\circ$，$E$ 是 PD 的中点.

(1) 证明：直线 $CE \parallel$ 平面 PAB；

(2) 点 M 在棱 PC 上，且直线 BM 与底面 $ABCD$ 所成角为 45°，求二面角 $M-AB-D$ 的余弦值.

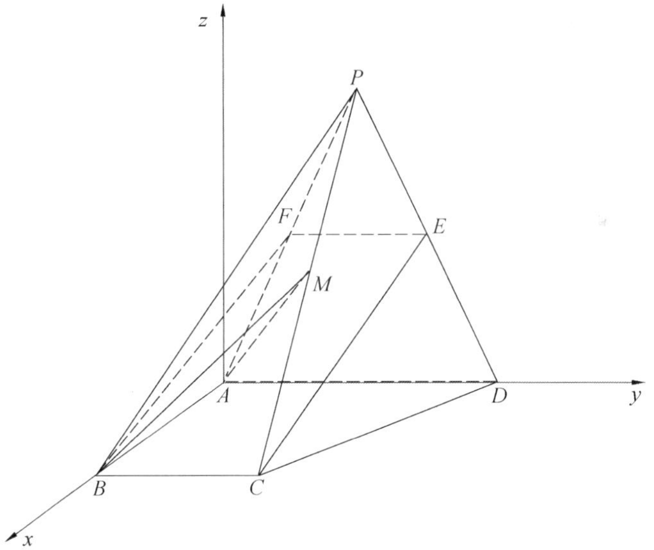

图 4.5

分析　(1) 为证线面平行，考虑线面平行的判定定理，所以取 PA 中点 F，联结 EF，BF.

因为 E 为 PD 的中点，所以 $EF \parallel AD$，$EF = \frac{1}{2}AD$，由 $\angle BAD = \angle ABC = 90^\circ$，得 $BC \parallel AD$，又 $BC = \frac{1}{2}AD$.

所以 $EF \mathrel{\underline{\parallel}} BC$. 四边形 $BCEF$ 为平行四边形，$CE \parallel BF$. 又 $BF \subset$ 平面 PAB，$CE \not\subset$ 平面 PAB，故 $CE \parallel$ 平面 PAB.

(2) 通过建系用向量法解立体几何计算题是一种常用方法，优于传统几何方法. 首先找到原点及三条或两条互相垂直的棱是建系的出发点，其次是要准确确定有关点的坐标及向量坐标.

由已知得 $BA \perp AD$，以 A 为坐标原点，$\overrightarrow{AB}$ 的方向为 x 轴正方向，$|\overrightarrow{AB}| = 1$ 为单位长，建立如图 4.5 所示的空间直角坐标系 $A-xyz$，则 $A(0,0,0)$，$B(1,0,0)$，$C(1,1,0)$，$D(2,0,0)$，$P(0,1,\sqrt{3})$，则确定点 M 坐标成为关键，设 $\overrightarrow{CM} = \lambda\overrightarrow{MP}$，由定比分点坐标公式(见第 2 章 2.6 节)得 $M\left(\dfrac{1}{1+\lambda}, 1, \dfrac{\sqrt{3}\lambda}{1+\lambda}\right)$，

则 $\overrightarrow{BM} = \left(\dfrac{-\lambda}{1+\lambda}, 1, \dfrac{\sqrt{3}\lambda}{1+\lambda}\right)$，因为 BM 与底面 $ABCD$ 成角为 45°，底面 $ABCD$ 的法向量为 $\boldsymbol{n} = (0, 0, 1)$，所以 $\sin 45^\circ = |\cos\langle\overrightarrow{BM}, \boldsymbol{n}\rangle| =$

$$\frac{\left|\dfrac{\sqrt{3}\lambda}{1+\lambda}\right|}{\sqrt{\left(\dfrac{-\lambda}{1+\lambda}\right)^2 + 1^2 + \left(\dfrac{\sqrt{3}\lambda}{1+\lambda}\right)^2}} = \frac{\sqrt{2}}{2}$$

解得 $\lambda = 1+\sqrt{2}$ 或 $1-\sqrt{2}$(舍)，所以

$M\left(\dfrac{2-\sqrt{2}}{2}, 1, \dfrac{\sqrt{6}}{2}\right)$，从而 $\overrightarrow{AM} = \left(\dfrac{2-\sqrt{2}}{2}, 1, \dfrac{\sqrt{6}}{2}\right)$.

又设 $\boldsymbol{m} = (x, y, z)$ 为平面 ABM 的法向量，$\overrightarrow{AB} = (1, 0, 0)$，则

$$\begin{cases} \boldsymbol{m} \cdot \overrightarrow{AM} = 0 \\ \boldsymbol{m} \cdot \overrightarrow{AB} = 0 \end{cases}$$

即 $\begin{cases} (2-\sqrt{2})x + 2y + \sqrt{6}z = 0 \\ x = 0 \end{cases}$，所以，取 $\boldsymbol{m} = (0, -\sqrt{6}, 2)$，于是 $\cos\langle\boldsymbol{m}, \boldsymbol{n}\rangle =$

$\dfrac{\boldsymbol{m} \cdot \boldsymbol{n}}{|\boldsymbol{m}||\boldsymbol{n}|} = \dfrac{\sqrt{10}}{5}$. 因此二面角 $M-AB-D$ 的余弦值为 $\dfrac{\sqrt{10}}{5}$.

此解法选择用定比分点坐标公式，思路清晰但计算量较大. “运算能力并非一种单一的、孤立的数学能力，而是运算技能与逻辑思维等的有机整合.”运算中不但有操作更要有思维的参与，要分析对比，要确定方向、选择方法、简化程序，已求既快又准.

3. 组合体问题

组合体是空间几何体之间经过叠加、拼接、割补、内含、内切、外接等方式组合到一起形成的空间图形. 常见的组合体是球与简单多面体或旋转体的组合. 组合体问题的解法关键是要具备良好的空间想象力、抽象概括能力、运算

技能及化归与转化、函数与方程等思想及模式识别、分合并用等策略.具体实践中解题的关键是通过补形转化成球与正方体、长方体等常见的组合关系，因为这些组合体中球的直径即是体对角线长.其次是找到球心位置，确定球的半径与其他几何体棱长、高、半径、母线长等量间关系.要先明确一些基本组合问题如：

(1) 正方体的外接球与内切球，如图 4.6：

设正方体棱长为 a，球半径为 R，关键是找出棱长与半径间的关系，于是对于外接球，易得 $2R=\sqrt{3}a$，所以 $R=\frac{\sqrt{3}a}{2}$.

同理，对内切球，易得 $2R=a$，所以 $R=\frac{a}{2}$.

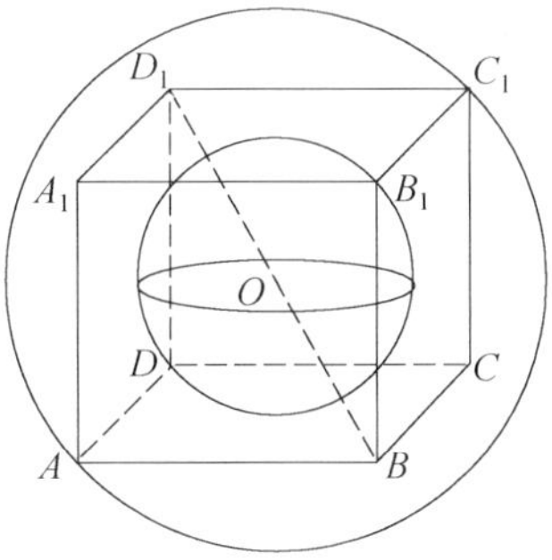

图 4.6

(2) 长方体的外接球，则球的直径即体对角线长，$R=\frac{\sqrt{a^2+b^2+c^2}}{2}$.常见某三棱锥有两两垂直的三条侧棱或有两两相等的相对棱且内接于球时，都是通过补成长方体来解决的.

(3) 正四面体的外接球与内切球，如图 4.7：

正四面体 $P-ABC$ 的棱长为 a，外接球半径为 R，内切球半径为 r，PO' 是棱锥的高，O' 是底面 ABC 的中心，联结 BO'，O 为外接球且内切球的球心，则在 $\mathrm{Rt}\triangle PBO'$ 中

$$PO'=\sqrt{a^2-\left(\frac{\sqrt{3}}{3}a\right)^2}=\frac{\sqrt{6}}{3}a$$

在 $\mathrm{Rt}\triangle OBO'$ 中，$OB^2=BO'^2+OO'^2$，即

$$R^2=\left(\frac{\sqrt{3}}{3}a\right)^2+\left(\frac{\sqrt{6}}{3}a-R\right)^2\Rightarrow R=\frac{\sqrt{6}a}{4},r=\frac{\sqrt{6}a}{12}$$

发现在正三角形中，$R:r=2:1$，而在正四面体中，$R:r=3:1$.

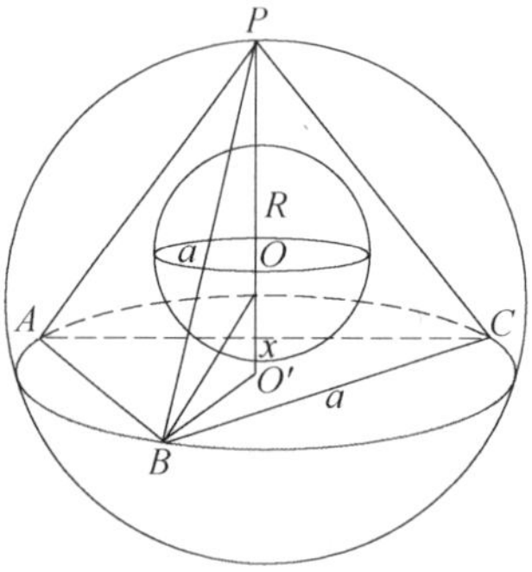

图 4.7

(4) 等边圆锥的外接球与内切球,如图 4.8:

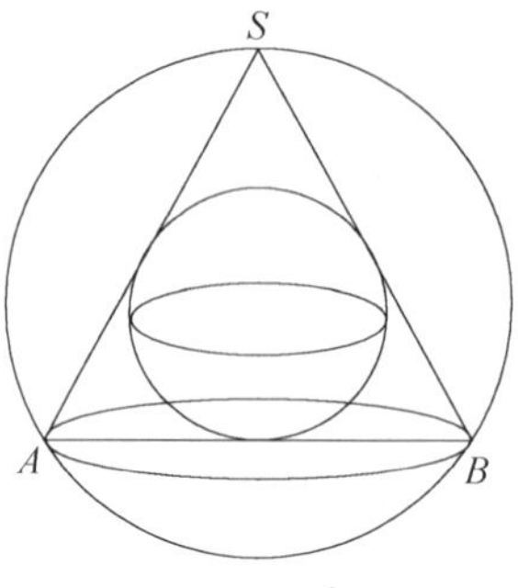

图 4.8

等边圆锥即轴截面为等边三角形的圆锥,如图 4.9,设其母线长为 l,则在 Rt△SAM 中,斜边 SM 是外接球直径,$SA^2=SC\cdot SM$,即 $l^2=\frac{\sqrt{3}}{2}l\cdot 2R$,所以 $R=\frac{\sqrt{3}}{3}l$,同理可得 $r=\frac{1}{2}R=\frac{\sqrt{3}}{6}l$.

一般问题的解法关键是如何找到外接球球心的位置,明确一个结论那就是球心一定在过球面上任一截面圆的圆心且垂直于此截面的垂线上,且到球面上任一点距离都等于球半径.所以解题的第一步就是先找到一个底面及其所在的截面圆,然后确定截面圆的圆心,再作其垂线,球心就在这条垂线上!如图 4.10,常用 Rt△OAO' 中结论:$R^2=r^2+d^2$.

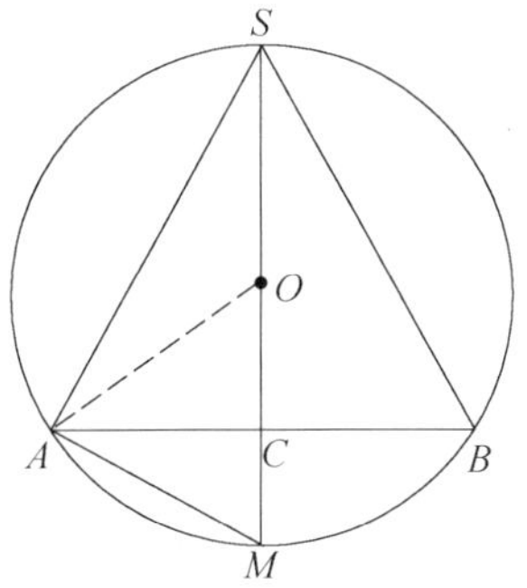

图 4.9

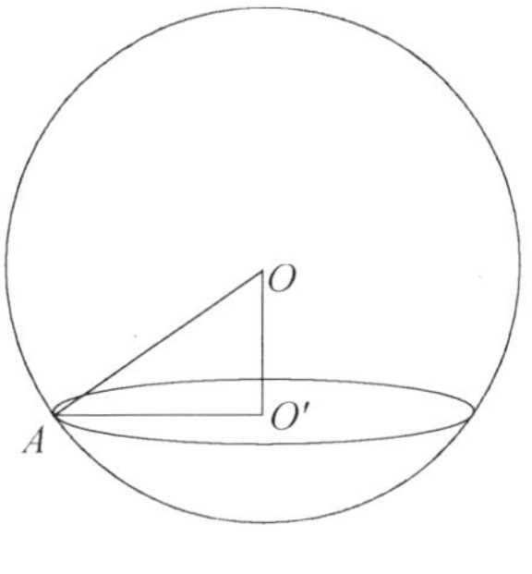

图 4.10

例 1　已知三棱锥 $P-ABC$ 中，$PA\perp$ 面 ABC，$AB\perp BC$，$PA=2$，$AB=BC=\sqrt{2}$，则该三棱锥的外接球的表面积为________.

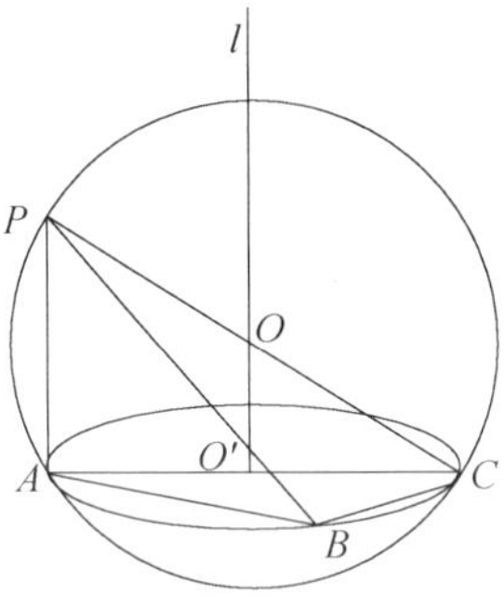

图 4.11

分析　由于 $\triangle ABC$ 为直角三角形，则斜边中点 O' 即为底面 ABC 所在的截面圆圆心，过 O' 作垂直于底面的垂线 l，因为面 $PAC\perp$ 底面 ABC，$O'\in$ 面 PAC，$l\perp$ 底面 ABC，则 $l\subset$ 面 PAC，所以设 $l\cap PC=O$，则易得 O 为 PC 中点，且 $OP=OA=OB=OC=\sqrt{2}$（当然也可以通过直觉思维直接找到 PC 中点 O 并求得上述相等确定 O 为球心），即外接球半径为 $\sqrt{2}$，则 $V_{球表}=8\pi$.

例 2　如图 4.12，已知三棱锥 $S-ABC$ 的所有顶点都在球 O 的球面上，$\triangle ABC$ 是边长为 1 的正三角形，SC 为球 O 的直径，且 $SC=2$；则此棱锥的体积为　(　　)

A. $\dfrac{\sqrt{2}}{6}$　　B. $\dfrac{\sqrt{3}}{6}$　　C. $\dfrac{\sqrt{2}}{3}$　　D. $\dfrac{\sqrt{2}}{2}$

分析　取底面正 $\triangle ABC$ 的中心 O'，过 O' 作底面的垂线则必交侧棱 SC

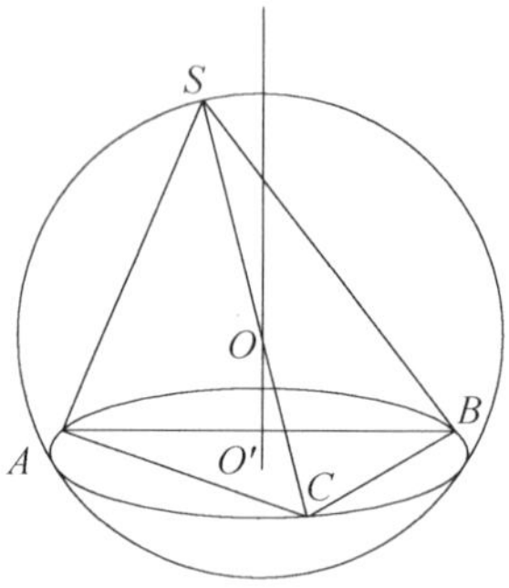

图 4.12

于球心 O. 正 $\triangle ABC$ 的外接圆半径 $r=\dfrac{\sqrt{3}}{3}$，即是截面圆 O' 的半径，又 $OC=R=1$，点 O 到面 ABC 的距离即 $OO'=\sqrt{R^2-r^2}=\dfrac{\sqrt{6}}{3}$，又 O 为 SC 中点，所以三棱锥的高即点 S 到底面 ABC 的距离为 $h=2OO'=\dfrac{2\sqrt{6}}{3}$，所以三棱锥 $S-ABC$ 的体积为 $V=\dfrac{1}{3}S_{\triangle ABC}h=\dfrac{1}{3}\times\dfrac{\sqrt{3}}{4}\times\dfrac{2\sqrt{6}}{3}=\dfrac{\sqrt{2}}{6}$. 所以选 A.

4.4 求导前的“三看”

常言说“三思而后行”，是说人们做事不能一时冲动，行动之前一定要考虑周全. 解数学题，特别是解导数题时尤其要养成弄清题意、识别模式、三思而后行的好习惯. 解导数题时，求导是一个不可或缺的重要环节. 导数题做多了，会发现几乎所有题中求导是必不可少的一步或几步. 于是，一些学生看到导数题，往往不经过仔细审题拿过来就求导，结果常常会遇到意想不到的各种阻力至无果而终. 所以，解导数题求导前，我们要做到求导之前“看三看”.

1. 一看求导的目的. 这也是人们做事行动前首先要考虑的目的性问题. 解导数题求导之前也同样，要先考虑清楚求导的目的是啥，是判定单调性，还是证明不等关系，还是求字母变量的取值范围等等. 明确了目的，就会有针对性地去求导，不至于乱求一气而做无用功.

例 1 求证： $e^x \geqslant x+1(x\in\mathbf{R})$ （*）

分析 这是一道证明不等式问题，由于这个不等式含有超越函数，所以用常规的不等式证明方法如分析法、综合法、放缩法等不易解决，于是构造函数 $h(x)=e^x-x-1(x\in\mathbf{R})$，用导数作为工具易得其证明.

证明　令 $h(x)=\mathrm{e}^x-x-1(x\in\mathbf{R})$，求导前弄清目的即是要证明此函数的最小值为零. 于是，求导得 $h'(x)=\mathrm{e}^x-1$，令 $h'(x)=0$ 得 $x=0$.

易知当 $x>0$ 时，$h'(x)>0$，所以在区间 $(0,+\infty)$ 上，$h(x)$ 是单调增函数，同理当 $x<0$ 时，$h'(x)<0$，所以在区间 $(-\infty,0)$ 上，$h(x)$ 是单调减函数，所以 $h(x)_{极小值}=h(0)=0$，所以 $h(x)\geqslant h(0)=0$，也就是 $\mathrm{e}^x-x-1\geqslant 0$，即 $\mathrm{e}^x\geqslant x+1(x\in\mathbf{R})$ 证毕.

易得此不等式的变式：$x\geqslant\ln(x+1)\ (x>-1)$，$x-1\geqslant\ln x\ (x>0)$，$x>\ln(x+1)\ (x>-1$ 且 $x\neq 0)$，$x-1>\ln x\ (x>0$ 且 $x\neq 1)$.

总结这类超越不等式证明的程序是：明确目的－构造函数－求导－定号定区间－判定单调性(极值)－下结论.

本例中求导的目标是证明不等关系，有时则是利用导数判定单调性、求极值最值等问题，需要具体问题具体分析，求导之前明确目的是我们解导数题首要之选.

2. 二看欲求导函数解析式的形式特点. 是说在对函数求导之前，要看其解析式形式特点，若形式比较复杂时就不要轻易下手求导. 如分式求导后一般会越求越复杂，不经分析拿过来就求导反而会使问题复杂化而无法得解. 所以要仔细研究分式的特点，从中剔除影响因素(如分母)，化繁为简再构造函数.

例 2(2011 年高考全国 2 卷文科第 21 题)　已知函数 $f(x)=\dfrac{a\ln x}{x+1}+\dfrac{b}{x}$，曲线 $y=f(x)$ 在点 $(1,f(1))$ 处的切线方程为 $x+2y-3=0$.

(1) 求 a,b 的值；

(2) 证明：当 $x>0$，且 $x\neq 1$ 时，$f(x)>\dfrac{\ln x}{x-1}$.

解　(1) $f'(x)=\dfrac{a\left(\dfrac{x+1}{x}-\ln x\right)}{(x+1)^2}-\dfrac{b}{x^2}$

由于直线 $x+2y-3=0$ 的斜率为 $-\dfrac{1}{2}$，且过点 $(1,1)$，故 $\begin{cases}f(1)=1\\ f'(1)=-\dfrac{1}{2}\end{cases}$，

即 $\begin{cases}b=1\\ \dfrac{a}{2}-b=-\dfrac{1}{2}\end{cases}$，解得 $a=1,b=1$.

(2) 由 (1) 知 $f(x)=\dfrac{\ln x}{x+1}+\dfrac{1}{x}$，设 $g(x)=\dfrac{\ln x}{x+1}+\dfrac{1}{x}-\dfrac{\ln x}{x-1}=\dfrac{x^2-1-2x\ln x}{x(x^2-1)}$，分析到此就要考虑不能直接对 $g(x)$ 求导，会越求越复杂，

于是剔除分母 $x(x^2-1)$，因为其符号能够通过讨论确定，所以针对分子重新构造新函数.

设 $h(x)=x^2-1-2x\ln x$，则 $h'(x)=2(x-1-\ln x)$，注意到其中 $x-1-\ln x>0$(式(*)的变式)当 $x>0$，且 $x\neq 1$ 时成立，所以 $h'(x)>0$，即 $h(x)$ 为递增函数.

所以，当 $x>1$ 时，$h(x)>h(1)=0$，而 $x(x^2-1)>0$，所以 $g(x)>0$，即 $f(x)>\dfrac{\ln x}{x-1}$；

同理，当 $0<x<1$ 时，$h(x)<h(1)=0$，而 $x(x^2-1)<0$，所以仍有 $g(x)>0$，即 $f(x)>\dfrac{\ln x}{x-1}$.

综上，当 $x>0$，且 $x\neq 1$ 时，$f(x)>\dfrac{\ln x}{x-1}$.

3. 三看有没有现成可用的结论. 研究高考中一些导数压轴题我们会发现有一个身影很活跃，即上述超越不等式(*)式及其变式. 那么解题时就要抓住这些结论很好地运用它，为解题找到突破口，或者简化解题环节(如例2中(2)解用到了 $x-1\geqslant\ln x(x>0)$).

例3 已知关于 x 的不等式 $x(e^x-1)\geqslant 1+a\ln x$ 对任意 $x\in(0,1)$ 恒成立，则实数 a 的取值范围是________.

解 原不等式移项得，$xe^x-x-1\geqslant a\ln x$.

因为 $x\in(0,1)$，$\ln x<0$，所以 $a\geqslant\dfrac{xe^x-x-1}{\ln x}$.

设 $h(x)=\dfrac{xe^x-x-1}{\ln x}(0<x<1)$. 又设 $m(x)=xe^x-x-1$，$n(x)=\ln x$.

因为 $0<x<1$，所以 $x+\ln x\in\mathbf{R}$，所以 $e^{x+\ln x}\geqslant x+\ln x+1$，所以 $e^{x+\ln x}-x-1\geqslant\ln x$，即 $xe^x-x-1\geqslant\ln x$.

又 $m(x)=xe^x-x-1=x\left(e^x-1-\dfrac{1}{x}\right)=x\left[e^x-\left(1+\dfrac{1}{x}\right)\right]$，由于在区间 $(0,1)$ 上 $y=e^x$ 递增，$y=1+\dfrac{1}{x}$ 递减，所以存在 $x_0\in(0,1)$，使 $m(x_0)=0$. 所以 $x\in(0,x_0)$，$m(x)<0$，$x\in(x_0,1)$，$m(x)>0$，又 $x\in(0,1)$，$n(x)=\ln x<0$，所以，当 $x\in(0,x_0)$ 时，$0<h(x)=\dfrac{m(x)}{n(x)}\leqslant 1$，即 $h(x)_{\max}=1$，当 $x\in(x_0,1)$ 时，$h(x)=\dfrac{m(x)}{n(x)}<0$，当 $x=x_0$ 时，$h(x)=$

$\frac{m(x)}{n(x)}=0$.

综上所述，$x\in(0,1)$ 时，$h(x)_{\max}=1$，所以 $a\geqslant 1$.

例 4(2013 年高考全国 2 卷理科第 21 题)　已知函数 $f(x)=\mathrm{e}^x-\ln(x+m)$：

(1) 设 $x=0$ 是 $f(x)$ 的极值点，求 m 的值，并讨论 $f(x)$ 的单调性；

(2) 当 $m\leqslant 2$ 时，证明 $f(x)>0$.

(1) **解**　$f'(x)=\mathrm{e}^x-\frac{1}{x+m}$. 由 $x=0$ 是 $f(x)$ 的极值点得 $f'(0)=0$，所以 $m=1$. 于是 $f(x)=\mathrm{e}^x-\ln(x+1)$，其定义域为 $(-1,+\infty)$，得 $f'(x)=\mathrm{e}^x-\frac{1}{x+1}$. 易知函数 $f'(x)=\mathrm{e}^x-\frac{1}{x+1}$ 在区间 $(-1,+\infty)$ 上单调递增，且 $f'(0)=0$，因此，当 $x\in(-1,0)$ 时，$f'(x)<0$；当 $x\in(0,+\infty)$ 时，$f'(x)>0$.

所以 $f(x)$ 在 $(-1,0)$ 单调递减，在 $(0,+\infty)$ 单调递增.

(2) **证明 1**　当 $m\leqslant 2$，$x\in(-m,+\infty)$ 时，$\ln(x+m)\leqslant\ln(x+2)$，故只需证明当 $m=2$ 时，$f(x)>0$.

当 $m=2$ 时，函数 $f'(x)=\mathrm{e}^x-\frac{1}{x+2}$ 在 $(-2,+\infty)$ 单调递增. 又 $f'(-1)<0$，$f'(0)>0$，故 $f'(x)=0$ 在 $(-2,+\infty)$ 有唯一实根 x_0，且 $x_0\in(-1,0)$.

当 $x\in(-2,x_0)$ 时，$f'(x)<0$；当 $x\in(x_0,+\infty)$ 时，$f'(x)>0$，从而当 $x=x_0$ 时，$f(x)$ 取得极小值，即最小值.

由 $f'(x_0)=0$ 得

$$\mathrm{e}^{x_0}=\frac{1}{x_0+2},\ln(x_0+2)=-x_0$$

故

$$f(x)\geqslant f(x_0)=\frac{1}{x_0+2}+x_0=\frac{(x_0+1)^2}{x_0+2}>0$$

综上，当 $m\leqslant 2$ 时，$f(x)>0$.

对(2)，考虑到不等式中含有 e^x 及以 e 为底的对数 $\ln(x+m)$，联想到 $\mathrm{e}^x\geqslant x+1(x\in\mathbf{R})$ 等有关不等式结论，于是有以下证法.

证明 2　考虑到

$$\mathrm{e}^x\geqslant x+1(x\in\mathbf{R})\qquad(*)$$

成立(证明略).

由 $m \leqslant 2$,得 $1 \geqslant m-1$,则

$$x+1 \geqslant x+m-1 \quad ①$$

由 $x-1 \geqslant \ln x$($x>0$ 当且仅当 $x=1$ 取"=" 号),所以当 $x>-m$ 时,有

$$x+m-1 \geqslant \ln(x+m) \quad (\text{当 } x+m=1 \text{ 时取"=" 号}) \quad ②$$

由 ① 当 $x>-m$ 时,有 $x+1 \geqslant x+m-1 \geqslant \ln(x+m)$,由 $e^x \geqslant x+1$,所以

$$e^x \geqslant x+1 \geqslant x+m-1 \geqslant \ln(x+m)$$

因为式 ① 中当 $m=2$ 时取"=" 号,式 ② 中当 $x+m=1$ 时取"=" 号,若式 ① 与式 ② 中"=" 同时成立,则 $x=-1$,而 $e^x=\frac{1}{e},\frac{1}{e}>0=0=0$;

若(*)与式 ① 中"=" 同时成立,则 $x=0,m=2$,而 $1=1=1>\ln 2$;

若(*)与式 ② 中"=" 同时成立,则 $x=0,m=1$,而 $1=1>0=0$;

若(*)与式 ①② 中"=" 同时成立,则 $x=0,m=2,x+m=1$,显然也不成立.

总之,$e^x \geqslant x+1 \geqslant x+m-1 \geqslant \ln(x+m)$,其中"=" 不能同时成立,所以

$$e^x > \ln(x+m)$$

综上,当 $m \leqslant 2$ 时,$f(x)>0$.

反思　回顾以上解题过程,可见超越不等式(*)及其变式的重要作用,应引起同学们的足够重视.它常用于证明不等式、求字母参数范围、求最值、与自然数有关的不等式证明等问题中.

4.5　导数压轴题类型及解法探究

导数大题较难是大家的共识.表现在考查知识点多综合性强,知识组块、思维层次要求高(如深刻性、发散性、批判性等),方法独特(构造法、换元法、放缩法等)、解题策略(模式识别、进退互化、分合并用、正反相辅等)灵活.总结导数大题特征顺口溜如下:

若求单调用导数(定义),列表定号带极值;

字母零点需讨论,大小正负要分清;

比较大小造函数,求导单调定符号;

分离系数(字母)求最值(范围),最值方法够一打;

存在成立恒成立,最大最小唱反调;

存在最小任意大，存在最大任意小；

导数压轴新趋向，你若胆小就别做.

类型 1　切线、单调性、极值、最值、字母参数范围问题

如上节所述需要谨慎求导，综合应用知识组块、思想方法、思维策略解此类型问题.

例 1　已知函数 $f(x)=\dfrac{-x^2+ax+b}{\mathrm{e}^x}$，曲线 $y=f(x)$ 在点$(0,f(0))$处切线方程为 $3x-y-1=0$.

(1) 求 a,b 的值；

(2) 求函数 $f(x)$ 的单调区间及极值.

分析　此题较常规，运用切线方程、利用导数研究单调性及极值的相关方法可以顺利解决.

解　(1)

$$f'(x)=\frac{(-2x+a)\mathrm{e}^x-(-x^2+ax+b)\mathrm{e}^x}{\mathrm{e}^{2x}}=\frac{x^2-(a+2)x+a-b}{\mathrm{e}^x}$$

所以切线斜率 $k=f'(0)=a-b$，由已知切线方程得 $a-b=3$. 把 $x=0$ 代入切线方程得切点坐标为$(0,-1)$，又已知切点坐标为$(0,f(0))$，即 $f(0)=-1$，把 $x=0$ 代入原函数解析式得 $f(0)=b$，所以得方程组

$$\begin{cases}a-b=3\\b=-1\end{cases}$$

所以，得 $a=2,b=-1$.

(2) 把 $a=2,b=-1$ 代入原函数解析式得 $f(x)=\dfrac{-x^2+2x-1}{\mathrm{e}^x}(x\in\mathbf{R})$，求导得 $f'(x)=\dfrac{x^2-4x+3}{\mathrm{e}^x}$，令 $f'(x)=0$ 得 $x=1$ 或 3，于是如表 4.1：

表 4.1

x	$(-\infty,1)$	1	$(1,3)$	3	$(3,+\infty)$
$f'(x)$	+	0	−	0	+
$f(x)$	↑	极大	↓	极小	↑

即区间$(-\infty,1)$和$(3,+\infty)$为单调增区间，$(1,3)$为单调减区间，$y_{极大}=f(1)=0$，$y_{极小}=f(3)=-\dfrac{4}{\mathrm{e}^3}$.

又例(2020年高考山东卷第21题)　已知函数 $f(x)=a\mathrm{e}^{x-1}-\ln x+\ln a$.

(1) 当 $a=\mathrm{e}$ 时，求曲线 $y=f(x)$ 在点$(1,f(1))$处的切线与两坐标轴围成

的三角形的面积；

(2) 若 $f(x) \geqslant 1$，求 a 的取值范围.

解见第 3 章 3.3 节.

类型 2 存在成立恒成立字母取值范围问题

结论 欲求字母 a 的取值范围，当满足条件(1) 对 $\forall x \in D$，有 $a \geqslant h(x)$ 恒成立，则需求出 $h(x)$ 的最大值 $h(x)_{\max}$，使 $a \geqslant h(x)_{\max}$ 为所求 a 的取值范围.(2) 若 $\exists x \in D$ 使 $a \geqslant h(x)$ 成立，则应求出 $h(x)$ 的最小值 $h(x)_{\min}$，使 $a \geqslant h(x)_{\min}$ 为所求. 反之 $a \leqslant h(x)$ 情形同理. 如图 4.13，

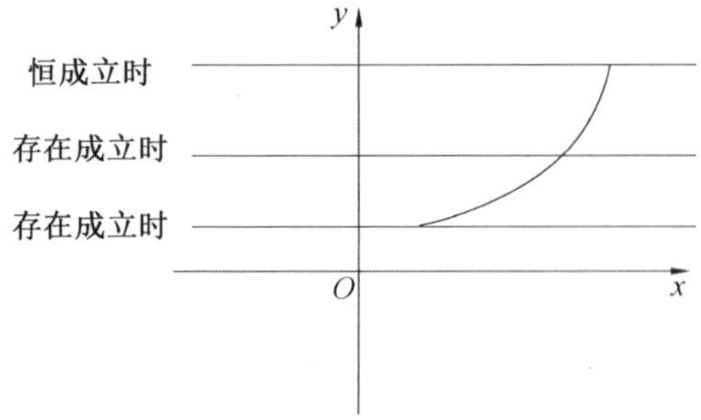

图 4.13

例 2 已知函数 $f(x)=ax+\ln x\ (a \in \mathbf{R})$

(1) 求 $f(x)$ 的单调区间；

(2) 设 $g(x)=x^2-2x+2$，若对 $\forall x_1 \in (0,+\infty)$，均 $\exists x_2 \in [0,1]$，使得 $f(x_1)<g(x_2)$，求实数 a 的取值范围.

解 (1) $f'(x)=a+\dfrac{1}{x}=\dfrac{ax+1}{x}(x>0)$.

① 当 $a \geqslant 0$ 时，由于 $x>0$，故 $ax+1>0$，$f'(x)>0$，所以 $f(x)$ 的单调递增区间为$(0,+\infty)$；

② 当 $a<0$ 时，由 $f'(x)=0$，得 $x=-\dfrac{1}{a}$，在区间$\left(0,-\dfrac{1}{a}\right)$上，$f'(x)>0$，在区间$\left(-\dfrac{1}{a},+\infty\right)$上，$f'(x)<0$，所以函数 $f(x)$ 的单调递增区间为$\left(0,-\dfrac{1}{a}\right)$，单调递减区间为$\left(-\dfrac{1}{a},+\infty\right)$；

(2) 由题意知，转化为需确定 $f(x)$ 和 $g(x)$ 的最大值且使 $f(x_1)_{\max}<g(x_2)_{\max}$(其中 $x_1 \in (0,+\infty)$，$x_2 \in [0,1]$).

由(1) 知，当 $a \geqslant 0$ 时，$f'(x_1)>0$，$f(x_1)$ 在$(0,+\infty)$ 上单调递增，值域为 $\mathbf{R}$，故不符合题意；

当 $a<0$ 时，$f(x_1)$ 在 $\left(0,-\dfrac{1}{a}\right)$ 上单调递增，在 $\left(-\dfrac{1}{a},+\infty\right)$ 上单调递减，故 $f(x_1)$ 的极大值即为最大值

$$f(x_1)_{\max}=f\left(-\frac{1}{a}\right)=-1+\ln\left(-\frac{1}{a}\right)=-1-\ln(-a)$$

$$g(x_2)_{\max}=g(0)=2$$

所以 $-1-\ln(-a)<2$，解得 $a<-\dfrac{1}{e^3}$，即 a 的取值范围为 $\left(-\infty,-\dfrac{1}{e^3}\right)$.

类型 3　函数零点(方程根、图像与 x 轴交点)的个数问题

本类问题思维要求高，计算量大，需要具备良好高级知识组块，需要综合运用化归转化、分类讨论、数形结合、构造、换元等思想方法，运用模式识别、差异分析、分合并用等思维策略等，对于学生来说是属难题类型.

例 3　已知函数 $f(x)=(2-a)x-2(1+\ln x)+a$，$g(x)=\dfrac{ex}{e^x}$.

(1) 若函数 $f(x)$ 在区间 $\left(0,\dfrac{1}{2}\right)$ 无零点，求实数 a 的最小值；

(2) 若对任意给定的 $x_0\in(0,e]$，在 $(0,e]$ 上方程 $f(x)=g(x_0)$ 总存在两个不等的实根，求实数 a 的取值范围.

分析　(1) 将 $f(x)$ 的表达式重新组合，即 $f(x)=(2-a)(x-1)-2\ln x$，发现它是一次函数(常函数)与对数函数的差，设 $m(x)=(2-a)(x-1)$，$h(x)=2\ln x$，$x>0$，则 $f(x)$ 零点存在问题转化成两个函数图像有无交点问题，讨论当 $a<2$ 时和当 $a\geqslant 2$ 时的情况.

(2) 求出 $g'(x)$，$f'(x)$，根据导数分别讨论其单调性及极值. 当 $f(x)$ 在 $(0,e]$ 上不单调即 $f(x)$ 与 $y=g(x_0)$ 图像有两个交点的情况才可能满足题意，再结合 $g(x)$ 的值域确定 $g(x_0)$ 的取值情况，为保证图像有两个交点，还需要比较端点处函数值的大小. 总之，确定满足题意的充分条件从而确定 a 的取值范围.

解　$f(x)=(2-a)(x-1)-2\ln x$.

(1) 令 $m(x)=(2-a)(x-1)(x>0)$；$h(x)=2\ln x(x>0)$，则 $f(x)=m(x)-h(x)$：

① 当 $a<2$ 时，$m(x)$ 在 $\left(0,\dfrac{1}{2}\right)$ 上为增函数，$h(x)$ 在 $\left(0,\dfrac{1}{2}\right)$ 上为增函数，

结合图 4.14 可知，若 $f(x)$ 在 $\left(0,\dfrac{1}{2}\right)$ 无零点即 $m(x)$ 与 $h(x)$ 图像无交点，则 $m\left(\dfrac{1}{2}\right)\geqslant h\left(\dfrac{1}{2}\right)$，即 $(2-a)\times\left(\dfrac{1}{2}-1\right)\geqslant 2\ln\dfrac{1}{2}$，所以 $a\geqslant 2-4\ln 2$，所

以 $2-4\ln 2\leqslant a<2$.

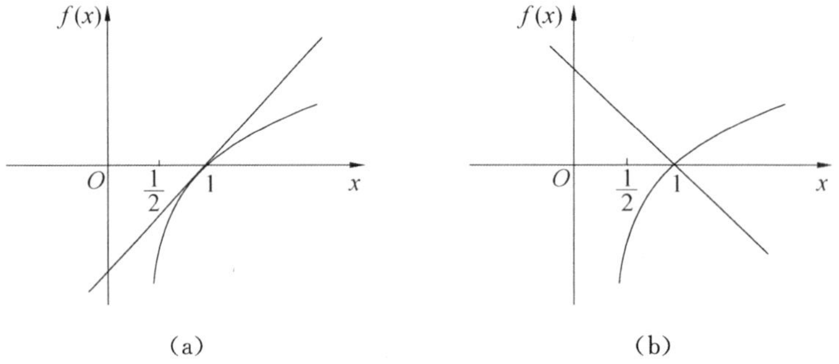

图 4.14

② 当 $a\geqslant 2$ 时,在 $\left(0,\dfrac{1}{2}\right)$ 上,$m(x)\geqslant 0$,$h(x)<0$,所以 $f(x)>0$,所以 $f(x)$ 在 $\left(0,\dfrac{1}{2}\right)$ 上无零点.

由 ①,② 得 $a\geqslant 2-4\ln 2$. 所以 $a_{\min}=2-4\ln 2$;

(2)$g'(x)=\mathrm{e}^{1-x}-x\mathrm{e}^{1-x}=(1-x)\mathrm{e}^{1-x}$:

当 $x\in(0,1)$ 时,$g'(x)>0$,函数 $g(x)$ 单调递增,当 $x\in(1,\mathrm{e}]$ 时,$g'(x)<0$,函数 $g(x)$ 单调递减. 又因为 $g(0)=0$,$g(1)=1$,$g(\mathrm{e})=\mathrm{e}^{2-\mathrm{e}}>0$,所以,函数 $g(x)$ 在$(0,\mathrm{e}]$上的值域为$(0,1]$,即对任意给定的 $x_0\in(0,\mathrm{e}]$,$g(x_0)\in(0,1]$(图 4.15).

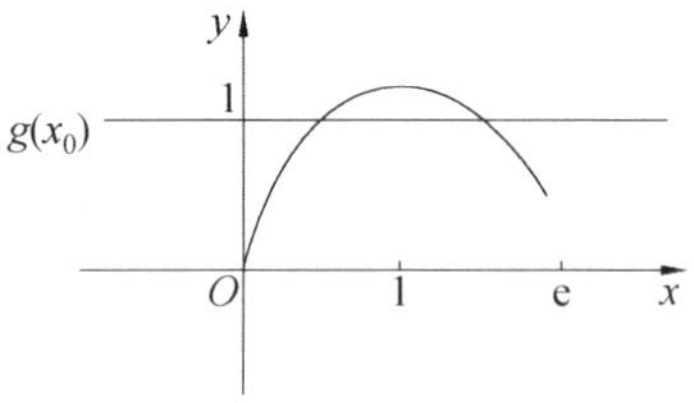

图 4.15

因为 $f(x)=(2-a)(x-1)-2\ln x(x>0)$,所以 $f'(x)=2-a-\dfrac{2}{x}=\dfrac{(2-a)x-2}{x}$.

① 当 $a\geqslant 2$ 时,$f'(x)<0$,所以 $f(x)$ 在$(0,\mathrm{e}]$ 单调递减,且 $f(1)=0$,不符合题意;

② 当 $a<2$ 时,令 $f'(x)=0$,$x=\dfrac{2}{2-a}$.

(i) 当$\dfrac{2}{2-a}\geqslant e$时，即当$2-\dfrac{2}{e}\leqslant a<2$时，$x\in(0,e]$时$x<\dfrac{2}{2-a}$，所以$f'(x)<0$，$f(x)$在$(0,e]$单调递减，不符合题意；

(ii) $\dfrac{2}{2-a}<e$时，即当$a<2-\dfrac{2}{e}$时，当$0<x<\dfrac{2}{2-a}$时$f'(x)<0$，当$\dfrac{2}{2-a}<x<e$时，$f'(x)>0$，则$f(x)_{极小值}=f\left(\dfrac{2}{2-a}\right)$.

又在区间$\left(0,\dfrac{2}{2-a}\right)$上，当$x\to 0$时，$(2-a)(x-1)\to a-2(a<2)$且$-2\ln x\to+\infty$，所以$(2-a)(x-1)-2\ln x\to+\infty$.

所以，要使$f(x)=g(x_0)$在$(0,e]$上总存在两个不相等的实根，需使$\begin{cases}f\left(\dfrac{2}{2-a}\right)\leqslant 0\\ f(e)\geqslant 1\end{cases}$即$\begin{cases}\dfrac{1}{2}a+\ln(2-a)-\ln 2\leqslant 0\\ a\leqslant 2-\dfrac{3}{e-1}\end{cases}$如图 4.16 所示.

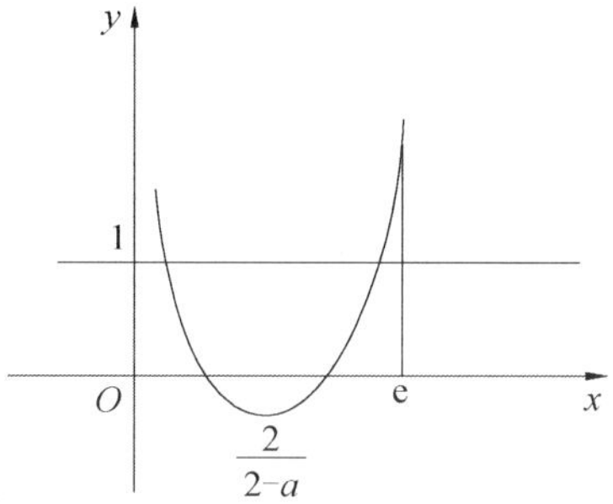

图 4.16

下证：当$a\leqslant 2-\dfrac{3}{e-1}$时，$\dfrac{1}{2}a+\ln(2-a)-\ln 2\leqslant 0$恒成立.

设$t(x)=\dfrac{1}{2}x+\ln(2-x)-\ln 2\left(x\leqslant 2-\dfrac{3}{e-1}\right)$，则$t'(x)=\dfrac{1}{2}+\dfrac{-1}{2-x}=\dfrac{x}{2(x-2)}$.

当$x\in(-\infty,0)$时，$t'(x)\geqslant 0$，$x\in\left(0,2-\dfrac{3}{e-1}\right)$时，$t'(x)<0$. 所以$t(x)\leqslant t(0)=0$.

所以$\dfrac{1}{2}a+\ln(2-a)-\ln 2\leqslant 0$恒成立，又因为$2-\dfrac{2}{e}>2-\dfrac{3}{e-1}$，所以$a\leqslant 2-\dfrac{3}{e-1}$.

综上，得 $a \in \left(-\infty, 2-\dfrac{3}{\mathrm{e}-1}\right]$.

类型 4　与自然数有关的不等式证明问题

相等是相对的，不等是绝对的. 解不等式与证明不等式问题是代数学的基本问题. 导数背景下，利用导数知识为手段可以解决一些与自然数有关的不等式证明问题.

例 4　已知函数 $f(x)=\ln x+1-ax$.

(1) 求函数 $f(x)$ 的单调区间；

(2) 当 $a=1$ 时，证明 $f(x)\leqslant 0$；

(3) 证明：$1+\dfrac{1}{2}+\dfrac{1}{3}+\cdots+\dfrac{1}{n-1}>\ln n(n\in \mathbf{N}^*, n\geqslant 2)$.

分析　(1) 不难通过求导数得当 $a\leqslant 0$ 时，在区间 $(0,+\infty)$ 上 $f(x)$ 递增；当 $a>0$ 时，在区间 $\left(0,\dfrac{1}{a}\right)$ 上函数递增，在区间 $\left(\dfrac{1}{a},+\infty\right)$ 上函数递减.

(2) 求导 $f'(x)=\dfrac{1}{x}-1=\dfrac{1-x}{x}(x>0)$，令 $f'(x)=0$ 得 $f(x)$ 在 $(0,1)$ 上递增，在 $(1,+\infty)$ 上递减，所以 $f(x)_{极大}=f(1)=0$ 即 $f(x)\leqslant 0$.

(3) 导数问题里出现了不等式证明问题，说明问题的解决需要用导数知识来支撑. 有(2) 问作铺垫，当 $a=1$ 时，$f(x)\leqslant 0$，即有重要不等式：$x-1\geqslant \ln x(x>0)$，则 $x>1$ 时，$x-1>\ln x$. 联想到 $\dfrac{n+1}{n}>1$，则 $\dfrac{n+1}{n}-1>\ln\dfrac{n+1}{n}, n\in \mathbf{N}^*$，即 $\dfrac{1}{n}>\ln(n+1)-\ln n, n\in \mathbf{N}^*$，则有

$$\frac{1}{1}>\ln 2-\ln 1$$

$$\frac{1}{2}>\ln 3-\ln 2,\cdots \frac{1}{n-1}>\ln n-\ln(n-1)\quad (n\in \mathbf{N}^*, n\geqslant 2)$$

上式两边分别相加得

$$1+\frac{1}{2}+\frac{1}{3}+\cdots+\frac{1}{n-1}>\ln n\quad (n\in \mathbf{N}^*, n\geqslant 2)$$

例 5　已知函数 $f(x)=ax+\dfrac{b}{x}+c(a>0)$ 的图像在点 $(1,f(1))$ 处的切线方程为 $y=x-1$.

(1) 用 a 表示 b,c；

(2) 若 $f(x)\geqslant \ln x$ 在 $[1,+\infty)$ 上恒成立，求 a 的取值范围；

(3) 证明：$1+\dfrac{1}{2}+\dfrac{1}{3}+\cdots+\dfrac{1}{n}>\ln(n+1)+\dfrac{n}{2(n+1)}(n\geqslant 1)$.

本题是函数、导数、不等式证明综合题，考查学生数学知识组块、思想方法、思维品质及分析问题解决问题的能力.

解　(1) $f'(x)=a-\dfrac{b}{x^2}$，则有 $\begin{cases}f(1)=a+b+c=0\\f'(1)=a-b=1\end{cases}$，解得 $\begin{cases}b=a-1\\c=l-2a\end{cases}$.

(2) 由(1)知

$$f(x)=ax+\frac{a-1}{x}+1-2a$$

令

$$g(x)=f(x)-\ln x=ax+\frac{a-1}{x}+1-2a-\ln x,x\in[1,+\infty)$$

则

$$g(1)=0$$

$$g'(x)=a-\frac{a-1}{x^2}-\frac{1}{x}=\frac{ax^2-x-(a-1)}{x^2}=\frac{a(x-1)\left(x-\frac{1-a}{a}\right)}{x^2}$$

① 当 $0<a<\dfrac{1}{2}$，$\dfrac{1-a}{a}>1$，当 $1<x<\dfrac{1-a}{a}$ 时 $g'(x)<0$，$g(x)$ 单调递减，所以 $g(x)<g(1)=0$，即 $f(x)<\ln x$，故 $f(x)\geqslant\ln x$ 在 $[1,+\infty)$ 上恒不成立.

② $a\geqslant\dfrac{1}{2}$ 时，$\dfrac{1-a}{a}\leqslant 1$，则当 $x\geqslant 1$ 时 $g'(x)\geqslant 0$，$g(x)$ 单调递增，所以 $g(x)\geqslant g(1)=0$，即当 $x\geqslant 1$ 时，$f(x)\geqslant\ln x$ 恒成立.

综上所述，所求 a 的取值范围为 $\left[\dfrac{1}{2},+\infty\right)$.

(3) 由(2)知：当 $a\geqslant\dfrac{1}{2}$ 时，有 $f(x)\geqslant\ln x(x\geqslant 1)$.

令 $a=\dfrac{1}{2}$，有 $f(x)=\dfrac{1}{2}\left(x-\dfrac{1}{x}\right)\geqslant\ln x(x\geqslant 1)$，当 $x>1$ 时，$\dfrac{1}{2}\left(x-\dfrac{1}{x}\right)>\ln x$.

令 $x=\dfrac{k+1}{k}$，有

$$\ln\frac{k+1}{k}<\frac{1}{2}\left[\frac{k+1}{k}-\frac{k}{k+1}\right]=\frac{1}{2}\left[\left(1+\frac{1}{k}\right)-\left(1-\frac{1}{k+1}\right)\right]$$

即 $\ln(k+1)-\ln k<\dfrac{1}{2}\left(\dfrac{1}{k}+\dfrac{1}{k+1}\right)$，$k=1,2,3,\cdots,n$，将上述 n 个不等式依次相加得

$$\ln(n+1)<\frac{1}{2}+\left(\frac{1}{2}+\frac{1}{3}+\cdots+\frac{1}{n}\right)+\frac{1}{2(n+1)}$$

整理得

$$1+\frac{1}{2}+\frac{1}{3}+\cdots+\frac{1}{n}>\ln(n+1)+\frac{n}{2(n+1)}$$

再补充重要不等式法、放缩法应用的例子.

1.重要不等式法

以柯西不等式应用为例,柯西不等式的一般形式为:

设 $a_i,b_i\in\mathbf{R}(i=1,2,3,\cdots,n)$,则 $(a_1^2+a_2^2+\cdots+a_n^2)(b_1^2+b_2^2+\cdots+b_n^2)\geqslant(a_1b_1+a_2b_2+\cdots+a_nb_n)^2$,当且仅当 $b_i=0(i=1,2,3,\cdots,n)$ 或存在一个数 k,使得 $a_i=kb_i(i=1,2,3,\cdots,n)$ 时等号成立.

例 1 对任意 $a_i(i=1,2,3,\cdots,n)>0$,证明 $\sum\limits_{i=1}^{n}a_i\cdot\sum\limits_{i=1}^{n}\frac{1}{a_i}\geqslant n^2$.

证明 $\sum\limits_{i=1}^{n}a_i\cdot\sum\limits_{i=1}^{n}\frac{1}{a_i}=\sum\limits_{i=1}^{n}(\sqrt{a_i})^2\cdot\sum\limits_{i=1}^{n}\left(\frac{1}{\sqrt{a_i}}\right)^2\geqslant\left(\sum\limits_{i=1}^{n}\sqrt{a_i}\cdot\frac{1}{\sqrt{a_i}}\right)^2=n^2$,所以原不等式成立.

2.放缩法

例 2 求证 $\frac{1}{2}<\frac{1}{n+1}+\frac{1}{n+2}+\cdots+\frac{1}{2n}<1$.

分析 由于中间相为 n 项和,且在 $\frac{1}{2}$ 和 1 两数之间,自然考虑到要对其进行放大和缩小.又中间 n 项的通项为 $\frac{1}{n+k}(k=1,2,\cdots,n)$,对其放大和缩小为 $\frac{1}{2n}<\frac{1}{n+k}<\frac{1}{n}(k=1,2,\cdots,n)$,并考虑 $\frac{1}{2}$ 和 1 也化为 n 项和.

证明 因为 $\frac{1}{2n}<\frac{1}{n+1},\frac{1}{2n}<\frac{1}{n+2},\cdots,\frac{1}{2n}<\frac{1}{n+n-1}=\frac{1}{2n-1},\frac{1}{2n}=\frac{1}{2n}$,以上各式两边分别相加得 $n\cdot\frac{1}{2n}<\frac{1}{n+1}+\frac{1}{n+2}+,\cdots,+\frac{1}{2n}$,即

$$\frac{1}{2}<\frac{1}{n+1}+\frac{1}{n+2}+\cdots+\frac{1}{2n}$$

同理

$$\frac{1}{n+1}<\frac{1}{n},\frac{1}{n+2}<\frac{1}{n},\cdots,\frac{1}{2n}<\frac{1}{n}$$

所以

$$\frac{1}{n+1}+\frac{1}{n+2}+,\cdots,+\frac{1}{2n}<n\cdot\frac{1}{n}=1$$

综上，原不等式成立.

类似的，**例 3** 已知数列$\{a_n\}$通项为 $a_n=3n^2-3n+1$，求证 $\sum\limits_{i=1}^{n}\frac{1}{a_i}<\frac{4}{3}$.

分析　因为当 $n\geqslant 2$ 时，有

$$\frac{1}{a_n}=\frac{1}{3n^2-3n+1}<\frac{1}{3n^2-3n}=\frac{1}{3}\left(\frac{1}{n-1}-\frac{1}{n}\right)$$

所以

$$\begin{aligned}\sum_{i=1}^{n}\frac{1}{a_i}&<1+\frac{1}{3}\left[\left(1-\frac{1}{2}\right)+\left(\frac{1}{2}-\frac{1}{3}\right)+\cdots+\left(\frac{1}{n-1}-\frac{1}{n}\right)\right]\\&=1+\frac{1}{3}\left(1-\frac{1}{n}\right)<\frac{4}{3}\end{aligned}$$

4.6　直线与圆锥曲线位置关系综合问题解法探究

学生在经过第一轮复习的夯实基础，谙熟通性、通法后，到第二轮复习时则应侧重抓思维品质的训练、解题策略的强化，为第三轮复习打下坚实的基础.

直线与圆锥曲线位置关系综合问题（以下简称“位置问题”）是综合了直线、圆锥曲线的有关概念、方程、性质等知识，涉及弦长、中点、交点、切线、斜率、对称、面积、最值、定点定值、参数范围等类型. 此类问题的特点是信息量大、运算量大、难度大，在高考中常以压轴题的身份出现，是高考命题者的最爱也是学生心中“永远的痛”. 解决此类问题要具备高级知识组块、数学思想方法、思维策略的轻松驾驭、良好的运算素养，还要总结掌握一些解法规律等.

所以本节想通过典型例题的分析归纳，探究解此类位置问题的解法规律，使学生能很快地识别模式，找到解题的切入点进而突破难关，体验攻克难题的成就感，从而树立信心，在高考中取得好成绩，在未来的人生中成为强者.

什么是解析几何呢？解析几何是指用代数方法研究曲线概念、性质、位置关系的一门几何学分支. 大家知道解析几何的创立者是笛卡儿，其实笛卡儿创立解析几何前一直在思考探索的是如何找到一种普遍的方法进而解决科学中的所有问题，而这种普遍的方法是数学方法，即笛卡儿实际上提出了科学数学化的任务. 笛卡儿曾经设想过“万能方法”，即认为按照以下的模式就可以有效地解决一切问题：

第一，把任何问题都转化为数学问题；

第二，把任何数学问题都转化为代数问题；

第三，把任何代数问题都归结为解方程.

当然，今天看来笛卡儿的这种"万能方法"是有局限性的，但不可否认"解方程(组)"是解析几何这门科学研究方法的核心，也是解某些数学问题的有用思维模式即我们常说的方程思想. 所以，由方程的讨论进而得出曲线有关性质是解析几何的基本思想即：

曲线(或图形)特征$\xrightarrow{\text{建立}}$方程(组)$\xrightarrow{\text{代数方法讨论解答}}$曲线(或图形)性质等问题的解.

例 1 若 F_1，F_2 分别是椭圆 $\frac{x^2}{a^2}+\frac{y^2}{b^2}=1(a>b>0)$ 的左右焦点，P 是该椭圆上的一个动点，且 $|PF_1|+|PF_2|=4$，$|F_1F_2|=2\sqrt{3}$.

(1) 求此椭圆方程；

(2) 是否存在过定点 $N(0,2)$ 的直线 l 与椭圆交于不同的两点 A，B，使 $\overrightarrow{OA}\perp\overrightarrow{OB}$($O$ 为坐标原点)？若存在，求出直线 l 的斜率 k；若不存在，说明理由.

分析 (1) 不难由椭圆定义得解. (2) 依据上述列方程(组)思想，应设出直线方程，然后联立方程组，通过对方程组解的情况及题设条件中向量位置关系的研究，进而得到问题的解. 注意分类讨论不要落掉斜率不存在的情形.

解 (1) $\frac{x^2}{4}+y^2=1$.

(2)①k 不存在时，不符题意；

②k 存在时，联立方程组 $\begin{cases}y=kx+2\\ \frac{x^2}{4}+y^2=1\end{cases}$ 整理得

$$(1+4k^2)x^2+16kx+12=0$$

则 $1+4k^2\neq 0$ 且由 $\Delta=16(4k^2-3)>0$ 得 $k>\frac{\sqrt{3}}{2}$ 或 $k<-\frac{\sqrt{3}}{2}$.

由韦达定理得

$$x_1+x_2=\frac{-16k}{1+4k^2},x_1\cdot x_2=\frac{12}{1+4k^2}$$

因为 $\overrightarrow{OA}\perp\overrightarrow{OB}$，即

$$x_1\cdot x_2+y_1\cdot y_2=x_1\cdot x_2+k^2x_1\cdot x_2+2k(x_1+x_2)+4=\frac{4(4-k^2)}{1+4k^2}=0$$

所以 $k=\pm 2$，且满足 $\Delta>0$ 即为所求.

反思 解题能力的提高不在于解题的数量，而在于解题后的反思与提升，即对问题内涵的挖掘、题型及解题规律方法的总结，这样才能抓住本质，形成解题技能及模式组块，举一反三触类旁通，进而提高解题能力，提升思维品

质和学科素养.经过多年的积累,我把直线与圆锥曲线位置关系综合问题的解法总结成如下顺口溜:

学了直线学圆锥;　　位置综合是难题;
总结规律找方法;　　下笔切入有神助;
设线方程后联立;　　解析思想是根本;
系数判别要先行;　　根的关系找韦达;
涉弦长度代公式;　　弦的中点莫忽视;
切线问题用判别(导数);　　点差解决线斜率;
若求离心找关系(a,b,c);　　涉及向量换坐标;
最值参数化函数;　　点的坐标来对称;
定点定值是热点;　　轨迹问题方法多;
复杂多变是特色;　　信心方法最重要;
能求几步做几步;　　不言放弃和逃避.

解读

第 5 句中"线"的方程不仅指直线方程,很多时候也指圆锥曲线的方程.第 6 句说的是要抓住解析几何的根本思想是方程思想,即几何问题转化为代数问题来解决.第 7 句中"系数"指二次项系数,若为零,则判别式不存在,此时方程为一元一次方程.如双曲线中直线与渐近线平行情形,此时直线与双曲线只有一个交点且不是切点.第 11 句中切线问题也可用导数,如求切线方程且已知切点在圆锥曲线上,则可直接用切点坐标分别替换 x 及 y,一次项则分别用 $\frac{x_0+x}{2}$,$\frac{y_0+y}{2}$ 替换 x 及 y,则得切线方程.第 12 句中点差是指点差法.第 13 句中求离心率则建立 a,b,c 之间的关系.第 14 句中涉及向量的问题常转化成坐标的关系.第 15 句中涉及参数范围问题,常转化成求函数的最值问题用基本不等式来解决.第 16 句中提到对称问题抓住"点线点"对称这一基本问题(图式)则可以解决其他的对称问题.第 18 句中是说求轨迹方程问题的方法有很多,要熟练掌握定义法、待定系数法、五步法、相关点法等基本方法.最后几句提到良好心态及自信心建立的重要性.

进一步大家可完成如下变式,并体会以上顺口溜的意义:

(1)$\angle AOB$ 为锐角、钝角时分别求实数 k 的取值范围

$$\left(\left(-2,-\frac{\sqrt{3}}{2}\right)\cup\left(\frac{\sqrt{3}}{2},2\right),(-\infty,-2)\cup(2,+\infty)\right)$$

(2) 若 $\overrightarrow{OA}\cdot\overrightarrow{OB}>3$,求实数 k 的取值范围

$$\left(\left(-\frac{\sqrt{15}}{4},-\frac{\sqrt{3}}{2}\right)\cup\left(\frac{\sqrt{3}}{2},\frac{\sqrt{15}}{4}\right)\right)$$

例 2 如图 4.17 所示，已知圆 C：$(x+1)^2+y^2=8$，定点 $A(1,0)$，M 为圆上一动点，点 P 在 AM 上，点 N 在 CM 上，且满足 $\overrightarrow{AM}=2\overrightarrow{AP}$，$\overrightarrow{NP}\cdot\overrightarrow{AM}=0$，点 N 的轨迹为曲线 E.

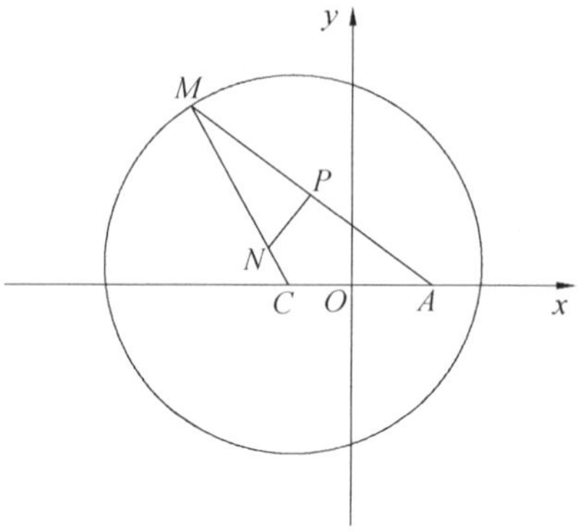

图 4.17

(1) 求曲线 E 的方程；

(2) 若直线 $y=kx+\sqrt{k^2+1}$ 与(1)中所求点 N 的轨迹 E 交于不同两点 F,H，O 是坐标原点，且 $\frac{2}{3}\leqslant\overrightarrow{OF}\cdot\overrightarrow{OH}\leqslant\frac{3}{4}$，求 $\triangle FOH$ 的面积的取值范围.

分析 由定义定方程，建方程组再判别，根的关系找韦达，涉弦长度代公式，点线公式要记牢，因求范围化函数，取值范围要先行，最值方法离不开.

解 (1) $\overrightarrow{AM}=2\overrightarrow{AP}$，$\overrightarrow{NP}\cdot\overrightarrow{AM}=\mathbf{0}$，所以 NP 为线段 AM 的垂直平分线

$$|NA|=|NM|$$

$$|NC|+|NA|=|NC|+|NM|=2\sqrt{2}>2=|CA|$$

所以动点 N 的轨迹是以 $C(-1,0)$，$A(1,0)$ 为焦点的椭圆，且长轴长为 $2a=2\sqrt{2}$，焦距 $2c=2$，所以 $a=\sqrt{2}$，$c=1$，$b^2=1$，所以，曲线 E 的方程为 $\frac{x^2}{2}+y^2=1$.

(2) 设 $F(x_1,y_1)$，$H(x_2,y_2)$，联立方程组：$\begin{cases}\frac{x^2}{2}+y^2=1\\ y=kx+\sqrt{k^2+1}\end{cases}$.

消去 y 得 $(2k^2+1)x^2+4k\sqrt{k^2+1}x+2k^2=0$，又 $2k^2+1\neq 0$，且 $\Delta=8k^2>0$（因为 $k\neq 0$）

所以

$$x_1+x_2=-\frac{4k\sqrt{k^2+1}}{2k^2+1},x_1x_2=\frac{2k^2}{2k^2+1}$$

$$\begin{aligned}\overrightarrow{OF}\cdot\overrightarrow{OH}&=x_1x_2+y_1y_2=x_1x_2+(kx_1+\sqrt{k^2+1})(kx_2+\sqrt{k^2+1})\\&=(k^2+1)x_1x_2+k\sqrt{k^2+1}(x_1+x_2)+k^2+1\\&=\frac{(k^2+1)\cdot 2k^2}{2k^2+1}-\frac{4k^2(k^2+1)}{2k^2+1}+k^2+1\\&=\frac{k^2+1}{2k^2+1}\end{aligned}$$

所以

$$\frac{2}{3} \leqslant \frac{k^2+1}{2k^2+1} \leqslant \frac{3}{4}$$

所以

$$\frac{1}{2} \leqslant k^2 \leqslant 1$$

因为

$$|FH| = \sqrt{(1+k^2)[(x_1+x_2)^2 - 4x_1x_2]} = \sqrt{(1+k^2)} \cdot \frac{2\sqrt{2k^2}}{2k^2+1}$$

又点 O 到直线 FH 的距离 $d=1$，于是面积可表示为关于 k 的函数，所以

$$S = \frac{1}{2}d|FH| = \frac{\sqrt{2k^2(k^2+1)}}{2k^2+1}$$

令

$$t = 2k^2+1 \quad t \in [2,3], k^2 = \frac{1}{2}(t-1)$$

所以

$$S = \frac{1}{t}\sqrt{(t-1)\left[\frac{1}{2}(t-1)+1\right]} = \frac{1}{t}\sqrt{\frac{1}{2}(t^2-1)} = \frac{\sqrt{2}}{2}\sqrt{1-\frac{1}{t^2}}$$

因为 $2 \leqslant t \leqslant 3$，所以

$$\frac{1}{9} \leqslant \frac{1}{t^2} \leqslant \frac{1}{4}$$

$$\frac{\sqrt{3}}{2} \leqslant \sqrt{1-\frac{1}{t^2}} \leqslant \frac{2\sqrt{2}}{3}$$

所以 $\frac{\sqrt{6}}{4} \leqslant S \leqslant \frac{2}{3}$.

求最值问题是数学里的基本问题，而要解决日常生活、生产实践中经常遇到的用料最省、利润最大、成本最低、用时最短等问题，则需要建立数学模型化最值问题来解决. 定点定值问题则体现数学中变与不变、运动与静止、联系转化的哲学内涵. 最值和定点定值问题则是位置关系题中常见的，高考中常考的热点题型. 解法上除了上述列方程组的“万能方法”外，还有相应的具体措施. 现对其解法规律做进一步探讨.

1. 圆锥曲线中的最值问题

圆锥曲线最值问题常用结论见第 2 章 2.9 节. 解此类问题的关键是用好定义、基本不等式、化函数值域问题等方法. 此类问题计算量大（如上例 2），需

要具备良好模式识别、整体思想、换元、构造、直觉思维等素养.

例 1　如图 4.18,已知 F 为抛物线 $y^2=x$ 的焦点,点 A,B 在该抛物线上且位于 x 轴的两侧,$\overrightarrow{OA}\cdot\overrightarrow{OB}=2$(其中 O 为坐标原点),则 $\triangle ABO$ 与 $\triangle AFO$ 面积之和的最小值是　　(　　)

A. 2　　B. 3　　C. $\dfrac{17\sqrt{2}}{8}$　　D. $\sqrt{10}$

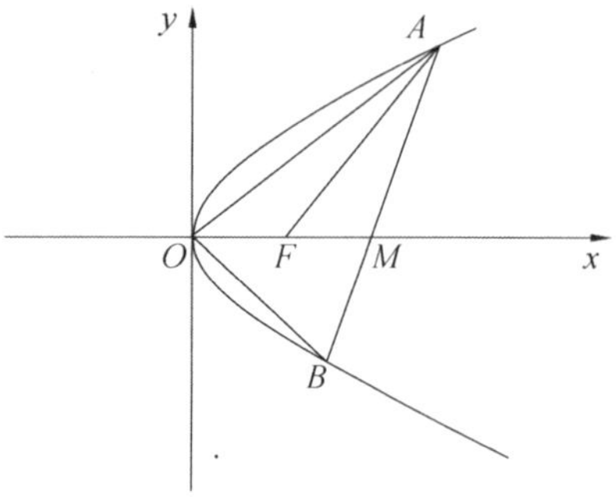

图 4.18

分析　据题意 $F\left(\dfrac{1}{4},0\right)$,$\overrightarrow{OA}\cdot\overrightarrow{OB}=2$,需设 $A(x_1,y_1)$,$B(x_2,y_2)$,且是由直线 l_{AB} 与抛物线相交所得,于是需设 l_{AB} 方程与抛物线方程联立,用韦达定理,并把 $\triangle ABO$ 与 $\triangle AFO$ 面积之和表示成某个变量的函数,用基本不等式得最值.其中直线 l_{AB} 方程设法上要用 $x=\lambda y+m(\lambda\in\mathbf{R},m>0)$ 的形式,其中 $m(m>0)$ 为直线与 x 轴交点横坐标,可称之为"倒斜截式"方程,优点在于其包含了斜率存在和斜率不存在(当 $\lambda=0$ 时)两种情形,缺点是不含斜率为零的情况.

解　设 $A(x_1,y_1)$,$B(x_2,y_2)$,直线 l_{AB} 方程为 $x=\lambda y+m(\lambda\in\mathbf{R},m>0)$,与抛物线方程联立得

$$\begin{cases}x=\lambda y+m\\ y^2=x\end{cases}$$

所以 $y_1y_2=-m$,又

$$x_1x_2=y_1^2y_2^2=(y_1y_2)^2$$

所以,由 $\overrightarrow{OA}\cdot\overrightarrow{OB}=2$ 得

$$x_1x_2+y_1y_2=(y_1y_2)^2+y_1y_2=2$$

所以 $y_1y_2=-2$ 或 $y_1y_2=1$(舍).

即 $m=2$,所以直线 l_{AB} 方程为 $x=\lambda y+2(\lambda\in\mathbf{R})$,即直线 l_{AB} 过定点(2,0).

此结论也可用“设抛物线 $y^2=2px(p\neq 0)$ 上两个动点分别为 $A(x_1,y_1)$ 和 $B(x_2,y_2)$ 且满足 $y_1y_2=n$（n 为常数），则直线 AB 恒过定点 $\left(-\frac{n}{2p},0\right)$ 确定. 于是直线 l_{AB} 交 x 轴于点 $M(2,0)$，又不妨设 $y_1>0$，则

$$S_{\triangle OAB}=\frac{1}{2}\times 2\times(y_1-y_2)=y_1+\frac{2}{y_1}$$

而

$$S_{\triangle OFA}=\frac{1}{2}\times\frac{1}{4}\times y_1$$

所以

$$S_{\triangle OAB}+S_{\triangle OFA}=\frac{9y_1}{8}+\frac{2}{y_1}\geqslant 2\times\frac{3}{2}=3$$

即选 B.

例 2（2013 年高考全国 2 卷理科第 20 题）　如图 4.19，平面直角坐标系 xOy 中，过椭圆 $M:\frac{x^2}{a^2}+\frac{y^2}{b^2}=1(a>b>0)$ 右焦点的直线 $x+y-\sqrt{3}=0$ 交 M 于 A,B 两点，P 为 AB 的中点，且 OP 的斜率为 $\frac{1}{2}$.

(1) 求 M 的方程；

(2) C,D 为 M 上两点，若四边形 $ACBD$ 的对角线 $CD\perp AB$，求四边形 $ACBD$ 面积的最大值.

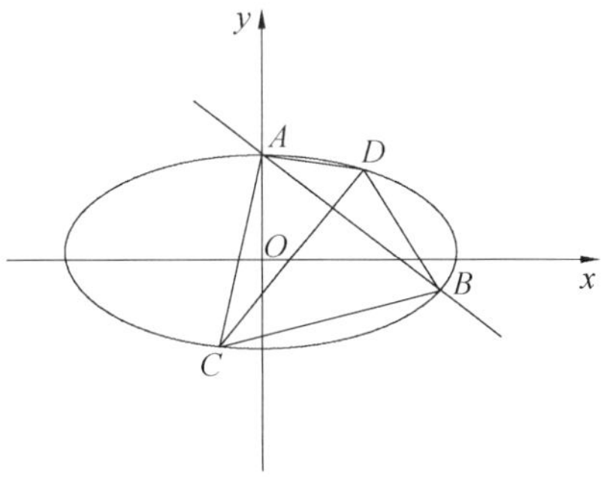

图 4.19

解　(1) 由点差法（导出过程略）得 $k_{AB}=-\frac{b^2x_{中}}{a^2y_{中}}=-1$，又 $k_{OP}=\frac{y_{中}}{x_{中}}=\frac{1}{2}$，所以 $a^2=2b^2$.

又由题意知，M 的右焦点为 $(\sqrt{3},0)$，故 $a^2-b^2=3$. 因此 $a^2=6,b^2=3$.

所以 M 的方程为 $\frac{x^2}{6}+\frac{y^2}{3}=1$.

(2) 由

$$\begin{cases}x+y-\sqrt{3}=0\\ \frac{x^2}{6}+\frac{y^2}{3}=1\end{cases}$$

解得

$$\begin{cases}x=\frac{4\sqrt{3}}{3}\\ y=-\frac{\sqrt{3}}{3}\end{cases} 或 \begin{cases}x=0\\ y=\sqrt{3}\end{cases}$$

因此 $|AB|=\frac{4\sqrt{6}}{3}$.

由题意可设直线 CD 的方程为 $y=x+n\left(-\frac{5\sqrt{3}}{3}<n<\sqrt{3}\right)$(其中当直线 CD 过 $A(0,\sqrt{3})$ 点时 $n=\sqrt{3}$,过 $B\left(\frac{4\sqrt{3}}{3},-\frac{\sqrt{3}}{3}\right)$ 点时 $n=-\frac{5\sqrt{3}}{3}$.

设 $C(x_3,y_3)$,$D(x_4,y_4)$. 由 $\begin{cases}y=x+n,\\ \frac{x^2}{6}+\frac{y^2}{3}=1\end{cases}$ 得

$$3x^2+4nx+2n^2-6=0$$

于是

$$x_{3,4}=\frac{-2n\pm\sqrt{2(9-n^2)}}{3}$$

因为直线 CD 的斜率为 1,所以

$$|CD|=\sqrt{2}\,|x_4-x_3|=\frac{4}{3}\sqrt{9-n^2}$$

由已知,所以四边形 $ACBD$ 的面积 $S=\frac{1}{2}|CD|\cdot|AB|=\frac{8\sqrt{6}}{9}\sqrt{9-n^2}$.

当 $n=0$ 时,S 取得最大值,为 $\frac{8\sqrt{6}}{3}$.

所以,四边形 $ACBD$ 面积的最大值为 $\frac{8\sqrt{6}}{3}$.

注意到,四边形面积最值是在与椭圆相交的平行直线系且直线过原点时取得,此时弦长达到最大进而面积达到最大. 回忆我们以前做过的求最值问题

发现，某些特殊值、特殊位置、特殊直线、特殊点等，如成角为 $0°$，$45°$ 或$90°$、直线的斜率为 ± 1、零或斜率不存在、弦的中点、圆锥曲线的顶点和焦点、垂直与平行、相切、直线过原点或圆锥曲线的顶点及焦点、直线与抛物线对称轴平行、直线与双曲线渐近线平行等，往往这些“特殊”出现时就是最值取得时. 所以很多时候“退到特殊”成为问题的关键所在，是进退互化思维策略的体现. 与此题有着惊人相似之处的是 2005 年高考全国 2 卷理科第 21 题.

例 3(2005 年高考全国 2 卷理科第 21 题)　P,Q,M,N 四点都在椭圆 $x^2+\frac{y^2}{2}=1$ 上，F 为椭圆在 y 轴正半轴上的焦点. 已知 $\overrightarrow{PF}$ 与 $\overrightarrow{FQ}$ 共线，$\overrightarrow{MF}$ 与 $\overrightarrow{FN}$ 共线，且 $\overrightarrow{PF}\cdot\overrightarrow{MF}=\mathbf{0}$，求四边形 $PMQN$ 面积的最小值和最大值.

解　如图 4.20，由条件知 MN 和 PQ 是椭圆的两条弦，相交于焦点 $F(0,1)$ 且 $PQ\perp MN$，直线 PQ，MN 中至少有一条存在斜率，不妨设 PQ 的斜率为 k，又 PQ 过点 $F(0,1)$，故 PQ 的方程为 $y=kx+1$，又设 P,Q 两点的坐标分别为 (x_1,y_1)，(x_2,y_2)，联立方程组得

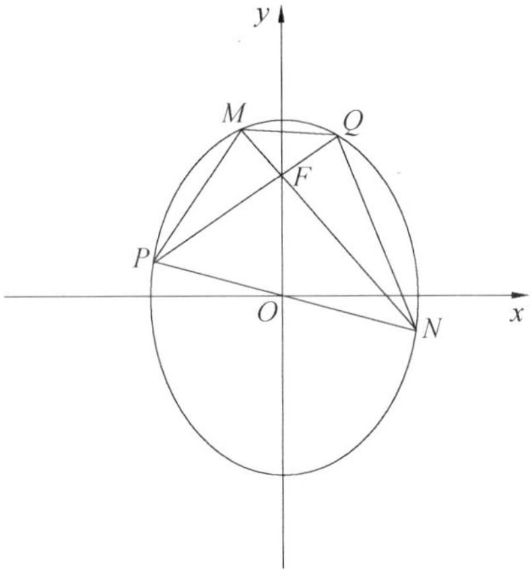

图 4.20

$$\begin{cases}y=kx+1\\x^2+\dfrac{y^2}{2}=1\end{cases}$$

整理得

$$(2+k^2)x^2+2kx-1=0$$

有 $2+k^2\neq 0$，$\Delta=(2k)^2-4(2+k^2)(-1)>0$，则

$$x_1+x_2=-\frac{2k}{2+k^2},\ x_1x_2=-\frac{1}{2+k^2}$$

代入弦长公式得 $|PQ|=\dfrac{2\sqrt{2}(1+k^2)}{2+k^2}$.

(1) 当 $k\neq 0$ 时,MN 的斜率为 $-\dfrac{1}{k}$,同理得

$$|MN|=\frac{2\sqrt{2}\left(1+\left(-\frac{1}{k}\right)^2\right)}{2+\left(-\frac{1}{k}\right)^2}$$

故四边形面积

$$S=\frac{1}{2}|PQ|\cdot|MN|=\frac{4(1+k^2)\left(1+\frac{1}{k^2}\right)}{\left(2+k^2\right)\left(2+\frac{1}{k^2}\right)}$$

$$=\frac{4\left(2+k^2+\frac{1}{k^2}\right)}{5+2k^2+\frac{2}{k^2}}$$

令 $u=k^2+\dfrac{1}{k^2}$,$k^2>0$ 得

$$S=\frac{4(2+u)}{5+2u}=2\left(1-\frac{1}{5+2u}\right)$$

因为 $u=k^2+\dfrac{1}{k^2}\geqslant 2$ 且 S 是以 u 为自变量的增函数,所以当 $u=2$,即 $k=\pm 1$ 时,$S_{\min}=\dfrac{16}{9}$,又 $S<2$,所以 $\dfrac{16}{9}\leqslant S<2$;

(2) 当 $k=0$ 时,MN 为椭圆长轴,$|MN|=2\sqrt{2}$,$|PQ|=\sqrt{2}$,$S=\dfrac{1}{2}\cdot|PQ|\cdot|MN|=2$.

综合(1),(2) 知,四边形 $PMQN$ 面积的最大值为 2,最小值为 $\dfrac{16}{9}$.

最小值是在斜率为 ± 1 时取得,最大值是在斜率为零时取得,均属于“特殊”时.

例 4 在 $\mathrm{Rt}\triangle ABC$ 中,P 是斜边 BC 上一点,且满足 $\overrightarrow{BP}=\dfrac{1}{2}\overrightarrow{PC}$,点 M,N 在过点 P 的一条直线上.若 $\overrightarrow{AM}=\lambda\overrightarrow{AB}$,$\overrightarrow{AN}=\mu\overrightarrow{AC}(\lambda>0,\mu>0)$,则 $\lambda+2\mu$ 的最小值为 ( )

A. 2　　B. $\dfrac{8}{3}$　　C. 3　　D. $\dfrac{10}{3}$

分析　向量问题的解决也常用建系的办法. 如图 4.21,设 $C(1,0)$,$B(0,1)$,即此时把 Rt$\triangle ABC$ 特殊化为等腰直角三角形,则 $N(\mu,0)$,$M(0,\lambda)$,直线 MN 方程为$\frac{x}{\mu}+\frac{y}{\lambda}=1$,代入 $P\left(\frac{1}{3},\frac{2}{3}\right)$得$\frac{1}{3\mu}+\frac{2}{3\lambda}=1$,用基本不等式法不难得$(\lambda+2\mu)_{\min}=\frac{8}{3}$,所以选 B. 最值的取得仍与特殊位置(直线 BC 斜率为 -1)有关. 当然此题还有不用建系的一般解法.

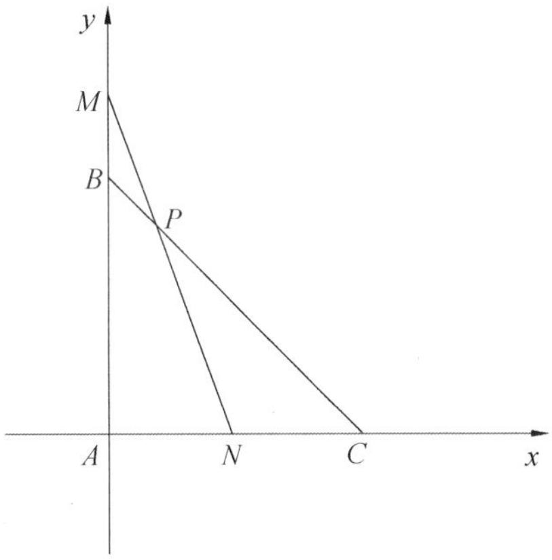

图 4.21

总之,数学问题不但考查学生对“四基”的掌握驾驭情况,更重要的是考查学生解题过程中是否具备良好的思维品质、学科素养,能够从全局出发考虑问题,多角度辩证分析问题,思维缜密不重复不遗漏,特别是注重微观及细节处的考察. 所谓“而世之奇伟、瑰怪、非常之观,常在于险远,而人之所罕至焉,故非有志者不能至也.”可谓无限风光在险峰! 远处有大天地,小处要做大文章.

2. 定点定值问题

需要的知识组块、思想方法、思维策略常有用定点定值结论(见第 2 章 2.9 节)、过定点及平行直线系方程及应用、整体思想、换元构造等方法、设而不求、代入消参、进退互化等策略、抽象思维、形象思维、直觉思维等.

例 1　若点 P 为椭圆$\frac{x^2}{a^2}+\frac{y^2}{b^2}=1(a>b>0)$上任意一点(不在 x 轴上),过原点 O 作直线 AB 交椭圆于点 A,B,且直线 PA,PB 的斜率都存在,分别为 k_1,k_2,则 $k_1\cdot k_2$ 为定值 $-\frac{b^2}{a^2}$.

分析　如图 4.22,由于点 A,B 关于原点对称,可设 $A(x_1,y_1)$,$B(-x_1,$

$-y_1$),又设 $P(x_0,y_0)$,则

$$k_1=k_{PA}=\frac{y_0-y_1}{x_0-x_1},k_2=k_{PB}=\frac{y_0+y_1}{x_0+x_1}$$

则

$$k_1\cdot k_2=\frac{y_0^2-y_1^2}{x_0^2-x_1^2}$$

又 A,P 都在椭圆上代入坐标得

$$\frac{x_0^2}{a^2}+\frac{y_0^2}{b^2}=1,\frac{x_1^2}{a^2}+\frac{y_1^2}{b^2}=1$$

两式两边相减变形得 $k_1\cdot k_2=-\frac{b^2}{a^2}$.

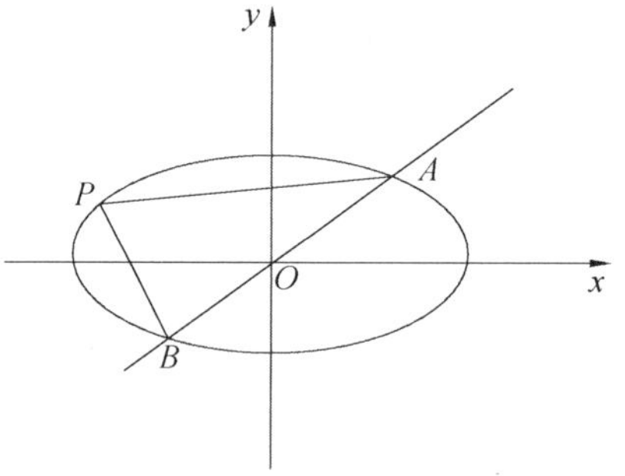

图 4.22

双曲线中定值为$\frac{b^2}{a^2}$ 证略.

类似问题如:已知椭圆 $C:\frac{x^2}{a^2}+\frac{y^2}{b^2}=1(a>b>0)$ 的左右顶点分别为 A,B,M,N 是椭圆 C 上关于长轴对称的两点.若直线 AM 与 BN 相交于点 P,则点 P 的轨迹方程是 (　　)

A. $x=\pm a(y\neq 0)$　　B. $y^2=2b(|x|-a)(y\neq 0)$

C. $x^2+y^2=a^2+b^2(y\neq 0)$　　D. $\frac{x^2}{a^2}-\frac{y^2}{b^2}=1(y\neq 0)$

分析　设 $M(x_1,y_1)$,$N(x_1,-y_1)$,$P(x,y)$,如上例可证

$$k_{AM}\cdot k_{BN}=\frac{-y_1^2}{x_1^2-a^2}=\frac{b^2}{a^2}\quad(\text{定值})$$

而

$$k_{PA}\cdot k_{PB}=\frac{y^2}{x^2-a^2}=k_{AM}\cdot k_{BN}=\frac{b^2}{a^2}$$

进而得

$$\frac{x^2}{a^2}-\frac{y^2}{b^2}=1\quad(y\neq 0)$$

例 2　已知动圆 P 与圆 $O_1:x^2-x+y^2=0$ 内切,且与直线 $x=-1$ 相切,设动圆圆心 P 的轨迹为曲线 C.

(1) 求曲线 C 的方程;

(2) 过曲线 C 上一点 $M(2,y_0)(y_0>0)$,作两条直线 l_1,l_2 与曲线 C 分别交于不同的两点 A,B,若直线 l_1,l_2 的斜率分别为 k_1,k_2,且 $k_1\cdot k_2=1$,证明:直线 AB 过定点(图 4.23).

分析　(1) 不难依据抛物线定义得曲线 C 的方程为 $y^2=2x$;

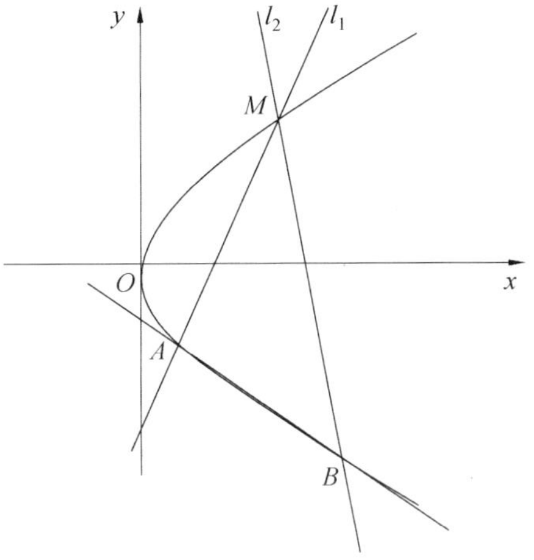

图 4.23

(2) **解法 1**　易得 $M(2,2)$，设 $A(x_1,y_1)$，$B(x_2,y_2)$，由点斜式得直线 l_1 方程，与抛物线方程 $y^2=2x$ 联立得

$$\begin{cases}y-2=k_1(x-2) \quad (k_1\neq 0)\\ y^2=2x\end{cases}$$

代入得

$$y^2-\frac{2}{k_1}y+\frac{4}{k_1}-4=0$$

由韦达定理得 $y_1=\frac{2}{k_1}-2$，所以

$$x_1=\frac{2k_1^2-4k_1+2}{k_1^2}$$

即 $A\left(\frac{2k_1^2-4k_1+2}{k_1^2},\frac{2}{k_1}-2\right)$，同理得 $B\left(\frac{2k_2^2-4k_2+2}{k_2^2},\frac{2}{k_2}-2\right)$，又 $k_1\cdot k_2=1$，于是

$$k_{AB}=\frac{\frac{2}{k_2}-2-\frac{2}{k_1}+2}{\frac{2k_2^2-4k_2+2}{k_2^2}-\frac{2k_1^2-4k_1+2}{k_1^2}}=\frac{k_1k_2}{k_1+k_2-2k_1k_2}=\frac{k_1}{(k_1-1)^2}$$

(因为 $k_1k_2=1$ 所以 $k_1\neq 1$)，取点 $A\left(\frac{2k_1^2-4k_1+2}{k_1^2},\frac{2}{k_1}-2\right)$ 代入点斜式得直线 AB 方程为 $y-\frac{2}{k_1}+2=\frac{k_1}{(k_1-1)^2}\left(x-\frac{2k_1^2-4k_1+2}{k_1^2}\right)$，化简得 $y+2=\frac{k_1}{(k_1-1)^2}x$，所以直线 AB 过定点 $(0,-2)$。

上述解法烦琐、计算量较大.转换角度,如从设直线 AB 方程入手,效果会如何?

解法 2 易得 $M(2,2)$,设 $A(x_1,y_1)$,$B(x_2,y_2)$,显然直线 AB 斜率不为零,设直线 AB 方程为 $x=\lambda y+m(\lambda\in\mathbf{R})$,与抛物线方程联立得

$$\begin{cases}x=\lambda y+m\\ y^2=2x\end{cases}$$

得 $y^2-2\lambda y-2m=0$,则 $y_1+y_2=2\lambda$,$y_1y_2=-2m$

$$k_1\cdot k_2=\frac{y_1-2}{x_1-2}\cdot\frac{y_2-2}{x_2-2}=\frac{y_1-2}{\frac{y_1^2}{2}-2}\cdot\frac{y_2-2}{\frac{y_2^2}{2}-2}=\frac{2(y_1-2)}{y_1^2-4}\cdot\frac{2(y_2-2)}{y_2^2-4}$$

当 $y_1=2$,$y_2=2$ 时,A,B 与点 M 重合;

当 $y_1\neq 2$,$y_2\neq 2$ 时

$$k_1\cdot k_2=\frac{2}{y_1+2}\cdot\frac{2}{y_2+2}=\frac{4}{y_1y_2+2(y_1+y_2)+4}=\frac{4}{-2m+4\lambda+4}=1$$

所以 $m=2\lambda$,代入 AB 方程得 $x=\lambda(y+2)(\lambda\in R)$,所以直线 AB 过定点$(0,-2)$.

回顾两种方法都用了联立方程、韦达定理、设而不求、代入消参等方法,但解法 1 设直线 MA 方程,用斜率 k_1,k_2 表示点 A,B 坐标,解法 2 设直线 AB 方程且用"倒斜截式",用点 A,B 坐标表示斜率 k_1,k_2,计算量出现明显差异,解法 2 大大减少了计算量.

一般地,求直线过定点问题,经常是从所求过定点直线入手,设其斜截式或倒斜截式方程,并通过条件找出方程中两个参数间的关系(代入消参),进而确定直线所过定点.

4.7 排列组合问题的模型解法

排列组合题是高考中的热点题,难度大约都在中高档难度.此类问题因其抽象性和复杂性也是学生心目中的难题,多数同学解完排列组合题后还忐忑不安,解的对与否心里没底.人们已总结出了很多解此类问题的方法或策略,如相邻问题捆绑法、不相邻问题插空法、定序问题除法处理,等等.

"模式识别"是解题的基本思维方式,更是常用的思维策略.模式识别策

略可以用于排列组合问题的解，通过识别问题特征，联想大脑中已储存的固有模式或组块，化抽象问题为具体模型，运用模型相应解法去解决问题，这一方法可进一步简称为模型法.实践证明用模型法解此类问题，则会起到事半功倍的效果，不失为一种好方法.

模型法分以下三个步骤：1.条件识别；2.模型拟合；3.计算求解.条件识别即是分析问题背景，搞清量与量之间的关系，明确问题的本质是属于哪一类问题，如是数字排序问题还是分配问题等，进而联想相应问题的模型；模型拟合即是根据前面的分析识别，把问题与已熟悉和解决过的相应模型相对照和拟合；最后依据相应模型的解法得到本问题的解.以下举例说明.

模型 1　填空格模型(数字排序问题)

a	b	c	d	e

模型解读　此模型即是填空格，如要求有若干元素填入空格内或者其中某些元素要满足限制条件等，强调一个空格只能填一个元素，否则就不是此类模型.如数字或人排序问题即可归入此模型求解.

例　某单位安排 7 位员工在 10 月 1 日至 7 日值班，每天 1 人，每人值班 1 天，若 7 位员工中的甲、乙排在相邻两天，丙不排在 10 月 1 日，丁不排在 10 月 7 日，则不同的安排方案共有　(　　)

A. 504 种　　B. 960 种　　C. 1 008 种　　D. 1 108 种

分析　条件识别：现有 7 个元素(7 位员工)，要填入 7 个空格(7 天值班)，个别元素要满足限制条件；模型拟合：可确认为填空格模型；计算求解如下：

解 1(直接法)　分两类：甲、乙排 1，2 号或 6，7 号 共有 $2\times A_2^2A_4^1A_4^4$ 种方法，甲、乙排中间，丙排 7 号或不排 7 号，共有 $4A_2^2(A_4^4+A_3^1A_3^1A_3^3)$ 种方法，故共有 1 008 种不同的排法.

解 2(间接法)　甲、乙相邻与其他 5 人全排，除去丙在 1 日或丁在 7 日不符的情况再加上多减的有 $A_2^2A_6^6-2A_2^2A_5^5+A_2^2A_4^4=1\ 008$ 种.如：

丙						丁

模型 2　分书模型(分组问题)

模型解读　即有若干本书，按不同要求分成几组或分若干本给不同的人，怎样分组或分配的问题.如：按下列要求分配 6 本不同的书，各有多少种不同的分配方式？

(1) 分成三份，1 份 1 本，1 份 2 本，1 份 3 本；(此为无序不均匀分组答案为 $C_6^1C_5^2C_3^3=60$ 种.)

(2) 甲、乙、丙三人中，一人得 1 本，一人得 2 本，一人得 3 本；(此为有序不

均匀分组答案为 $C_6^1C_5^2C_3^3A_3^3=360$ 种.)

(3) 平均分成三分,每份 2 本;(此为无序均匀分组答案为 $\frac{C_6^2C_4^2C_2^2}{A_3^3}=15$ 种)

(4) 平均分配给甲、乙、丙三人,每人 2 本;(此为有序均匀分组答案为 $\frac{C_6^2C_4^2C_2^2}{A_3^3}\cdot A_3^3=90$ 种.)

(5) 分成三份,1 份 4 本,另外两份每份 1 本;(此为无序部分均匀分组答案为 $\frac{C_6^2C_2^1C_1^1}{A_2^2}=15$ 种.)

(6) 甲、乙、丙三人中,一人得 4 本,另外两人每人得 1 本;(此为有序部分均匀分组答案为 $\frac{C_6^2C_2^1C_1^1}{A_2^2}\cdot A_3^3=90$ 种.)

(7) 甲得 1 本,乙得 1 本,丙得 4 本.(直接分配问题答案为 $C_6^1C_5^1C_4^4=30$ 种.)

例 将 6 位志愿者分成 4 组,其中两个各 2 人,另两个组各 1 人,分赴世博会的四个不同场馆服务,不同的分配方案有________种(用数字作答).

分析 联想分书模型要先分组再分配,先分组,考虑到有 2 个是平均分组,得两个两人组 $\frac{C_6^2C_4^2}{A_2^2}$,两个一人组 $\frac{C_2^1C_1^1}{A_2^2}$,再全排列得:$\frac{C_6^2C_4^2}{A_2^2}\cdot\frac{C_2^1C_1^1}{A_2^2}\cdot A_4^4=$ 1 080 种.

模型 3 抽屉模型(分配问题)

模型解读 抽屉原则:把 $n+1$ 个元素按照一定方式放入 n 个集合中,那么必有一个集合含有两个或两个以上的元素.以上抽屉原则也称为鸽笼原理,这里作为解排列组合问题的模型,是解决多于"抽屉"个数的元素放置安排问题,要先考虑元素的分组,并使组数与"抽屉"个数相等,再排列.注意,与填空格模型比较,填空格模型是一元素对一个空格,而此模型是多元素对一个"空格".

如:4 个不同的小球全部放入 3 个不同的盒里,每盒至少一个球(没有空盒)的放法?

分析 先把 4 个小球分成 3 组,即 $C_4^2\cdot\frac{C_2^1C_1^1}{A_2^2}$,再乘 A_3^3.

例 1 海德堡大学是有 600 多年历史的德国最古老的大学,这所大学有个学生监狱,旧时用来专门惩治捣蛋鬼,现有 4 名学生要关入 3 所不同的监房,每屋至少 1 人,关押办法的种数为 (B)

A. 24　　B. 36　　C. 60　　D. 72

又如(2017年高考全国2卷理科第6题)安排3名志愿者完成4项工作，每人至少完成1项，每项工作由1人完成，则不同的安排方式共有　　　(D)

A. 12种　　B. 18种　　C. 24种　　D. 36种

又如(2020年高考全国2卷理科第14题)4名同学到3个小区参加垃圾分类宣传活动，每名同学只去1个小区，每个小区至少安排1名同学，则不同的安排方法共有__36__种.

例2　现安排甲、乙、丙、丁、戊5名同学参加上海世博会志愿者服务活动，每人从事翻译、导游、礼仪、司机四项工作之一，每项工作至少有一人参加. 甲、乙不会开车但能从事其他三项工作，丙、丁、戊都能胜任四项工作，则不同安排方案的种数是　　　(　　)

A. 152　　B. 126　　C. 90　　D. 54

分析　即是5个元素填入4个“抽屉”中，必有一个“抽屉”填两个.

解1　若有2人从事司机工作，则方案有$C_3^2\times A_3^3=18$；若有1人从事司机工作，则方案有$C_3^1\times C_4^2\times A_3^3=108$种，所以共有$18+108=126$种，故B正确.

解2　$C_5^2A_4^4$(总安排数)$-A_3^3$(甲乙开车)$-2\times C_3^1A_3^3$(甲或乙与另三人中一人开车)$-2\times C_4^2A_3^3$(甲或乙自己一人开车)$=126$种.

模型4　四色模型(着色问题)

模型解读　四色问题是历史上有名的数学难题，它的内容是“任何一张地图只用四种颜色就能使具有共同边界的国家着上不同的颜色.”用数学语言表示，即“将平面任意地细分为不相重叠的区域，每一个区域总可以用1，2，3，4这四个数字之一来标记，而不会使相邻的两个区域得到相同的数字.”排列组合问题中常见这类把平面区域或点涂色，但要求相邻的区域或点不能同色，解决此类问题主要是应用分类及分步原理.

例　如图4.24，用四种不同颜色给图中的A,B,C,D,E,F六个点涂色，要求每个点涂一种颜色，且图中每条线段的两个端点涂不同颜色，则不同的涂色方法有　　　(　　)

A. 288种　　B. 264种　　C. 240种　　D. 168种

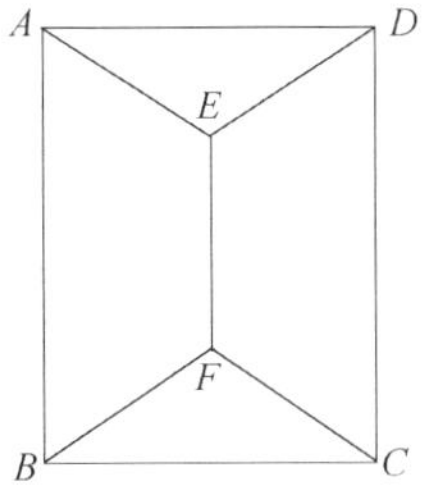

图4.24

解　(1) 涂 B,D,E,F 用四种颜色,则有 $A_4^4\times1\times1=24$ 种方法;

(2)B,D,E,F 用三种颜色,则有 $A_4^3\times2\times2+A_4^3\times2\times1\times2=192$ 种方法;

(3)B,D,E,F 用两种颜色,则有 $A_4^2\times2\times2=48$ 种方法;所以共有 $24+192+48=264$ 种不同的涂色方法.

模型 5　鞋配双模型(搭档问题)

模型解读　此类型题的特点是元素的选取是成对的或是单个选,如鞋子、袜子、手套、搭档、夫妻等的计数.从 6 双不同色的鞋中任取 4 只,其中恰有两只配成一双的取法?

解 1　C_6^1(6 双中任取一双)$\times C_5^2$(余下 5 双中任取 2 双)$\times C_2^1C_2^1$(每双中各取一只)$=240$ 种;

解 2　$C_6^1\times\dfrac{C_{10}^1C_8^1}{A_2^2}$(平均用除法);

解 3　C_6^1(C_5^2(5 左取 2 只)$+C_5^1C_4^1$(右 4 取 1 只)$+C_5^2$(5 右取 2 只));

解 4　$C_6^1(C_{10}^2-C_5^1)$;

解 5　$C_{12}^4-C_6^2$(恰好两双)$-C_6^4\times2^4$(无任何两只成一双).

例　从 6 对老搭档运动员中选 5 名出国参赛,要求被选出的运动员任意两名都不是老搭档的选法?

解　$C_6^5\times2^5=192$ 种.

模型 6　投信模型(可重复排列问题)

模型解读　常见如下问题,有 4 封信投入到 3 个邮筒内,有多少种投法?这是可重复排列问题,因为每封信都有 3 种投法,所以共有 3^4 种方法.

例　一列车厢中有 10 名乘客,沿途共有 8 个站点,问乘客共有多少种下车的方法?

分析　10 名乘客相当于 10 封信,8 个站点相当于 8 个邮筒,所以有 8^{10} 种.

模型 7　错装信封模型(错排问题)

模型解读　一个人写了 n 封不同的信及相应的 n 个不同的信封,他把这 n 封信都装错了信封,问都装错信封的装法有多少种?这个问题被称为“装错信封问题”,是由数学家伯努利的儿子提出来的,被欧拉称为“组合数论的一个妙题”.如,同室四人各写了一张贺年卡,先集中起来,然后每人从中拿一张别人送出的贺年卡,共有多少种不同的分配方式?

分析　此类问题也可称为错排问题,本题是 4 元素的错排,用列举的方法,不难得到共有 9 种分配方式.同理 3 元素的错排有 2 种,2 元素的错排有 1 种,那么可得 5 元素的错排有 $A_5^5-C_5^1\times9$(4 元素错排)$-C_5^2\times2$(3 元素错排）$-C_5^3$（2 元素错排）$-1=44$ 种.

一般地，记 n 个不同元素的错排总数为 $f(n)$，则

$$f(n)=n!\left[1-\frac{1}{1!}+\frac{1}{2!}-\frac{1}{3!}+\cdots+\frac{(-1)^n}{n!}\right]$$

例　有 4 位同学在同一天的上、下午参加“身高与体重”“立定跳远”“肺活量”“握力”“台阶”五个项目的测试，每位同学上、下午各测试一个项目，且不重复. 若上午不测“握力”项目，下午不测“台阶”项目，其余项目上、下午都各测试一人. 则不同的安排方式共有________种(用数字作答).

解　这是一个错排问题，上午 4 位同学对 4 种测试项目进行全排列有 A_4^4 种，如下表 4.2：

表 4.2

台阶	身高与体重	立定跳远	肺活量
A	B	C	D

下午让 A 同学测握力项目，再让另 3 名同学测其他 3 个项目，但不能和上午相同，所以即是 3 人的错排，共有 2 种，如下表 4.3：

表 4.3

握力	身高与体重	立定跳远	肺活量
A	D	B	C
A	C	D	B

其次把握力看成台阶，则 4 人错排共有 9 种. 所以共有 $A_4^4\times(2+9)=264$ 种.

模型 8　隔板模型(不定数分组问题)

模型解读　有一类问题是需要把一些元素进行分组，每组中元素的个数不确定，然后再进行分配. 如，有 10 个完全相同的小球，放入编号为 1，2，3 的三个盒子里，要求每个盒子的球数不小于它的编号数，则不同的放法有多少种？

分析　先放入 3 个球，如$\boxed{0}$ $\boxed{1}$ $\boxed{2}$，把余下的 7 个球再分成 3 组，并把每组中的球依次放入盒中满足题意，这样用两个隔板放入 7 个球间的 6 个空位中，如 ○｜○○｜○○○○，放入隔板的方法即为放球的方法，从而答案为 $C_6^2=15$ 种.

一般地，现有 n 个元素分成 m 组，且每组中元素个数不定，可在 n 个元素间的 $n-1$ 个空中放入 $m-1$ 个隔板，从而有 C_{n-1}^{m-1} 种方法.

例　某校准备一个 18 人的足球队，这 18 人由高一年级 10 个班的学生组

成，每个班级至少一个名额的分配方案有________种.

解 因为18人要由10个班的人数构成，所以相当于18人要分成10组，且每组中人数不确定，采用放9个隔板的方法来完成，即 $C_{17}^{9}=24\ 310$ 种. 如图示4.25：

○ | ○○ | ○ | ○○ | ○ | ○○ | ○○○ | ○○○ | ○ | ○○

(1) (2) (3) (4) (5) (6) (7) (8) (9) (10)

图 4.25

每班人数可按组别即序号(1) ～ (10) 中所示的人数来确定.

4.8 数学文化与数学应用

“文化”一词在《辞海》中的解释是“人类在社会历史发展过程中所创造的物质财富和精神财富的总和.” 数学作为一种文化，是指数学的思想、精神、语言、方法、观点，以及它们的形成和发展；还包括数学在人类生活、科学技术、社会发展中的贡献和意义. 广义上说除上述内涵以外，还包含数学家、数学史、数学美、数学教育，数学发展中的人文成分、数学与社会的联系、数学与各种文化的关系，等等.

高考试题本身就在考察数学文化，但本节狭义上把数学文化作为高考试题的一个重要组成部分，近年来试题中数学文化的考察更加凸显，以中外数学史、数学应用、数学美、新科技应用等为载体命题. 可谓内容异彩纷呈，难度高低错落，被考生们戏称为神题，也让一些考生在考场上望而却步. 近年已出现的题目如断臂维纳斯、天坛地砖、钢琴琴键、3D 打印、胡夫金字塔、日晷、金石、阳马鳖臑、太极图、哥德巴赫猜想、榫卯、十二平均律、割圆术等，涉及数学知识如函数、数列、立体几何、解析几何、三角、概率统计、复数、推理、计数算法等.

依据高考“立德树人、服务选才、引导教学” 的核心功能，要求数学教师在课堂教学中高度重视数学文化的教学，有意识地渗透数学文化，让学生感受数学文化之美、数学文化之奇，更重要的是体会数学的应用价值，培养学生数学应用意识、建模素养. 值得教师注意的是，课堂中数学文化的引入不可突兀、牵强，应结合内容顺理成章、水到渠成、道法自然，更要通过情境教学、应用问题解决教会学生此类问题的方法.

此类问题学生感觉较难的原因是信息量、阅读量大，很多问题虽来源于生产生活或科研实践，但仍会有一些问题由于学生没有亲身经历和体验而感觉陌生，导致理解困难，其中隐含的数量关系信息提取困难，建模环节受阻. 但是，这类问题其实只是被披上了背景外衣，本质终离不开数或形间的关系，万物皆含“数理”，“数理”无处不在！

顺利解决此类问题需要具备高级知识组块、良好的分析、抽象、概括、建模、数据分析、直观想象、运算检验等能力素养.特别需要建模思想和素养，数学建模是指对现实问题进行数学抽象，用数学语言表达问题，用数学方法构建模型解决问题的素养.建模过程如图 4.26：

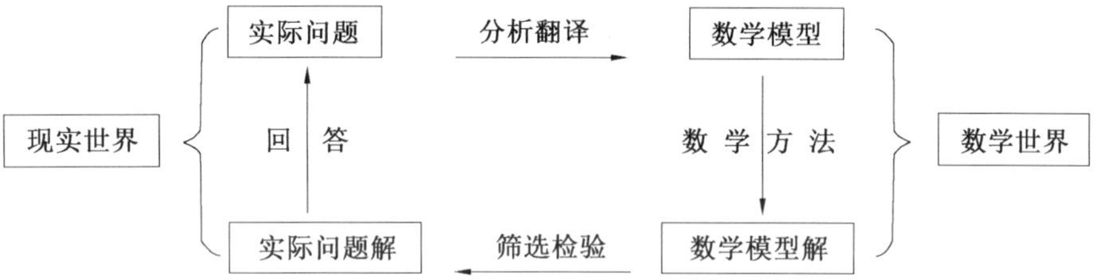

图 4.26

解题关键在于建模环节，面对问题后首先要弄清题意识别模式，提取相关知识组块及经验办法解决问题.即

(1) 读题，多读反复读，“读你千遍不厌倦”；

(2) 入题，深入了解问题背景，挖掘隐含条件，确定考察方向；

(3) 识题，识别问题模式，回忆提取相关知识组块，画出图形；

(4) 出题，确定着手切入点，理清数量关系建立数学模型：函数、数列、方程、不等式、几何、三角等；

(5) 解题，用相关数学原理、思想方法、思维策略解题、验证结论.

依据问题内容背景的异同可分为以下几类.

1. 结构美及设计原理

例 1(2020 年高考山东卷第 4 题)　日晷是中国古代用来测定时间的仪器，利用与晷面垂直的晷针投射到晷面的影子来测定时间.把地球看成一个球(球心记为 O)，地球上一点 A 的纬度是指 OA 与地球赤道所在平面构成的角，点 A 处的水平面是指过点 A 且与 OA 垂直的平面.在点 A 处放置一个日晷，若晷面与赤道所在平面平行，点 A 处的纬度为北纬 40°，则晷针与点 A 处的水平面所成角为　(　　)

A. 20°　　B. 40°　　C. 50°　　D. 90°

分析　读懂问题弄清题意，这是一个求线面角大小问题，涉及球、纬度、面面平行、线面垂直、线面成角等知识组块，解题关键是画出截面图，弄清上述对象的位置及数量关系.如图 4.27，画出过球心、点 A 和晷针所确定的平面截地球和晷面的截面图，即是要求 $\angle BAE$.

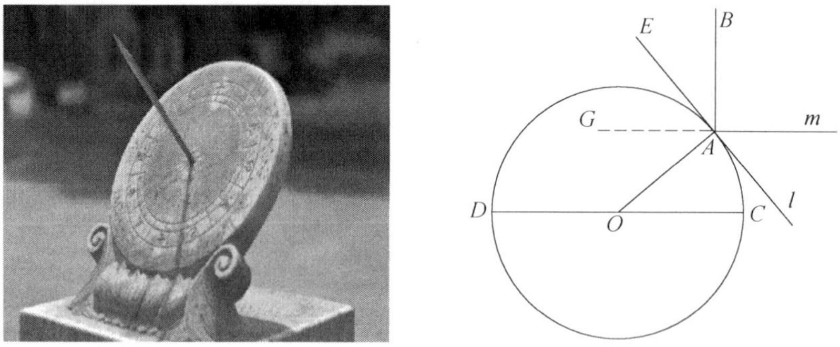

图 4.27

则据面面平行性质有 $GA \parallel CD$,则 $\angle AOC = \angle GAO = 40^\circ$,又 $OA \perp l$,$AB \perp m$,则 $\angle OAG + \angle GAE = \angle GAE + \angle BAE = 90^\circ$,所以 $\angle BAE = 40^\circ$,故选 B.

例 2 中国传统文化中很多内容体现了数学的“对称美”. 如图 4.28 所示的太极图是由黑白两个鱼形纹组成的圆形图案,充分体现了相互转化、对称统一的形式美、和谐美. 定义:图像能够将圆 O 的周长和面积同时等分成两部分的函数称为圆 O 的一个“太极函数”,给出下列命题:

① 对于任意一个圆 O,其“太极函数”有无数个;

② 函数 $f(x)=\ln(x^2+\sqrt{x^2+1})$ 可以是某个圆的“太极函数”;

③ 正弦函数 $y=\sin x, x\in \mathbf{R}$ 可以同时是无数个圆的“太极函数”;

④ 函数 $y=f(x)$ 是“太极函数”的充要条件为函数 $y=f(x)$ 的图像是中心对称图形. 其中正确的命题为 ( )

A. ①③ B. ①③④ C. ②③ D. ①④

分析 这是一道涉及图形对称性问题. 解题的关键是抓住等分圆周长及面积的曲线满足什么条件? 即等分周长的曲线必过圆直径的两个端点,既过直径端点又等分面积的曲线必过圆心,所以满足条件的曲线既要过圆心又要过任一直径的两端点,则关于圆心成中心对称的曲线必为“太极函数”,有了以上认识则可以判断解题.

图 4.28

因为过圆心的直线都可以将圆的周长和面积同时平分,故对于任意一个圆 O,其“太极函数”有无数个,故 ① 正确;函数 $f(x)=\ln(x^2+\sqrt{x^2+1})$ 是偶函数,其大致图像如下,故其不可能为圆的“太极函数”,故 ② 错误;将圆的圆心放在正弦函数 $y=\sin x$ 图像的任一对称中心上,则正弦函数 $y=\sin x$ 是该圆的“太极函数”,且可以有无数个圆成立,故 ③ 正确;函数 $y=f(x)$ 的图像是中心对称图形,则 $y=f(x)$ 是“太极函数”,但函数 $y=f(x)$ 是“太极函数”时,图像不一定是中心对称图形,如图 4.29,故 ④ 错误. 故选 A.

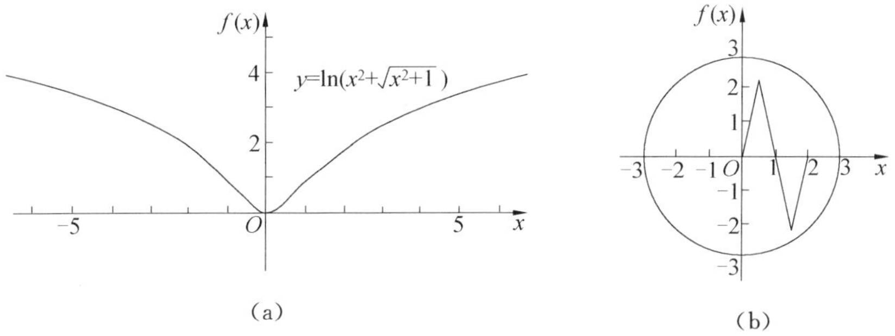

图 4.29

例 3　瑞士著名数学家欧拉发现公式 $e^{ix}=\cos x+i\sin x$（i 为虚数单位），它将指数函数的定义域扩大到复数集，建立了三角函数和指数函数的关系，它在复变函数论里占有非常重要的地位，特别是当 $x=\pi$ 时，$e^{i\pi}+1=0$ 被认为是数学上最优美的公式，数学家们评价它是“上帝创造的公式”. 根据欧拉公式可知，e^{i} 表示的复数在复平面中位于　　　　（　　）

A. 第一象限　　B. 第二象限　　C. 第三象限　　D. 第四象限

分析　由欧拉公式得 $e^{i}=\cos 1+i\sin 1$，据复数的几何意义知它在复平面内对应的点为（$\cos 1,\sin 1$），所以位于第一象限. 故选 A. 其实数学学科本身即是一种结构，“数学这个领域已被称作模式的科学，其目的是要揭示人们从自然界和数学本身的抽象世界中所观察到的结构和对称性.” 数学概念、公式、定理、法则、图形、图像等都蕴涵了其内在的结构美. “$e^{i\pi}+1=0$” 之所以被称为最优美的公式，因为它把数学里最重要的五个常数 e，π，i，1，0 完美地结合于一身.

2. 工程用料问题

例 1（2019 年高考全国 3 卷第 16 题）　学生到工厂劳动实践，利用 3D 打印技术制作模型. 如图 4.30，该模型为长方体 $ABCD-A_1B_1C_1D_1$ 挖去四棱锥 $O-EFGH$ 后所得几何体，其中 O 为长方体的中心，E,F,G,H 分别为所在棱的中点，$AB=BC=6$ cm，$AA_1=4$ cm，3D 打印所用原料密度为 0.9 g/cm³，不考虑打印损耗，制作该模型所需原料的质量为________.

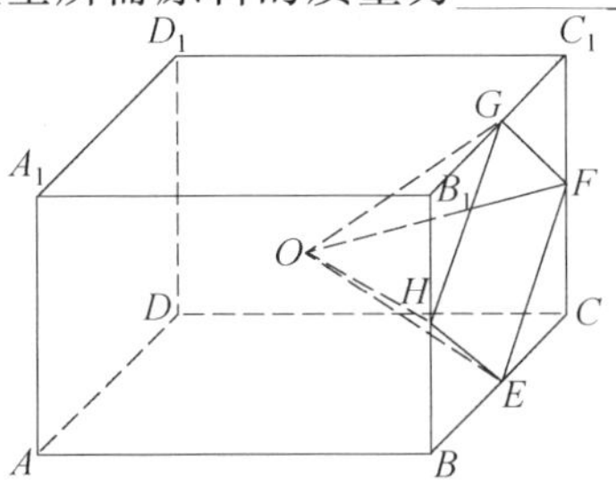

图 4.30

分析　问题比较简单，分别直接代入长方体和棱锥体积公式可得 $V_{余}=V_{长方体}-V_{四棱锥}=6\times6\times4-\frac{1}{3}\times\frac{1}{2}\times6\times4\times3=132$，所以，所需原料质量为 $132\times0.9=118.8$(g).

例 2(2020 年高考全国 2 卷理科第 4 题)　北京天坛的圜丘坛为古代祭天的场所(图 4.31)，分上、中、下三层，上层中心有一块圆形石板(称为天心石)，环绕天心石砌 9 块扇面形石板构成第一环，向外每环依次增加 9 块，下一层的第一环比上一层的最后一环多 9 块，向外每环依次也增加 9 块，已知每层环数相同，且下层比中层多 729 块，则三层共有扇面形石板(不含天心石)　(　　)

图 4.31

A. 3 699 块　　B. 3 474 块　　C. 3 402 块　　D. 3 339 块

分析及解略(见第 2 章 2.10 节).

3. 比赛规则问题

例　甲、乙两人进行围棋比赛，约定每局胜者得 1 分，负者得 0 分，比赛进行到有一人比对方多 2 分或下满 6 局时停止. 设甲在每局中获胜的概率为 $p\left(p>\frac{1}{2}\right)$，且各局胜负相互独立. 已知第二局比赛结束时比赛停止的概率为 $\frac{5}{9}$.

(1) 求 p 的值；

(2) 设 X 表示比赛停止时已比赛的局数，求随机变量 X 的分布列和数学期望 $E(X)$.

分析　(1) 弄清比赛规则"每局胜者得 1 分，负者得 0 分，比赛进行到有一人比对方多 2 分或下满 6 局时停止"是解题的关键. 所以当甲连胜 2 局或乙连胜 2 局时，第二局比赛结束时比赛停止，故 $p^2+(1-p)^2=\frac{5}{9}$，解得 $p=\frac{2}{3}$ 或

$p=\frac{1}{3}$，又 $p>\frac{1}{2}$，故 $p=\frac{2}{3}$；

(2) 由于比赛结束时一方要比另一方多 2 分，所以随机变量 X 不可能取 3 和 5. X 所有可能取值为 2,4,6，则 $P(X=2)=\left(\frac{2}{3}\right)^2+\left(\frac{1}{3}\right)^2=\frac{5}{9}$；

$X=4$ 时，应是甲、乙先各胜一局，然后甲或乙连胜两局，所以

$$P(X=4)=\frac{2}{3}\times\frac{1}{3}\times\left(\frac{2}{3}\right)^2+\frac{1}{3}\times\frac{2}{3}\times\left(\frac{2}{3}\right)^2+\frac{2}{3}\times\frac{1}{3}\times\left(\frac{1}{3}\right)^2+\frac{1}{3}\times\frac{2}{3}\times\left(\frac{1}{3}\right)^2=\frac{20}{81}$$

$X=6$ 时，情况比较复杂，甲、乙在前四局中各胜两局，其中前后两局每人各胜一局，第五六局某人各连胜两局或一胜一负.

所以

$$P(X=6)=4\times\left(\frac{2}{3}\times\frac{1}{3}\times\frac{2}{3}\times\frac{1}{3}\right)\times 1=1-\frac{5}{9}-\frac{20}{81}=\frac{16}{81}$$

则随机变量 X 的分布列，如表 4.4：

表 4.4

X	2	4	6
P	$\frac{5}{9}$	$\frac{20}{81}$	$\frac{16}{81}$

所以

$$E(X)=2\times\frac{5}{9}+4\times\frac{20}{81}+6\times\frac{16}{81}=\frac{266}{81}$$

其他还有决策问题，如方案选择、中奖概率问题、系统可靠性问题等；最值问题，如利润最大、成本最低、用料最省等问题；统计分析问题，如直方图、茎叶图、数学期望、线性相关、独立性检验等问题，举例略.

延伸阅读

冬至随想

写着写着不知不觉冬天来了，岁月和生命也总是这样在不知不觉中过去的. 当你突然意识到时，已晚矣.

真是太快了，刚才还觉得北方的冬季太漫长了，一晃就快到冬至了，到了冬至，冬天就过一半了. 古语说“冬至大如年”，强调冬至节气的重要性. 地理书

上说冬至时太阳直射在南回归线，是一年中夜最长昼最短的一天，而过了冬至白天每天长一线，这一线是多长？古话说一根头发丝的直径那么长，时间上约一两分钟，想想我们的人生不也是一根头发丝一根头发丝的在向终点走近嘛.

早就想写点东西，关于生命、关于岁月的，多少年没有这种冲动了.感觉昨日还是秋天，因为生日在秋天的缘故吧，秋天成了我一年中最喜欢的季节.只可惜秋天里最美最绚烂的日子总是很短，那时天空是湛蓝湛蓝的，满眼都是五颜六色.微风过处，浴在落叶纷飞里，闭上眼去倾听叶子投怀大地的声音，去感悟它舞出的曲曲折折的轨迹.先落的叶子已渐枯黄，消退了昔日的色彩，后来的还在义无反顾的融入，踏着厚厚的叶冢，感受生命如斯，绚烂之极后即归于平淡！满大街的落叶环卫工人可要挨累了，大约需要一个月的时间才能清理干净，不知在路人眼里很漂亮的叶子在他们眼里是否也漂亮？在忙忙碌碌中，当人们看不到满大街的落叶时，树也瘦了身，人们的视线变得透亮了，冬天也就来了.

鸡西的冬天空气质量比较好，几乎看不到雾霾.交通不会因雾霾而发生事故，但偶尔会听到汽车的紧急鸣笛声，紧接着“咣当”，这是因为冰雪路面发生的磕碰.这些年出现交通事故后很少看到“撸胳膊挽袖子”火气冲天的吵架场面，都是各到一边掏出手机给保险公司或交警打电话，问题的解决都很友好公道.这些年因为气候变暖常有雨夹雪的天气，雪下的次数也比较少，甚至会出现一冬天一场雪也不下的“假冬”，但雪乡例外，想看雪的话那永远不会让你失望.

前些年，北方的农民冬天一般会在家里“猫冬”，每回到住在农村的爸妈家，常看到人们这家那家串门打麻将，有的人一冬天会把一年的收成输光.但这些年发现打麻将的人少了，冬天人们会外出打工赚钱，现在的人工费也高，人们更看重谁家的日子过得好不好.

冬天里的学生减少了很多户外活动，作为老师我常提醒高三的学生冬天是提高成绩的最佳时机，抓住这最后一次机会才是决胜高考的关键.冬天里阴气升阳气降，人心会变得沉静，去除了浮躁，更容易安下心来反省和学习，从而提升自我.

我也常想起小时候，每到冬天和爷爷赶着牛车去山里割柳条的情景，一路上阳光很亮很温暖，牛车在雪地上压出嘎吱嘎吱的响声.我则拿着一本学生用的古诗词书边走边背，一冬天下来一本书背完了，书很薄，但就是那本小书引发了我对古诗词的喜爱，虽然现在几乎都忘了.那时，冬天里农村孩子有太多的乐趣，记得有一年雪特别大，风也特别硬，雪表面都变成了硬壳，于是我们就在雪下挖洞，几个人钻进去又打又闹，别提多高兴了，那种快乐的感受几十年了还记忆犹新.现在的孩子太缺少这种“独乐乐不如众乐乐”的经历了，于是现在的孩子有心理问题的就多.心理学上说，周围环境对孩子的心理发育起着决定性作用，丰富充实、和谐安定的环境则会给孩子带来健康的心理.否则，会不利于健康心理的形成.作为教育者，面对那些问题学生，你和他(如能和你敞开心扉的话)聊聊他的成长经历就明白问题产生的根源了.

“天时人事日相催，冬至阳生春又来”，春雨、夏花、秋叶、冬雪，四季恍如一日，时间不止，止的是人吃喝劳作，喜怒哀乐.长大、上学、立业、成家、养儿，转眼人生已过大半.现在谁要问我多大岁数，我往往只愿意告诉他周岁，只为了年轻一岁.

2018 年畅销书《今日简史》上说，随着人工智能、生物技术的发展，占有全球一半财富的世界上 1% 的有钱人，可以用钱买来健康和生命，甚至可以长生不死，我们是没钱的普通人只好生老病死顺其自然了.老爸没福啊，七十一岁就撇下老妈走了，留下她一个人孤独地留在世上.若我也像父亲一样七十多岁就没了，我想剩下的二三十年一定要好好活，好好珍惜身边的每一个人.对父亲我欠下了太多遗憾，不知他啥时开始变老的，不知他啥时开始带老花镜，更不知他啥时得的不治之症！好好珍惜母亲吧，这些遗憾不会在母亲身上重演，只为回家进屋时还能叫一声“妈”！

好好活着，好好教书，活得有质量，对社会有贡献，让自己成为一个充满活力，阳光健康，积极向上的人！

第 5 章　数学之美

作为数学老师，和数学打了几十年交道，深深体会到数学的魅力、价值，数学之于科学、社会、文化及人类的重要意义. 正如科学家克莱因所说："唱歌能使你焕发激情，美术能使你赏心悦目，诗歌能使你拨动心弦，哲学能使你增长智慧，科学能使你改善物质生活，但数学能给你以上的这一切！"所以在即将结束本书之时，最后讲讲我本人对于数学美的独特理解，希望能够与大家产生共鸣.

数学之美是永恒的话题，也是常谈常新的话题. 一次学校要求出公开课，且课题规定为"第三章直线与方程 3.2.2 直线的两点式方程"，一听讲两点式方程，心里就有点凉，心想这一节也没啥讲的啊. 但自己心里又很清楚，这种想法很幼稚，其实每节课都不简单、都不是"没啥可讲"，每节课里的每一分钟都充满着无限的创造机会，只要你细心、只要你去挖掘，总会有金子等着你拿，等着你向学生展现. 回顾十几年的教学生涯，体会最深的就是教师这一职业，是最富有创造潜能、最能激发人的创造力的职业. 无论是课上课下也无论是知识的传授还是教学方法的选用，无时无刻不存在着任由你去发挥创造力的机会. 通过那节课的教学，引发了自己对数学美的一些思考.

5.1　由直线两点式方程分式化整式看数学形式转换之美

回顾当时备那节课时，在明确了本节的地位、教学目标、重难点之后，总想挖出点教材中更深的东西吸引"观众". 于是想到了两点式方程的推导过程及结果中有没有可进一步升华的内涵？从而有想法之一：本节教学一定是建立在直线的点斜式方程基础上的，当导出了点斜式方程

$$y-y_1=\frac{y_2-y_1}{x_2-x_1}(x-x_1)(x_1\neq x_2)$$

之后，应为追求形式的对称再化为

$$\frac{y-y_1}{y_2-y_1}=\frac{x-x_1}{x_2-x_1}(x_1\neq x_2,y_1\neq y_2)$$

空间解析几何称此方程为直线的对称式方程，即直线的两点式方程. 此方程形式上已够完美，体现了对称与和谐的数学之美. 教师引导启发学生至此，确实已完成了本节的基本任务，但是一个具有问题意识和习惯的教师会再问学生，这个形式已达到完美的极致了吗？从而有想法之二：我们习惯上都是化分式为整式，那么这个分式方程（还有两个限制：不包括直线 $x=x_1=x_2$ 及直线 $y=y_1=y_2$）化成整式方程会是怎样的？于是引导学生去分母推导，从而有结论

$$(y_1-y_2)x+(x_2-x_1)y+x_1y_2-x_2y_1=0$$

启发学生挖掘这个方程的优美：其一，方程中 $x_1=x_2$，$y_1=y_2$ 可以成立了（但不同时成立），即当直线斜率 k 不存在（即 $x_1=x_2$）或 $k=0$（即 $y_1=y_2$）时，方程仍然适用，方程适用范围扩大了. 其二，这里令 $A=y_1-y_2$，$B=x_2-x_1$，于是 $\boldsymbol{a}=(x_2-x_1,y_2-y_1)=(\boldsymbol{B},-\boldsymbol{A})$ 即为直线的方向向量，而法向量为 $(\boldsymbol{A},\boldsymbol{B})$，这样就揭示了直线一般式方程：$\boldsymbol{A}x+\boldsymbol{B}y+\boldsymbol{C}=\boldsymbol{0}$（$\boldsymbol{A},\boldsymbol{B}$ 不同时为 $\boldsymbol{0}$）中系数 $\boldsymbol{A},\boldsymbol{B}$ 的几何意义.

进而把 x_1,x_2,y_1,y_2 按图 5.1 排列，则构成一个行列式，再按箭头方向所引运算方向确定一般式方程中系数和常数项的值，为学生在已知直线两点坐标的条件下，快速地写出直线方程的一般式提供了一个好方法. 其中 $x_1y_2-x_2y_1$ 即是行列式的值，也可类比两个坐标表示的向量平行的条件. 可谓一个分式化整式简单，而其效果则别有洞天！

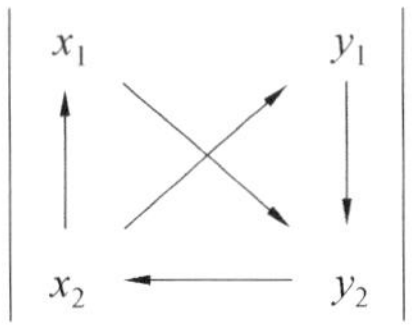

图 5.1

举例如：已知 $\triangle ABC$ 的顶点为 $A(-5,0)$，$B(3,-3)$，$C(0,2)$：

(1) 求 $\triangle ABC$ 三边所在直线方程；

(2) 求 BC 边上中线所在直线方程.

教师以求边 AB 所在直线方程为例做以示范，特别是用整式方程

$$(y_1-y_2)x+(x_2-x_1)y+x_1y_2-x_2y_1=0$$

形式求解，让学生体会这种形式的简洁优美. 如做出如下排列如图5.2（即行列式）：

代入公式从而有 $[0-(-3)]x+[3-(-5)]y+(-5)\times(-3)-3\times0=0$ 即得边 AB 所在直线方程：$3x+8y+15=0$.

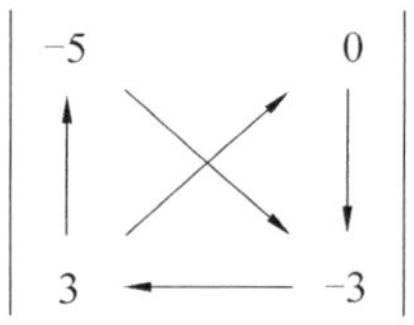

图 5.2

总之,分式化整式,对学生学习直线方程一般式中系数 A,B 的几何意义,即$(B,-A)$为直线的方向向量做了铺垫,把 x_1,x_2,y_1,y_2 按行列式排列,为学生感性认识行列式,为进一步学习高等数学埋下伏笔,以体现"搭建共同基础,提供发展平台"的课程理念. 同时,形式的转化过程也体现了化归与转化的基本数学思想.

以上是分式化整式,当然也有整式化分式. 如,推导椭圆标准方程时结合椭圆图形的对称美,从而企望方程$(a^2-c^2)x^2+a^2y^2=a^2(a^2-c^2)$也具有对称、简洁的美,从而令 $a^2-c^2=b^2(b>0)$,并化为分式方程:$\frac{x^2}{a^2}+\frac{y^2}{b^2}=1(a>b>0)$. 双曲线方程的标准形式亦如此. 教学中通过对数学形式美的挖掘,让学生感受数学的对称美、和谐美等美的特质,数学美无处不在.

5.2 "分牛的传说"内涵深邃之美

古印度有一个传说,有一个老人,在他临终前把三个儿子叫到了跟前."听着,"老人说,"我就要见真主去了,没有其他东西留给你们,只有 19 头牛,你们分了吧,老大分总数的$\frac{1}{2}$,老二分总数的$\frac{1}{4}$,老三分总数的$\frac{1}{5}$."说完不久老人就咽了气,到"真主"那里去报到了. 针对这个问题,既不能宰牛,又要执行老人的遗嘱,应该怎样分才好呢? 三个儿子都想不出恰当的办法来,后来一位农民牵了一头牛从门前经过,听说了这件事,农民思索片刻就说:"这个问题很容易解决,我把自己这头牛借给你们,凑成 20 头,则老大分$\frac{1}{2}$应得 10 头,老二分$\frac{1}{4}$应得 5 头,老三分$\frac{1}{5}$应得 4 头,余下一头刚好还给我."那么,看似一个比较容易解决的问题,可这其中的道理是什么呢? 按理老大应分得 $19\times\frac{1}{2}=9.5$ 头,怎么会是 10 头呢? 所以进一步分析我们会发现:其一,$\frac{1}{2}$,$\frac{1}{4}$,$\frac{1}{5}$ 的和是$\frac{19}{20}$,并不是 1,即说这 19 头不是参加分配的总和,而是兄弟三人应分得的总量,所以参加分配的总量应是 $19 \div \frac{19}{20} = 20$(头). 聪明的过路人正是发现这一奥秘,才帮忙解决了问题. 其二,这个问题更深层的原因则要用到无穷递缩等比数列求和的知识来解释.

其实,在牛的总数为 19 头的情况下,按老人所定的比例分牛,结果是分不完的. 还剩下 $19 - 19 \times \left(\frac{1}{2} + \frac{1}{4} + \frac{1}{5}\right) = \frac{19}{20}$(头). 这剩下的头数再按照规定的比例分下去,直至无穷. 则最终老大分得的头数为

$$S_1 = \frac{19}{2} + \frac{19}{2 \times 20} + \frac{19}{2 \times 20^2} + \frac{19}{2 \times 20^3} + \cdots$$

那么怎样求这个和? 于是带领学生深入探讨这个无穷数列求和的问题,从而导出无穷递缩等比数列求和公式

$$S = \lim_{n \to \infty} S_n = \lim_{n \to \infty} \frac{a_1(1 - q^n)}{1 - q} = \frac{a_1}{1 - q} (|q| < 1, q \neq 0)$$

最终得出结果 $S_1 = \frac{\frac{19}{2}}{1 - \frac{1}{20}} = 10$(头). 其他兄弟分得的头数同理可求. 问题至此才可谓完美落幕.

回顾这个问题的解决过程,发现有两个"优美"之处,一是聪明的过路人看到了问题的本质,即这 19 头牛的真正含义,从而用到了"有借有还"的解题策略. 解题策略体现了一种选择的机智和组合的艺术,解题策略是一种另类的数学美. 二是用到了极限思想,体现了量变到质变的哲学规律,数学即是哲学.

谈到极限思想,在我国古代对"无限"的概念就有了比较明确的认识. 如在《庄子》一书中就提到了一句话:"一尺之棰,日取其半,万事不竭!"这即相当于一个无穷递缩等比数列求和的问题,即求 $S = \frac{1}{2} + \frac{1}{4} + \frac{1}{8} + \cdots = ?$ 则易由公式 $S = \frac{a_1}{1 - q}$ 得 $S = 1$. 再如:问 $0.\dot{9}$ 和 1 比较谁大?,很多同学会认为 $0.\dot{9} < 1$,因为 $0.9 < 1$,再如 $0.\underbrace{9\cdots9}_{1\,000个9}$ 也会小于 1 从而 $0.\dot{9} < 1$,其实不然. 因为 $0.\dot{9} = 0.9 + 0.09 + 0.009 + \cdots$,为一无穷递缩等比数列各项和,所以代入上述公式得 $0.\dot{9} = \frac{0.9}{1 - 0.1} = 1$. 同理有 $0.\dot{3} = \frac{1}{3}$, $0.\dot{9}\dot{1} = \frac{91}{99}$, $0.9\dot{1} = \frac{41}{45}$ 等. 其实若设 $0.\dot{9} = x$,则有 $10x = 9 + x$,易得 $x = 1$. 此法巧妙在于避开了复杂的数列求和,而抓住了小数位上 9 的无限性的本质,把 $10x$ 拆分成 $9 + x$,这个方法真是简

洁、巧妙！再如已知 $a=1+\cfrac{1}{2+\cfrac{1}{2+\cfrac{1}{2+\cdots}}}$，求证：$a=\sqrt{2}$.

证明 把 a 变形为 $a=1+\cfrac{1}{1+1+\cfrac{1}{1+1+\cfrac{1}{1+1+\cdots}}}$，即 $a=1+\frac{1}{1+a}$，

整理得 $a^2=2$，所以 $a=\sqrt{2}$.

可谓美的事物之所以是美的，即因它蕴含着深邃的"美的规律"(马克思在《1844 年经济学哲学手稿》中提出)，数学里处处展现着美，正是因为数学处处在揭示着客观世界中普遍存在着的规律及真理.

5.3 "秦九韶算法"追求简约之美

在讲人教版《必修 3》"1.3 算法案例" 一节中"秦九韶算法" 案例时，真为我国古代数学家的智慧所折服. 在求 n 次多项式 $f(x)=a_nx^n+a_{n-1}x^{n-1}+\cdots+a_1x+a_0$ 在 $x=x_0$ 的值时，原本要经 $\frac{n(n+1)}{2}$ 次的乘法和 n 次的加法运算，计算量很大，而经过秦九韶的改造，构造出递归式

$$\begin{cases}v_0=a_n\\ v_k=v_{k-1}x+a_{n-k}(k=1,2,\cdots,n)\end{cases}$$

便使得计算量减少为 n 次乘和 n 次加，这是追求计算次数简约的例子. 再如上所述式子 $a=1+\cfrac{1}{1+1+\cfrac{1}{1+1+\cfrac{1}{1+1+\cdots}}}$ 向 $a=1+\frac{1}{1+a}$ 的化归则是追求实质和形式的简约美. 数学本身是一门符号语言科学，自身符号确立的发展历史就是一个追求简约的过程，如 π，e，$f(x)$，$\sqrt{\ }$，$\times$，$\subseteq$ 等的使用. 还有如公式、定理叙述上的精炼与高度概括，解题论证、计算方法上的简化，等等. 如：

例 (2000 年高考理科第 11 题) 过抛物线 $y=ax^2(a>0)$ 的焦点 F 作一直线交抛物线于 P,Q 两点，若线段 PF 与 FQ 的长分别为 p,q，则 $\frac{1}{p}+\frac{1}{q}$ 等于 ( )

A. $2a$　　B. $\frac{1}{2a}$　　C. $4a$　　D. $\frac{4}{a}$

解此题我们可以化一般为特殊，化复杂为简单，使 P,Q 两点成为通径的

端点，从而利用通径长公式得解 C，这也是“进退互化”的解题策略. 其实追求简约的过程即是突出本质，抓住关键从而忽略无关或关系不大因素的过程.

5.4　无处不在的抽象美

美学原理说，“美不可能是抽象的，美首先必须是形象的.” 又说“美就是形象的真理.” 这里的真理指的就是“真”. 数学是形象的，但又是抽象的，这抽象中无处不存在着“真”，即“宣示真实的美”，我觉得这就是数学的抽象美.

数学里的抽象不仅体现在数学知识的抽象性上，还体现在数学知识的获得过程即是一个抽象过程，所以当动词理解的抽象是指一种思维过程. 所谓抽象，是指在认识事物的过程中，透过事物的现象，深入事物的里层，把事物的本质抽取出来的一种方法.

数学里的抽象则抓住的是现实世界中事物量和形式的本质而抛开具体质的内容. 数学抽象又有逐级抽象的层次性特点，如通过观察现实生活中两条铁轨没有交点，去理解“两条平行线没有公共点” 的抽象真理，但在射影几何里这条欧氏几何的真理又被抽象成“两条平行线相交于无穷远点”，这“无穷远点” 何其神秘，看不到、摸不着又画不出！ 而这看不到、摸不着、画不出的虚构的点又如此真实地存在着！ 这就是数学的抽象美！

如，用德萨格定理证明三角形的三条中线共点.

证明：如图 5.3，若 $\triangle ABC$ 三边中点分别为 D, E, F，则 $EF \parallel BC, DE \parallel AB, DF \parallel AC$，对 $\triangle ABC$ 和 $\triangle DEF$，它们的对应边分别交于无穷远点且共线于无穷远直线. 由德萨格逆定理，可得其对应顶点的连线 AD, BE, CF 共点于 O，证毕.

说明　德萨格定理逆定理：如果两个三点(角)形对应边的交点在一直线上，则对应顶点的连线交于一点. 注：无穷远点的集合构成一条直线叫作无穷远直线，记作 l_∞. 所以上述三个无穷远点 $P_\infty, Q_\infty, R_\infty$ 共线于无穷远直线 l_∞. 这一抽象的过程及证法，怎不令人惊叹！

正因为数学的抽象性，教师在教学中就应该化抽象为具象. 如在讲函数的单调性概念时，为了让学生理解概念的本质，我引用了生活中爬山的例子，如图 5.4，上山时，随着时间的增加爬山的高度也随之增加，即当 $t_1 < t_2$ 时，有 $h_1 < h_2$，下山时随着时间的增加山的高度则递减，进而类比归纳增减函数的定义. 可以说，能把抽象的数学道理化为具体的生活现象则反映出一个数学老师的真功夫.

什么是数学？ 19 世纪，恩格斯把数学定义为“数学是研究现实世界的空

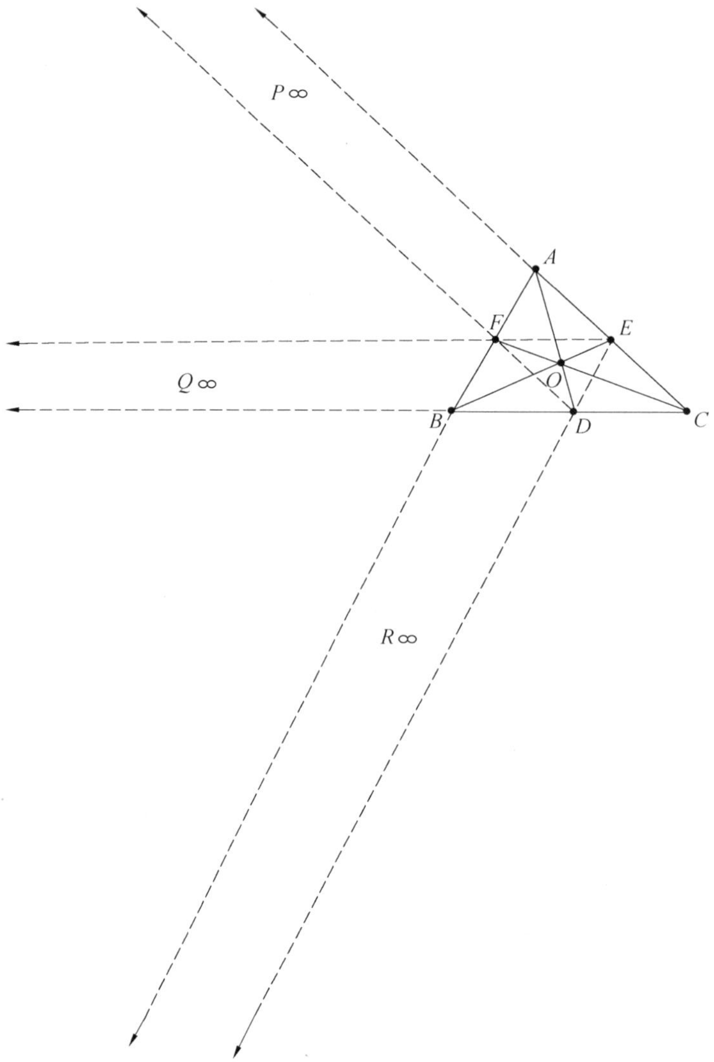

图 5.3

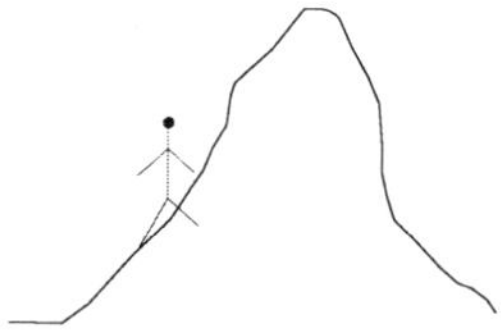

图 5.4

间形式与数量关系的科学."20世纪80年代美国学者又将数学定义为关于"模式"的科学:"数学这个领域已被称作模式的科学(science of pattern),其目的是要揭示人们从自然界和数学本身的抽象世界中所观察到的结构和对称性."这个定义本身即揭示着数学美的特性.今天,高度抽象的数学已经渗透到社会生活的各个领域,数学无处不在,数学美无处不在.

总之,教学和日常学习中教师要把数学美挖掘出来,营造一幅美妙的数学美的画卷,让学生亲临如"明月松间照,清泉石上流"的意境.在这种感受美、体验美的过程中培养学生的审美意识和美好情感;在这种寻求美、发现美的过程中使学生热爱数学、热爱生活、热爱一切美好的东西.

同学们,以上只是一位数学老师眼中的数学之美,随着你们学习的深入,上大学、走向工作岗位,我们会了解发现更多数学的应用美.数学是科学的皇后,是科技进步、社会发展的基本源泉和动力,可以说没有数学就没有千姿百态的大千世界.学好数学我们责无旁贷!

第 6 章　核心素养导向下的高中数学教学尝试
—— 以简单的逻辑联结词“或”教学为例

本章是一节课例研讨，是作者在核心素养理念下设计执教的一节课，在这里展示出来希望与同行商榷并得到大家的指教，以不断改进提高自己的教学水平.

6.1 引　　言

2014 年国家提出学生发展核心素养并于 2016 年 9 月发布，学生发展核心素养是指学生应具备的，能够适应终身发展和社会发展需要的必备品格和关键能力，并基于核心素养重新修订了各科课程标准.《普通高中数学课程标准(2017 年版)》界定了数学学科六大核心素养：数学抽象、逻辑推理、数学建模、直观想象、数学运算和数据分析.基于核心素养导向下的数学课堂教学应是怎样的？相对于传统课堂有哪些重要变化及特征？笔者曾执教“简单的逻辑联结词‘或’”一节课，在此对本节课中的一些关键环节的设计、实施及成败得失做以反馈与思考.

6.2　教学内容与目标

1.教材

人教 A 版《数学选修 2－1》：　第三章 常用逻辑用语 1.3简单的逻辑联结词　1.3.2“或”

2.学习内容分析

常用逻辑用语是数学语言的重要组成部分，是数学表达和交流的工具，是逻辑思维的基本语言.正确地使用逻辑用语是现代社会公民应该具备的基本素养.通过本章的学习，可以帮助学生使用逻辑用语表达数学对象、进行数学判断和推理，及为学习其他学科知识打下基础. 并为将来无论从事任何职业，都能够有逻辑地思考、判断、交流，正确地表达自己的思维打好基础.

逻辑是探索、阐述和确立有效推理原则、研究思维规律的学科. 用数学的方法研究关于推理、证明等问题的学科就叫作数理逻辑. 数理逻辑包括“命题演算”和“谓词演算”. 命题演算的一个具体模型就是逻辑代数. 逻辑代数的基本运算是逻辑加、逻辑乘和逻辑非，“加乘非”也就是对应着逻辑联结词“或”“且”“非”，相应的电路即为或门电路、与门电路、非门电路. 这些充分说明了学习逻辑联结词有关知识的必要性. 本单元课时中逻辑联结词包括：$\vee$（或，析取）、$\wedge$（且，合取）、$\neg$（非）.

本节课是学习了简单逻辑联结词“且”之后的第二课时，重点学习逻辑联结词“或”的含义，并能够正确表达相关数学关系，及学会判断复合命题“$p \vee q$”的真假.

3. 教学目标

(1) 知识与技能：了解逻辑联结词“或”的含义，能够熟练、准确地写出含“或”的复合命题，并能够判断其真假；

(2) 思想与活动经验：通过经历课堂上实践操作、合作交流、思考解题等学习过程，使学生学会用数学语言准确地表达数学关系、结论，进而学会在生活中清楚、准确地传递信息、表达思想. 通过问题解决培养学生化归转化、分类讨论等思想.

(3) 能力与学科素养：通过本节课学习使学生经历抽象、概括、归纳、推理的思维过程，进而培养学生直观想象、数学抽象、逻辑推理等数学学科素养；通过问题解决，培养学生发现问题、解决问题的能力.

设计意图：把以“知识、能力立意”的教学转变为“素养立意”的教学，在教学目标的设定上就要在原有“三维目标”基础上，新增思想、活动经验及在“四基”基础上形成的能力及素养目标.

6.3　课堂实录片段

片段 1　设置动手操作活动，让学生回归生活经验

问题　1. 略 2. 生活中大家是否会用洗衣机或甩干桶甩干衣服？让同学尝试操作（甩干桶）如何停止甩干功能：旋钮到停、掀开桶盖或同时进行上两项操作？

师生活动　教师找两名（在家有用洗衣机洗衣经验及无经验）同学分别上前操作演示，同学们很惊讶，原来还可以这么干（旋钮到停、掀开桶盖或同时

进行上两项操作都可以让甩干桶停止工作)！进而猜想这其中有什么玄机，和今天学的数学有啥关系，老师不辞辛苦地把甩干桶搬到教室来.

教师则提出问题“这其中蕴含着怎样的数学道理？”强化学生疑问，引出新课.

设计意图　“相对于传统课堂，核心素养导向下的课堂应转变为以学生为中心，具有情境化、活动化和生成化的特征.”基于这种理念设计了生活化情境，让学生回顾日常生活经历，并在课堂上亲自操作演示甩干桶停止功能，为“或”概念的生成制造悬念，并感受数学知识来源于生活又应用于生活的道理.创设活动体验情境并提出问题，以让学生回归生活，回归直观体验，从所闻所见所做中抽象出数学原理.“情境和问题，往往是数学学习内容中最重要的先行者，是数学概念形成和发展的土壤.”回归生活是为回归数学，是为数学抽象而回归.

片段2　思维是课堂的主线，用类比同化建构新知识系统

问题　回忆我们刚学习完的含“且”命题的真假判断，那么含“或”命题的真假规律如何？我们来尝试判断下列命题的真假：

(1)$5 \geqslant 5$；

(2)12是3或5的倍数；

(3)周长相等的两个三角形全等或面积相等的两个三角形全等；

(4)直线 $x \pm 2y = 0$ 为双曲线 $\frac{x^2}{4} - y^2 = 1$ 的渐近线.

设计意图　类比“且”命题的真假规律，让学生类比猜想判断“或”命题的真假规律，填写真值表，同时完善认知结构.学生在已知“且”命题真假规律基础上，会不难类比得出“或”命题的真假规律，只是需依据前段的学习探究，总结出不同于“且”命题规律的结论.

教师总结　p 或 q 的真假与 p，q 的真假关系表6.1(真值表)：

表6.1

p	q	$p \wedge q$	$p \vee q$
T	T	T	T
T	F	F	T
F	T	F	T
F	F	F	F

规律：一真则真，一假则假.

片段3　解决问题一回归学习的本质，是为能力素养的跃升

问题　已知命题 p：$x^2-5x+6>0$，命题 q：$|x|<1$，若 $p\vee q$ 为假命题，则 x 的取值范围是________.

变式　若 $p\vee q$ 为真，$p\wedge q$ 为假，则 x 的取值范围是________.

师生活动　由学生小组交流研究解题办法，由学生分析思路，教师板书整理思路及解题过程. 教师做解题小结，并由同桌或小组交流学习心得，互讲强化巩固. 变式题由一名学生板书完成并给全班同学讲解思路及解法.

设计意图　“运算能力并非一种单一的、孤立的数学能力，而是运算技能与逻辑思维等的有机整合.”通过学生小组合作，探究解题的运算思路方法，并由学生先行解题分析，教师代学生展示思维结果，同时通过师生、生生交流碰撞，纠错、强化、点燃学生思维火花. 达到学生从数学抽象到数学运算，进而走向理性思考的跃升. 变式题包含了化归转化、分类讨论等思想，并能很好地培养学生推理、运算等能力. 由学生板书完成并讲给全班同学听，培养了学生有逻辑地表达思维、思想的能力及素养. 建构主义认为，知识不是通过教师传授得到的，而是学习者在一定的情境即社会文化背景下，借助于获取知识过程中其他人（包括教师和学习伙伴）的帮助，利用必要的学习资料，通过意义建构的方式而获得. 核心素养导向下的课堂教学，强调学习方式的变革，要以自主学习、合作学习、体验探究学习为主要学习形式. 这样的学习过程会使学习变得有趣，同时会使学生情感、态度、价值观得以正能量的滋养.

片段 4　拓展延伸，让学生体验数学自身、数学与现实世界的关联

内容 1　“且”“或”命题的否定：

例　p：$x>3$ 或 $x<2$，$\neg p$：$2\leqslant x\leqslant 3$（$x\geqslant 2$ 且 $x\leqslant 3$）.

再举例：p：$a^2+b^2=0\Leftrightarrow a=b=0$（$a=0$ 且 $b=0$）$\Leftrightarrow a,b$ 都为 0；

则 $\neg p$：$a^2+b^2\neq 0\Leftrightarrow a\neq 0$ 或 $b\neq 0\Leftrightarrow a,b$ 不都为 $0\Leftrightarrow\begin{cases}a=0,b\neq 0\\a\neq 0,b=0\\a\neq 0,b\neq 0\end{cases}$；

若设 q：$a\neq 0,b\neq 0$（$a\neq 0$ 且 $b\neq 0$）$\Leftrightarrow ab\neq 0\Leftrightarrow a,b$ 都不为 0；

则 $\neg q$：$a=0$ 或 $b=0\Leftrightarrow ab=0\Leftrightarrow a,b$ 至少一个为 $0\Leftrightarrow\begin{cases}a=0,b\neq 0\\a\neq 0,b=0\\a=0,b=0\end{cases}$，而其中 $a=0,b=0$ 即又回到上述命题 p，这是数学里的怪圈！

教师小结　“且”“或”的否定为“或”“且”，即 $p\wedge q$ 的否定为 $\neg p\vee\neg q$，同理 $p\vee q$ 的否定为 $\neg p\wedge\neg q$.

设计意图　是让学生感受“且”与“或”之间的内在“对立”关系，建构“且”与“或”概念的整体认知.

内容 2 “且”“或”与集合的“交”“并”：

把命题 p,q 分别对应于集合 P,Q，p 是真命题对应于 $a\in P$，q 是真命题对应于 $a\in Q$，$p\wedge q(p\vee q)$ 是真命题对应于 $a\in P\cap Q(a\in P\cup Q)$.

设计意图 是让学生理解“且”“或”命题与集体的交、并间的对应，感受数学概念与概念之间的内在联系.

内容 3 “且”“或”与物理中的串并联电路：

设计意图 教师指出打开保险柜门的电路即是串联电路，即需钥匙和密码同时具备才能开门(图 6.1(a))，正是“且”命题的逻辑原理. 而甩干桶停止功能电路则为并联电路，正是用了“或”命题的逻辑原理(图 6.1(b)). 同时与本课开头的活动体验相呼应，让学生感受数学与现实生活的关联、数学与物理等其他科学间的密切联系，体会数学知识在科学、技术、工程及生活中的广泛应用.

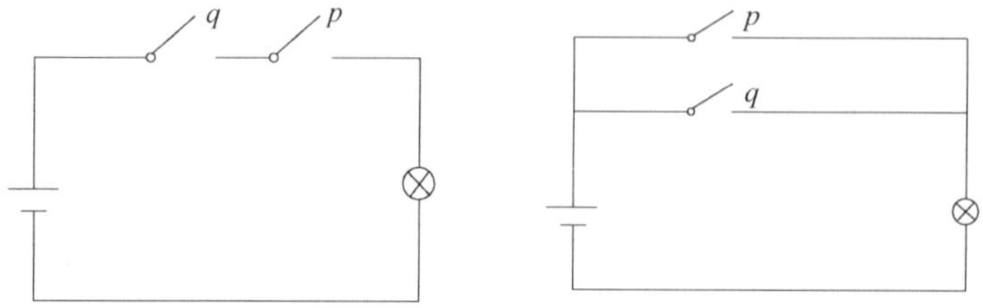

(a) 图 6.1 (b)

内容 4 生活中的“或”与数学逻辑中“或”的区别：

生活中一般指“不可兼有”，即“a 或 b”是指 a,b 中的某一个，但不是两者. 例如“你去或我去”，人们在理解上不会认为有你我都去这种可能.

数学中指“不但不兼有也表可兼有”，$p\vee q$ 为真，表示 p,q 中至少一个为真，但并不意味“必须兼有”.

设计意图 是让学生体会数学的抽象性，数学语言不同于生活语言，具有高度的抽象性和严密性. 数学抽象反映了数学的本质特征，使数学源于生活又高于生活，有时则是在其自身的世界里孤芳自赏.“数学是被称作模式的科学，其目的是自然界、社会和其自身的抽象世界中的结构和对称性.”

师生活动 由教师讲授，学生思考同化，重新构建完善认知系统，并经历情感态度价值观的新体验，获得素养的提升.

6.4 几点体会

“课堂教学应以学生的自主活动为中心展开”即要创设“以学为主线的课

堂”. 以学为主线的课堂也被称为“学习中心课堂”，所谓“学习中心课堂”是指“以学生学习活动作为整个课堂教学过程的中心或本体的课堂. 相比于讲授中心课堂，在学习中心课堂中，课堂教学过程的组织要尽可能让学生能动、独立（自主）的学习成为学生学习的基本状态，并让学生能动、独立（自主）的学习占据主要的教学时空”. 这个过程中，教师的作用是搭建平台、激励兴趣、引发思考，为实现学生的学习服务，终极目标则是培养学生的数学素养. 素养是内在的东西，是思维方式，是思考习惯，是理性判断，是在学习过程中逐渐形成的. 把甩干桶搬到教室来是为之，画数学怪圈是为之.

应遵循学生的认知规律设计教学. 建构主义认为，知识的获得是在与周围环境相互作用的过程中，逐步建构起关于外部世界的知识，从而使自身的认知结构得到发展，这一过程包括“同化”与“顺应”两种方式. 教师通过创设生活化情境，由具体、典型事例引入，引导学生抽象概括形成数学概念，让学生经历知识的形成及重新建构过程. 通过动手、动脑等内在或外显的活动设计让学生透过现象看到本质，以达成“具有数学基本特征的思维品质、关键能力以及情感、态度与价值观的综合”.

数学课堂教学不应忽略数学与其他学科及生活的联系，让学生感受数学知识来源于实践，又应用于实践，让学生感悟数学与现实之间的关联，感受数学文化的魅力. 一个优秀的数学教师，应该把学生从数学中带出来，思考数学能在物理、化学等科学中做什么，跳出数学才能感悟数学的独特东西（形成优秀思维品质、数学素养、展现文化价值、科学价值等）.

6.5　不足之处

有时未能及时捕捉到学生某一时刻或某一个时段的灵感及思维火花而任其熄灭，教师应该等学生！如某学生在回答问题时，可能对问题已有正确的判断，但因表达上的障碍导致说不清，而因教学时间的限制教师又等不起，所以可能就把一个好思想、好点子扼杀在“同学你先请坐”中.

个别环节中仍存在偏重结果忽略过程的情况，好的教学应重过程而轻结果. 如拓展延伸内容 1 中，让学生探究“不都”与“都不”的区别，就比教师直接讲授要好很多.

素养是学生在日常潜移默化的学习中、在对问题的思考探究中、在对自我的反复否定与肯定中逐渐形成的. 不能期望在一节课中实现所有素养的提升，不可急于求成.

参考文献

[1] 梅向明,刘增贤,王汇淳,等.高等几何[M].北京:高等教育出版社,2008.

[2] 王宏建,袁宝林.美术概论[M].北京:高等教育出版社,1994.

[3] 吕林根,许子道,等.解析几何[M].北京:高等教育出版社,1987.

[4] 任樟辉.数学思维理论[M].南宁:广西教育出版社,2003.

[5] 李文林.数学史概论[M].北京:高等教育出版社,2002.

[6] 罗增儒.数学解题学引论[M].西安:陕西师范大学出版社,2016.

[7] G·波利亚.怎样解题[M].涂泓,冯承天,译.上海:上海科技出版社,2007.

[8] 人民教育出版社课程教材研究所,中学数学课程教材研究开发中心.数学必修 1－5,选修 2－1－3[M].北京:人民教育出版社,2007.

[9] 中华人民共和国教育部.普通高中数学课程标准(2017 年版)[M].北京:人民教育出版社,2018.

[10] 史宁中,王尚志.普通高中数学课程标准(2017 年版)解读[M].北京:高等教育出版社,2018.

[11] 章建跃.《普通高中教科书·数学(人教 A 版)》"单元－课时教学设计"体例与要求[J],中学数学教学参考(上旬),2019(8):14－16.

[12] 钱学森.关于思维科学[M].上海:上海人民出版社,1986.

[13] 裴光亚.数学教学是圆梦之旅[J].中学数学教学参考(上旬),2019(9):2-4.

[14] 余文森.核心素养导向的课堂教学[M].上海:上海教育出版社,2018.

[15] 笛卡儿.笛卡儿几何[M].袁向东,译.北京:北京大学出版社,2008.

[16] 鲍曼.中学数学方法论[M].哈尔滨:哈尔滨工业大学出版社,2002.

[17] 濮安山.中学数学教学论[M].哈尔滨:哈尔滨工业大学出版社,2002.

[18] 朱水根,王延文等.中学数学教学导论[M].北京:高等教育出版社,2001.

◎后记

有叶飘于夏天之夏至随想

2019年冬天,我写了一篇“冬至随想”,想在2020年的夏天再写一篇“夏至随想”为其姊妹篇。但2020年春节后,突如其来的新冠肺炎疫情让2020年成为了不同寻常的一年,改变了很多人、很多事。

对教师和学生来说,由于疫情2020年春季的正常开学返校成为了一种奢望。为了尽快阻断病毒传播,所有的教师和学生都只能待在家里避免聚集,但要做到“停课不停教,停课不停学”,于是学校马上组织进行线上教学技术和方法的培训。在当时的形势下,教师们必须责无旁贷掌握线上教学模式,这时一些教学互动软件和平台如雨后春笋般被迅速地开发出来,供我们选择使用。一学期下来,线上教学已不再高深莫测,教师们也都使用的得心应手游刃有余了。

线上教学在特殊时期有它的独特优势——停课不停学。另外,一位教师可以同时给整个学年的学生上课,所以我们几位数学教师两周轮上一周的线上课。有了两周的时间,在我备课之余心静了下来,想起了11年前只写了开头的书——《突破高原》，于是重新写起来。2020年5月7日至2021年2月3日，我用了近一年的时间终于完成了这本书的撰写，并得到哈尔滨工业大学出版社张永芹主任的大力支持，预计2021年8月底正式出版发行。再次让自己的文字变成铅字，着实令我兴奋了很久。相信这本凝结了自己多年教学经验及心血的著作能给高中学子们些许帮助，在他们的学习之路上助上一臂之力。

2020年的夏天终究还是没能写成“夏至随想”。一晃儿，2021年6月21日即2021年的夏至也来了。夏至是一年二十四节气中又一个重要的节气。古人把太阳黄经的360度划分为24等份，每份15度，每15度为一个节气。两个节气间相隔天数为15天左右，全年即有二十四节气，并说：“日北至，日长之至，日影短至，至者，极也，故曰夏至。”夏至这一天，太阳黄经为90度，阳光直射北回归线，北半球正午太阳最高，所以说“日长之至，日影短至”。这一天是北半球白昼最长黑夜最短的一天，从这一天起就进入了炎热的季节，天地万物在此时生长得最为旺盛。古时候又把这一天叫作“日北至”，意思是太阳运行到最北的一天。过了夏至，太阳逐渐向南移动，直至照到南回归线即到了冬至。数学中我们学习函数周期性，这正是宇宙万物周而复始规律的数学表达。

夏天的早晨，晨练是一件极其美妙的事情，可惜很多人特别是年轻人因为没有晨练的习惯而享受不到。美妙在哪？早晨的空气特别好，走在林中小路上嗅着沁人心脾的青草香，让人心情愉悦；早晨的阳光特别亮也特别暖，不像中午的阳光那么热，那么毒，配上柔和舒缓又内含刚劲的太极，既补钙又补气血；晨练的人们，或步履稳健，或挥汗如雨，或喊声震天，每个人脸上都洋溢着笑靥，朝气满满，阳光向上；起得很早，走在上学路上的孩子们让我联想到“他们一定是优秀的学生，将来一定能考入重点校，将来也一定会成为国之栋梁。”现在非常流行这样一句话，“孩子，你现在不吃学习的苦，将来就要吃生活的苦。”现在吃的苦，会成为孩子们未来通畅的人生坦途。

不久前看到很多老人早晨一起有说有笑的散步，可是没过几日发现这些老人少了一个，再过些日子发现这些老人又少了一个，据说是生病住院了或是离世了。回想起身边那么多的人，有亲人、有亲戚、有与自己年龄相仿且关系非常好的兄弟和朋友等，原来好好的人，突然某一天有人告诉你他病了，你可能为挽留他忙前忙后，然而他还是离开了，留下你愣在原地，无法相信眼前的事实。就像走在盛夏的路上，你会看到地上有零星的落叶，你会疑问这是秋天来了吗？不是，这是自然的力量，短时看不符常理不近人情，但长远看，规律无法抗拒，道法自然！对我们个人而言，能做的就是顺应自然的变化，按照事物发展的规律做事，调整心态，改变不好的自我。

身为教师何其幸运，每天和青春阳光的孩子们在一起，把毕生所学倾囊相赠，伴着他们的学习、进步和成长，自己也在学习、进步和成长。

孙长卿

于2021年6月夏至前后